本书受到浙江省哲学社会科学规划课题一般项目（18NDJC137YB）资助

中国共同富裕研究文库·学术研究

中国劳动收入份额变动之谜

市场力量和制度成因

陆雪琴◎著

THE PUZZLE OF CHANGES OF CHINA'S
LABOR INCOME SHARE

MARKET MECHANISM AND INSTITUTIONAL CAUSES

ZHEJIANG UNIVERSITY PRESS
浙江大学出版社
·杭州·

图书在版编目（CIP）数据

中国劳动收入份额变动之谜：市场力量和制度成因／
陆雪琴著. — 杭州：浙江大学出版社，2022.6
ISBN 978-7-308-22715-5

Ⅰ. ①中… Ⅱ. ①陆… Ⅲ. ①劳动报酬－研究－中国
Ⅳ. ①F249.24

中国版本图书馆 CIP 数据核字（2022）第 098345 号

中国劳动收入份额变动之谜：市场力量和制度成因

陆雪琴　著

策划编辑	吴伟伟
责任编辑	陈思佳（chensijia_ruc@163.com）
责任校对	沈巧华
封面设计	雷建军
出版发行	浙江大学出版社
	（杭州市天目山路 148 号　邮政编码 310007）
	（网址：http://www.zjupress.com）
排　　版	杭州朝曦图文设计有限公司
印　　刷	杭州高腾印务有限公司
开　　本	710mm×1000mm　1/16
印　　张	15.75
字　　数	250 千
版 印 次	2022 年 6 月第 1 版　2022 年 6 月第 1 次印刷
书　　号	ISBN 978-7-308-22715-5
定　　价	68.00 元

总　序

在全面建设社会主义现代化国家、向着第二个百年奋斗目标迈进的新征程中,扎实推进共同富裕是重大战略任务。党的十九大报告提出,到 21 世纪中叶,"全体人民共同富裕基本实现,我国人民将享有更加幸福安康的生活"①。党的十九届六中全会进一步提出,要"立足新发展阶段、贯彻新发展理念、构建新发展格局、推动高质量发展,全面深化改革开放,促进共同富裕","协同推进人民富裕、国家强盛、中国美丽"。② 完成这样的战略任务,需要就共同富裕涉及的一系列重大问题,就理论与实践的结合做出符合我国实际的回答。由嘉兴学院中国共同富裕研究院与浙江大学出版社共同策划的以共同富裕为主题的综合文库的出版发行,适应了时代和实践发展的需求,是极具意义的事情。我们向文库的出版表示热烈祝贺! 向为文库出版做出贡献的学者们和出版社的同志们表示衷心的感谢!

共同富裕是马克思主义的一个基本目标,也是自古以来我国人民的一个基本理想,是中国共产党自成立以来团结带领人民矢志不渝艰苦奋斗的基本希望。在新民主主义革命时期,中国共产党团结带领人民,经过艰苦卓绝的反对帝国主义、封建主义、官僚资本主义,争取民族独立、人民解放的斗争,取得革命的胜利,建立了新中国,为实现国家繁荣富强和全体人民共同富裕创造了根本社会条件。在社会主义革命和建设时期,经过艰苦奋斗,实现了从新民主主义到社会主义的转变,建立了社会主义制度,为实现中华民族伟大复兴和共同富裕奠定了根本政治前提与制度基础。在改革开放和社会主义现代化建设新时期,经过艰辛探索,打破传统体制束缚,推动解放和

① 习近平:《决胜全面建成小康社会 夺取新时代中国特色社会主义伟大胜利———在中国共产党第十九次全国代表大会上的报告(2017 年 10 月 18 日)》,《人民日报》2017 年 10 月 28 日。
② 《中共中央关于党的百年奋斗重大成就和历史经验的决议》,《人民日报》2021 年 11 月 17 日。

发展社会生产力,创造了改革开放和社会主义现代化建设的伟大成就,实现了从高度集中的计划经济体制到充满活力的社会主义市场经济体制、从封闭半封闭到全方位开放的历史性转变,实现了从生产力相对落后的状况到经济总量跃居世界第二的历史性突破,实现了人民生活从温饱不足到总体小康、奔向全面小康的历史性跨越,推进了中华民族从"站起来"到"富起来"的伟大飞跃。

党的十八大以来,以习近平同志为核心的党中央将实现全体人民共同富裕摆在更加重要的位置上,采取有力措施保障和改善民生,带领人民打赢脱贫攻坚战,全面建成小康社会,创造了世所罕见的经济快速发展奇迹和社会长期稳定奇迹,为促进共同富裕创造了更加良好的条件。2021年,国内生产总值达到114万亿元,人均生产总值超过1.25万美元,超过世界平均水平。在实现共同富裕的实践奋斗中,习近平总书记指出:"共同富裕是社会主义的本质要求,是人民群众的共同期盼。我们推动经济社会发展,归根结底是要实现全体人民共同富裕"①,"共同富裕本身就是社会主义现代化的一个重要目标。我们要始终把满足人民对美好生活的新期待作为发展的出发点和落脚点,在实现现代化过程中不断地、逐步地解决好这个问题"②。"共同富裕是全体人民的富裕,是人民群众物质生活和精神生活都富裕,不是少数人的富裕,也不是整齐划一的平均主义,要分阶段促进共同富裕。"③"实现共同富裕不仅是经济问题,而且是关系党的执政基础的重大政治问题。我们决不能允许贫富差距越来越大、穷者愈穷富者愈富,决不能在富的人和穷的人之间出现一道不可逾越的鸿沟。"④这些主张,标志着中国共产党对共同富裕的认识达到了更高的理论高度。

但要看到,逐步实现全体人民共同富裕,也面临发展不平衡不充分的挑战:地区、城乡居民收入差距和城乡居民内部收入差距需要进一步缩小,中等收入群体需要进一步扩大,教育、卫生、社会保障等领域需要进一步实现

---

① 习近平:《关于〈中共中央关于制定国民经济和社会发展第十四个五年规划和二〇三五年远景目标的建议〉的说明》,《人民日报》2020年11月4日。

② 《习近平在中共中央政治局第二十七次集体学习时强调完整准确全面贯彻新发展理念确保"十四五"时期我国发展开好局起好步》,《人民日报》2021年1月30日。

③ 《习近平主持召开中央财经委员会第十次会议强调在高质量发展中促进共同富裕统筹做好重大金融风险防范化解工作》,《人民日报》2021年8月18日。

④ 习近平:《把握新发展阶段,贯彻新发展理念,构建新发展格局》,《求是》2021年第9期。

社会公平,特别是受新冠肺炎疫情冲击和外部环境影响,当前经济发展还面临需求收缩、供给冲击、预期转弱三重压力。这说明,扎实推进共同富裕是一项长期任务。在新的征程上,要逐步实现全体人民共同富裕,更好满足人民日益增长的美好生活需要,必须进一步推动经济高质量发展,全面深化改革,付出更为巨大的努力。

必须进一步推动经济高质量发展。发展是解决一切问题的基础和关键,没有高质量发展,就不可能实现共同富裕。因此,要坚持以人民为中心的发展思想,坚持以经济建设为中心,贯彻新发展理念,大力发展生产力,以现代经济的高质量发展促进共同富裕。实现高质量发展,一要大力推动创新,包括科技创新、制度创新、理论创新和文化创新等,着力解决发展不充分的问题。二要大力调整结构,着力解决发展不平衡的问题。调整区域结构,实施区域重大战略和区域协调发展战略,解决区域发展不平衡问题,缩小地区差距;调整产业结构,解决产业不平衡问题,促进三次产业协调发展;调整城乡结构,实施乡村振兴战略,推动"四化"同步,推动城乡协调发展,缩小城乡差距。三要大力推进绿色发展,加强环境保护,建设生态文明。加强生态环境综合治理和生态保护修复,持续改善生态环境;发展低碳经济,全面提高资源利用效率,稳步推进碳达峰、碳中和;促进人与自然和谐共生,在绿色发展中实现高质量发展。四要大力进行开放发展。抓住全面建设社会主义现代化国家新阶段和世界百年未有之大变局的新机遇,构建以国内大循环为主、国内国际双循环相互促进的新发展格局;构建对外开放新体制;构建人类命运共同体。五要大力促进共享发展。坚持全民共享、全面共享、共建共享、渐进共享。

同时要全面深化改革,为扎实推进共同富裕提供强大动力和制度保证。一要在改革实践中坚持和完善社会主义基本经济制度。坚持公有制为主体、多种所有制经济共同发展,毫不动摇地巩固和发展公有制经济,毫不动摇地鼓励支持引导非公有制经济的发展;坚持按劳分配为主体、多种分配方式并存,允许鼓励支持一部分地区和个人靠诚实劳动和合法经营先富起来,先富起来的地区和个人要带动相对落后的地区和个人,实现共同富裕;坚持社会主义市场经济体制,充分发挥市场在资源配置中的决定性作用,更好发挥政府作用。二要深化企业改革。企业是最主要的市场主体,既是实现经济高质量发展的主力军,也是通过初次分配"分好蛋糕",扎实推动共同富裕的主力军。据国家市场监督管理总局统计，至 2021 年底，在我国 1.54 亿户市场主体中，企业有 4842.3 万户。这些企业的效益如何、初次分配如何，对实现高质量发展和共同富裕至关重要。企业改革要分类进行，但要坚持建立和完善中国特色社会主义现代企业制度的共同目标，着力探索公有制为主体、多种所有制经济共同发展的实现形式，培育社会主义市场经济具有活力和创造力的市场主体。在努力提高企业效益的基础上，坚持效率与公平统一的原则，处理好初次分配关系，处理好资本与劳动的分配关系。三要深化宏观领域改革，更好发挥政府作用。加强科学宏观政策调节，合理调节城乡、区域、不同群体间分配关系。构建初次分配、再分配、三次分配协调配套的基础性制度安排，鼓励高收入人群和企业更多回报社会。加大税收、社保、转移支付等调节力度并提高精准性，增加低收入群体收入，扩大中等收入群体比重。建立全国统一大市场，完善要素市场，规范市场秩序，充分发挥价格、供求、竞争等市场机制的调节作用。整顿收入分配秩序，坚决取缔非法收入，依法保护合法收入，合理调节过高收入，促进社会公平正义。四要深化社会保障制度改革。建立科学的公共政策体系，促进基本公共服务均等化，不断提升公共服务水平，着力解决人民群众普遍关心关注的民生问题。要尽力而为量力而行，形成人人享有的合理分配格局。重点加强基础性、普惠性、兜底性民生保障建设，为人民提高受教育程度、增强发展能力创造更加普惠公平的条件，给更多人创造致富机会，形成人人参与的发展环境。完善养老和医疗保障体系、兜底救助体系、住房供应和保障体系。五要全面深化供给侧结构性改革。提高发展的平衡性、协调性、包容性，增强区域发展的平衡性，强化行业发展的协调性。尤其要在全面脱贫基础上，巩固拓展脱贫攻坚成果，全面推进乡村振兴，千方百计增加农民的收入，加强农村基础设施和公共服务体系建设，改善农村人居环境，促进农民农村共同富裕，以缩小城乡收入差距。六要深化上层建筑领域改革，促进全体人民精神生活共同富裕。培育和践行社会主义核心价值观，深化群众性精神文明创建。繁荣新闻出版、广播影视、文学艺术、哲学社会科学和档案等事业，不断满足人民群众多样化、多层次、多方面的精神文化需求。

浙江，是中国革命红船起航地、改革开放先行地、习近平新时代中国特色社会主义思想重要萌发地。2021 年 5 月，中央赋予浙江高质量发展建设共同富裕示范区、率先破解共同富裕普遍性难题和创新共同富裕体制机制的光荣使命,这是习近平总书记亲自谋划、亲自定题、亲自部署、亲自推动的重大战略决策,既体现了党中央对浙江的高度信任,也寄托了全国人民的殷切期望。

嘉兴学院,是中国革命红船旁的百年红色学府,时刻牢记习近平总书记"努力把学校办成一所有特色、善创新的综合性大学"的殷切嘱托,大力弘扬伟大建党精神、红船精神,自觉扛起总结共同富裕实践经验和推进理论创新的使命担当。2021 年 3 月,嘉兴学院联合省市相关政府部门组建中国共同富裕研究院,构建集共富论坛、共富讲堂、共富宣讲团、共富案例库、共富数据库于一体的"共同富裕 +"研究和活动矩阵,努力打造宣传中国共同富裕思想创新、理论创新和实践创新的重要阵地,奋力建设展示浙江高质量发展建设共同富裕示范区重要成效的"重要窗口"。嘉兴学院中国共同富裕研究院成立虽然时间不长,但已经得到学界、政界、社会和媒体的广泛支持,取得了阶段性的系列重要成果,正在产生共同富裕研究的广泛社会影响。"中国共同富裕研究文库"是嘉兴学院中国共同富裕研究院与浙江大学出版社共同策划出版的共同富裕主题综合文库,包括学术研究、典型案例、发展报告、指数分析、名家谈、青年说等系列,内容丰富,分量厚重,意义深远。立时代之潮头,通古今之变化,发思想之先声,积极为党和人民述学立论,既是责任,更是担当。热切地期望,该文库的出版能够以多角度、多维度、多层次的理论创新,为浙江高质量发展建设共同富裕示范区和全国扎实推进共同富裕,提供思想、理论和智力支持。

实践在发展,时代在前进。在社会主义现代化建设和实现共同富裕的征程中,必定会出现许多新情况,面临许多新问题,让我们紧跟实践发展和时代前进的步伐,探索不止,创新不止,为建成社会主义现代化强国、实现中华民族伟大复兴贡献智慧和力量!

逄锦聚　南开大学讲席教授

嘉兴学院中国共同富裕研究院学术委员会主任

2022 年 5 月 1 日

前　言

党的十九大报告指出，"中国特色社会主义进入新时代，我国社会主要矛盾已经转化为人民日益增长的美好生活需要和不平衡不充分的发展之间的矛盾"。平衡、包容、共享的增长成为新时代中国经济发展的主要目标，收入分配问题日渐成为中国经济社会的重要话题，而国民收入在劳动者、资本所有者和政府之间的分配是影响总体人际收入不平等的重要因素之一。工资等劳动收入是大部分国民的主要收入来源，而劳动收入相较于利息、红利、租金、利润等以资本或财产为基础的收入类别来说，其不平等程度低得多。正是由于劳动收入和资本收入存在内部不平等上的差异，当劳动收入占国民收入的比重较大时，反映到基尼系数上的总体人际收入不平等水平就会较低。跨国截面数据显示，劳动收入份额与基尼系数呈现出显著的负相关关系，劳动收入份额越高的国家基尼系数越小。所以探讨中国劳动收入份额的变动，有助于理解当前中国收入不平等的形成原因，并且为收入分配不平等的缓解提供思路和具体措施。

自 Kaldor（1961）提出宏观经济的六大基本事实（即卡尔多事实）之后，劳动收入份额在长期中稳定不变作为其中的第五大事实被经济学家广泛接受，并且成为宏观经济数理建模所要拟合的目标。但是包括中国在内的世界多个国家的劳动收入份额不稳定，英、美以及欧洲整体在 20 世纪 80 年代之后均有下降趋势。本书能为劳动收入份额变动的理论解释提供来自发展中国家的视角和经验证据。

本书从市场因素和制度因素两个方面来解释中国劳动收入份额下降之谜。由于劳动收入份额在完全竞争和规模报酬不变条件下等于劳动产出弹性，因此可将影响劳动产出弹性的因素作为影响劳动收入份额的市场力量，而使得劳动产出弹性变化的因素就是技术进步偏向。本书将劳动产出弹性视作劳动收入份额的理论值和公平值，将它与劳动收入份额的现实数值相比较,两者偏离的部分可看作由其他制度性因素所导致,然后寻找两者偏离的制度性因素。本书聚焦于三个主要因素:价格加成、融资约束、谈判能力。本书的主要内容包括以下几个部分。

第一章是导论,介绍本书的研究背景、研究框架和主要内容。

第二章是文献综述,对劳动收入份额的测度、影响因素等相关文献进行了梳理和评述。

第三章根据宏观和微观数据,确认了总体劳动收入份额呈下降趋势的基本事实。国际比较发现由于统计方法的差异,住户部门的劳动收入份额被严重高估了,从而使得中国总体劳动收入份额也被高估了。中国非金融企业部门的劳动收入份额水平与国际数据相比较低。对劳动收入份额的价格和数量分解发现资本回报率较高,劳动收入份额的波动更多来自要素相对价格之比,而非要素相对数量之比。对劳动收入份额的产业分解说明产业内的劳动收入份额变化是总体劳动收入份额变化的主因,而产业结构的变迁是次要的原因。

第四章至第六章讨论技术偏向对劳动收入份额的影响。影响劳动收入份额的市场基本力量是生产函数的技术变化和投入要素数量的变化。从生产要素(资本、技能劳动、非技能劳动)的需求面和供给面出发,可以分析生产要素的定价问题,以及由要素价格和要素数量形成的劳动收入份额与工资不平等问题。影响要素需求的是企业生产过程中不同要素的替代或互补关系(用替代弹性来刻画)和技术性质(用技术偏向来刻画)的变化。影响要素供给的是要素相对稀缺性(技能与非技能劳动供给之比、资本劳动比)。生产要素的需求和供给互相作用得到的均衡价格就是工资率与资本回报率,从而可以得到劳动收入份额和工资不平等(技能溢价)。替代弹性、技术偏向、要素稀缺性的任何变化都会引起劳动收入份额和(或)工资不平等的变化。本书实证表明中国 20 世纪 90 年代以来的技术进步偏向于资本,资本与劳动之间替代弹性小于 1,技术进步对于劳动收入份额的影响为负。

第七章将市场完全竞争和生产规模报酬不变时的劳动收入份额(即劳动产出弹性)视作公平的劳动收入份额,利用工业企业数据估算出劳动产出弹性,将其与劳动收入份额的现实数据相比较,发现实际劳动收入份额小于劳动产出弹性,并且两者差异呈扩大趋势。与此同时,工资率小于劳动边际生产率,资本回报率大于资本边际生产率。

第八章至第十章从企业层面探讨实际劳动收入份额低于劳动产出弹性的制度成因,包括价格加成、融资环境、劳资议价能力。行政垄断或企业创新使得企业在产品市场上获得定价能力从而能够获得超额利润,如果超额利润大部分归于资本,则价格加成使得劳动收入份额降低。具体表现为获取贷款困难或贷款利率过高的融资约束使得企业有更强的激励尽量压低劳动成本,将本期盈余作为储蓄来为下一期的投资融资,压低劳动成本的可能性取决于劳资谈判能力,并且代价可能是降低劳动者的努力程度从而减少产出。二元经济转型不能具体解释为何工资低于边际生产率,现实中的工资和就业是劳动者与企业谈判协商的结果,超额利润如何分配由谈判能力决定。企业层面的实证表明:产品市场垄断、融资约束对劳动收入份额的影响为负;工会经费对工资和劳动收入份额的影响均为正;最低工资调整对工资和劳动收入份额有正向影响,对就业在短期内没有影响,从长期来看有显著负向影响。

第十一章构建包含技术偏向、价格加成、融资约束、谈判能力的一般均衡模型。模型特征主要有:效用函数采用 Dixit-Stiglitz 形式,产品间需求替代弹性反映市场势力从而引入价格加成;在企业贷款利率上增加一个参数表示额外的资金成本来反映融资约束;对于总剩余的分配则采用纳什谈判解。

第十二章总结本书的主要结论,引申出相应的政策含义。

本书可能的创新点主要有:第一,分析框架的创新。本书将导致劳动收入份额下降的因素分为市场因素和制度因素,将代表市场力量的技术偏向所导致的劳动收入份额下降视作正常的经济结构调整,而将代表制度因素的价格加成、融资约束、劳资谈判能力所导致的劳动收入份额下降视作存在既有损公平又有损效率的扭曲。第二,构建包含产出弹性、价格加成、融资约束、谈判能力的一般均衡模型,用数理模型来刻画各因素影响劳动收入份额的机制,并推演出它们对劳动收入份额的影响方向和程度。第三,从企业层面提出理解企业增加值分配的一种新视角:劳动者首先取得保留工资,资本所有者首先取得正常资本回报率，企业超额利润的分配由劳资谈判能力决定，劳动所能得到的份额就与超额利润的大小和超额利润如何分配有关。价格加成和融资约束与超额利润的大小相关，劳资谈判能力与超额利润的分配相关。第四，从理论上分别说明价格加成、融资约束如何影响劳动收入份额，并用企业数据验证之。

目　录

第一章　导　论

第一节 问题的提出

中国改革开放以来收入差距逐渐扩大,虽然近年来已遏制住了扩大趋势,但收入分配格局距离共同富裕的政策目标尚有差距。收入差距扩大一方面直接影响人们的主观幸福感,另一方面对经济结构转型、经济增长有着重大影响,甚至关涉社会稳定等问题。收入分配问题已成为中国经济发展面临的最重要的问题之一。中国正处在经济快速增长且结构快速转型的过程中。企业技术更新换代周期缩短,产业结构不断变迁,农业向工业、农村向城市的转移尤其显著。与此同时,劳动力结构也在不断变迁,人均受教育水平逐年提高。收入差距不断扩大的现象需要放在这个经济转型的大背景下来看待。

由于对分配过程是否公平的关注,本书采用收入分配两条研究进路中的功能分配视角,也就是要素收入在总产出中的份额。虽然在理论上,劳动收入份额与收入不平等并不必然相关,但是在经验数据上,劳动收入份额与度量收入不平等的基尼系数存在高度的相关性,劳动收入份额的下降通常伴随着收入不平等水平的上升。这是由于工资等劳动收入是大部分国民的主要收入来源,而劳动收入相较于利息、红利、租金、利润等以资本或财产为基础的收入类别来说,其不平等程度低得多。正是由于劳动收入和资本收入在内部不平等上的差异,当劳动收入占国民收入的比重较大时,反映到基尼系数上的总体人际收入不平等水平就会较低。跨国截面数据显示,劳动收入份额与基尼系数呈现出显著的负相关关系,劳动收入份额越高的国家基尼系数越小(见图 1.1)。在大部分人的收入主要是工资收入的经济体中,劳动收入份额的高低直接影响到总体收入不平等状况和主观福利水平。劳动收入份额对于经济效率同样有重要影响,劳动收入份额过低可能会削弱边际消费倾向,从而导致消费投资结构失衡,最终影响经济增长。图 1.2 显示了居民最终消费支出和固定资产形成总额之比与劳动收入份额的关系，两者呈正相关关系，劳动收入份额越低，消费的比例就越小。

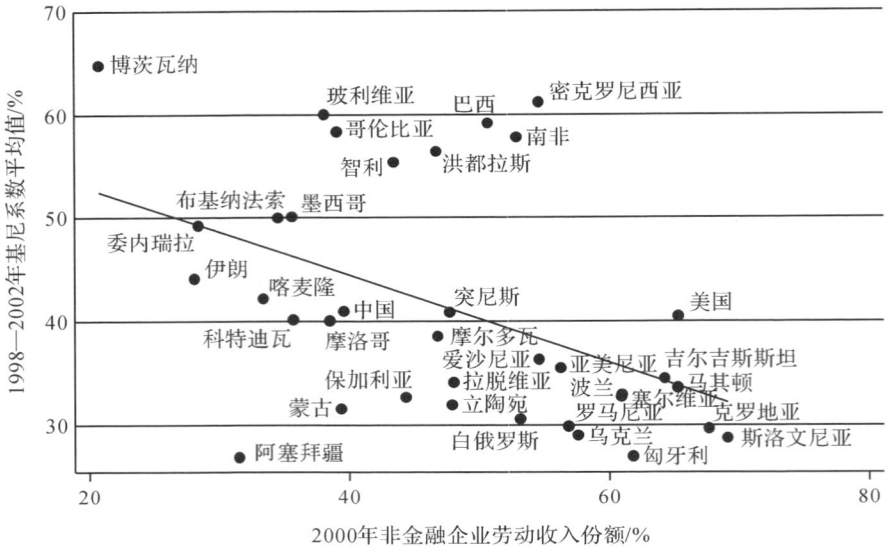

图 1.1　基尼系数与劳动收入份额

数据来源：UNdata、World Bank。

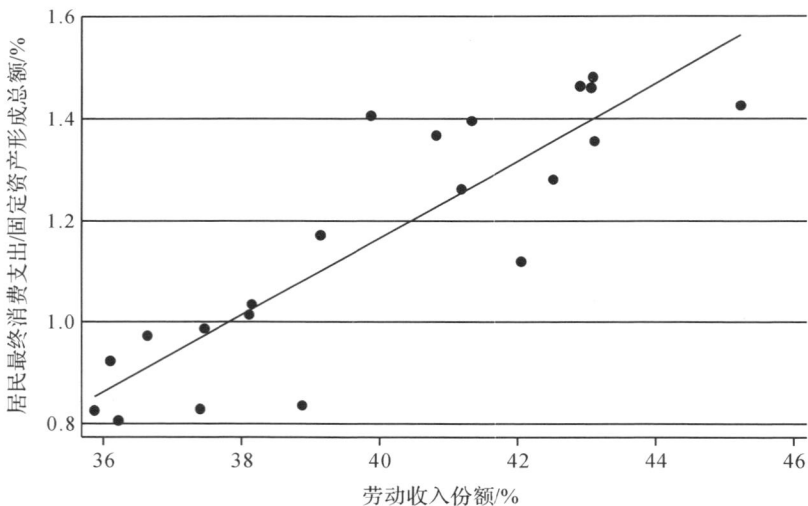

图 1.2　消费投资结构与劳动收入份额

数据来源：1994—2014 年的中国统计年鉴。

在宏观经济理论中被广泛接受的卡尔多事实的第五条内容就是:劳动收入份额在长期中稳定不变(Kaldor,1961)。后来的宏观经济模型将其作为构建理论所要拟合的基本事实。20 世纪 70 年代之前发达国家的经验数据也确实符合劳动收入份额稳定不变的事实。然而,近二三十年来劳动收入份额出现了全球性的下降(Karabarbounis and Neiman,2014)。现实与理论的矛盾构成了劳动收入份额下降之谜,而中国的情况又与其他国家有很大的不同,从而有了中国劳动收入份额下降之谜。

中国劳动收入份额自 20 世纪 90 年代以来的持续下降引起了广泛关注,相关实证研究很多,但探究中国劳动收入份额变动的制度成因的理论文献较少,关注分配过程是否公平的文献也较少。由于在完全竞争和规模报酬不变条件下,劳动收入份额等于劳动产出弹性,而技术进步偏向会使得劳动产出弹性发生变化,故本书将技术进步偏向作为影响劳动收入份额的市场因素。在此基础上,本书放松完全竞争市场的假定,考虑制度产生的产品市场势力、融资环境和劳资议价能力的变动如何影响劳动收入份额变动。

本书试图解答以下几个问题:

第一,中国劳动收入份额的水平和变动的特征事实。

第二,技术进步偏向是不是影响中国劳动收入份额的主因及其影响机制。

第三,导致中国劳动收入份额水平变动的制度因素、具体有哪些制度及其作用机制如何。

第二节 研究框架和主要内容

本书的研究框架如图 1.3 所示。首先从理论(劳动收入份额稳定不变的卡尔多事实)与现实(中国劳动收入份额持续下降)之间的矛盾入手,提出中国劳动收入份额下降之谜。然后从多个数据来源确认中国劳动收入份额水平与变化的特征事实并对其进行分解。本书从市场因素和制度因素两个

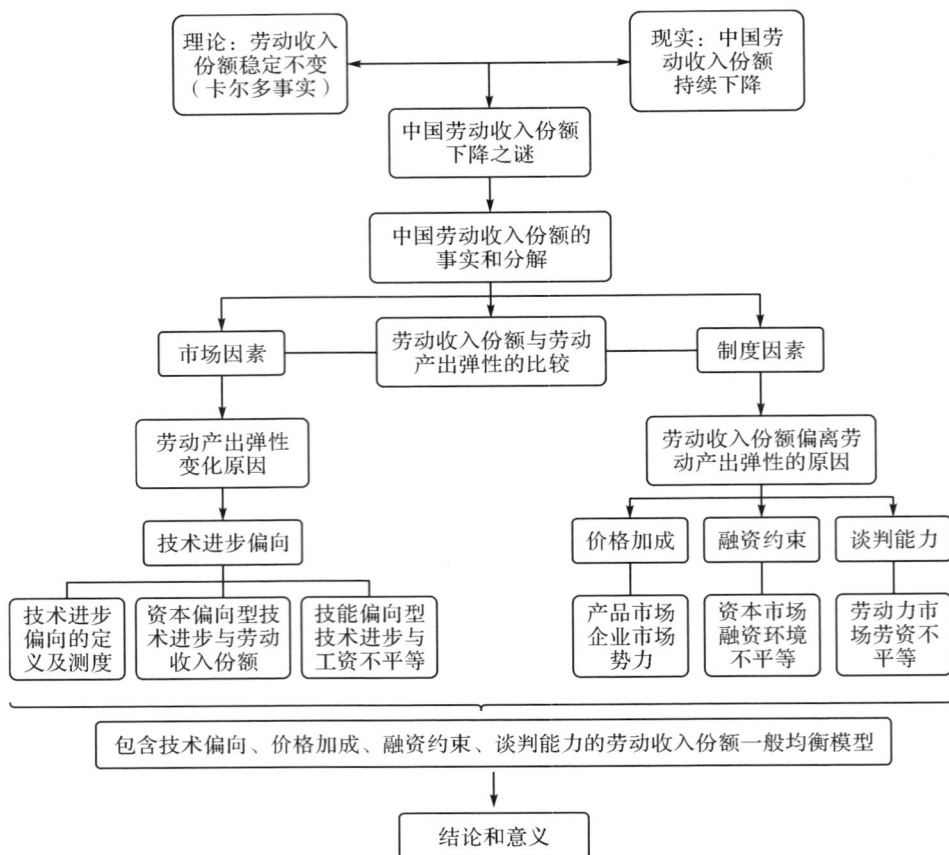

图1.3 研究框架

方面来解释中国劳动收入份额下降之谜。劳动收入份额在完全竞争和规模报酬不变条件下等于劳动产出弹性,因此,本书将影响劳动产出弹性的因素作为影响劳动收入份额的市场力量,而引起劳动产出弹性变化的因素就是技术进步偏向。技术的偏向又由要素增强型技术进步和要素之间的替代弹性这些生产函数的性质以及生产要素投入的数量来决定。第四章到第六章,分别讨论与技术进步偏向和收入分配相关的三个话题:技术进步偏向的定义及其测度、资本偏向型技术进步如何影响劳动收入份额,以及技能偏向型技术进步如何影响工资不平等。本书第七章将劳动产出弹性视作劳动收入份额的理论值和公平值,将它与劳动收入份额的现实数值相比较,两者偏离的部分可看作由其他制度性因素所导致,接着寻找两者偏离的制度性因素。本书第八章到第十章聚焦于三个主要因素:价格加成、融资约束、谈判能力。它们分别反映了企业在产品市场上的市场势力、资本市场上的融资环境不平等、劳动力市场上的劳资不平等。最后,本书构建了同时包含市场因素和制度因素的劳动收入份额的一般均衡模型。

本书主要内容如下:

第一章是导论。介绍了本书的研究背景、研究框架、主要内容以及创新点。

第二章是文献综述。对劳动收入份额的测度、劳动收入份额变动的影响因素等相关文献进行梳理和评述。

第三章是劳动收入份额的事实和分解。通过对中国收入法核算的宏观GDP数据和微观企业数据的观察,运用多种度量方式,确认了如下基本事实:宏观总体劳动收入份额呈下降趋势,微观企业加权劳动收入份额同样呈下降趋势。通过国际数据的比较发现,由于统计口径问题,中国住户部门的劳动收入份额相对于国际水平被严重高估,从而中国总体劳动收入份额也被高估。可比的中国非金融企业部门的劳动收入份额水平与国际数据相比较低,前者在40%左右,后者在55%左右。对劳动收入份额的价格和数量进行分解发现,资本回报率较高,劳动收入份额的波动更多来自要素相对价格之比,而非要素相对数量之比。对劳动收入份额的产业分解说明,产业内的劳动收入份额变化是总体劳动收入份额变化的主因,而产业结构的变迁是次要的原因。

第四章至第六章讨论劳动收入份额变化的市场成因。在市场完全竞争和生产规模报酬不变的假定下,劳动收入份额在理论上就等于劳动产出弹性。而劳动产出弹性由生产函数的具体形式和要素投入数量所决定,所以影响劳动收入份额的市场基本力量就是影响生产函数的技术变化和投入要素数量的变化。

第四章是技术进步偏向的定义及其测度。从技术进步偏向原始定义出发梳理各概念之间的异同,在 CES 生产函数设定下,清晰地展现增强型、偏向型技术进步之间的关联和差异,并详细考察了希克斯偏向型技术进步和哈罗德偏向型技术进步。基于中国宏观时间序列数据估算了要素替代弹性、要素增强型技术进步和偏向型技术进步。结果表明:资本与劳动的替代弹性约小于1,资本与劳动互补;劳动生产效率上升而资本生产效率有所下降;希克斯技术进步和哈罗德技术进步大体上都是偏向资本的。

第五章是资本偏向型技术进步与劳动收入份额。设定 CES 生产函数,从资本偏向型技术进步的定义出发,推导出技术进步偏向、替代弹性和劳均资本的不同情况如何影响劳动收入份额的理论结果。替代弹性、技术偏向、要素稀缺性的任何变化都会引起劳动收入份额的变化。本章根据理论分析建立计量模型,利用省级面板数据进行计量分析。结果显示,以全要素生产率度量的技术进步会提高要素收入份额以及资本劳动价格之比。实证表明技术进步偏向对劳动收入份额的影响为负。

第六章是技能偏向型技术进步与工资不平等。从技术进步的技能偏向性和劳动力供给的技能结构两个方面探讨它们对工资不平等影响的理论机制与实际效应。理论分析表明,技能溢价同时取决于技术进步偏向、技能劳动与非技能劳动之间的替代弹性以及技能劳动的相对供给三个方面。省级面板数据的实证研究表明,技能溢价反映了企业对技能劳动的需求与技能劳动供给之间的匹配情况,技能溢价的上升、下降由技能偏向型技术进步和劳动力技能结构的相对变化所决定。

第七章讨论劳动所得是否公平。本书将市场完全竞争和生产规模报酬不变时的劳动收入份额(即劳动产出弹性)视作公平的劳动收入份额,此时工资率等于劳动边际生产率。本章利用工业企业数据估算劳动产出弹性,将其与企业实际的劳动收入份额相比较,发现实际劳动收入份额小于劳动产出弹性,并且两者差异呈扩大趋势。劳动产出弹性结合劳均产出数据可计算得到劳动边际生产率。同样地,将劳动边际生产率与企业实际的平均工资做比较,发现实际平均工资小于劳动边际生产率且差距扩大。与此相对应,实际的资本回报率大于资本边际生产率。

第八章至第十章从企业层面探讨实际劳动收入份额低于劳动产出弹性以及工资率低于劳动边际生产率的制度成因。这些具体因素包括:价格加成、融资环境、劳资议价能力。

　　第八章讨论产品市场价格加成对劳动收入份额的影响。行政垄断或企业创新使得企业在产品市场上获得某种程度的定价能力，能够将价格在产品成本之上做一个加成，企业可以获得超额利润。如果这部分利润大部分归于资本，则劳动收入份额较没有价格加成时更低，产品市场垄断增强则劳动收入份额下降。本章企业层面的实证表明，产品市场垄断对劳动收入份额的影响为负，超额利润的分配大部分归于资本收入。

　　第九章讨论融资环境对劳动收入份额的影响。阐述了融资约束影响劳动收入份额的机制——价格机制和数量机制。以获取贷款困难或贷款利率过高为表现的融资约束会使得企业由于缺乏流动性资金而错失一些赢利机会，企业有动机尽量压低劳动成本而将本期盈余作为储蓄来为下一期的投资融资做准备。但压低工资的代价是降低劳动者的努力程度从而减少产出，并且压低劳动成本的程度和可能性取决于劳动力市场中的谈判能力。本章企业层面的实证表明，融资约束对劳动收入份额的影响为负。

　　第十章讨论劳动力市场制度对劳动收入份额的影响。现实中的工资和就业是劳动者与企业协商谈判的结果，由产品市场势力或资本等要素的市场优惠而产生的超额利润如何分配，很大程度上由劳动者和企业的相对议价能力决定。劳动力市场中的制度，如工会组织、最低工资制度，都会影响劳动收入份额。本章企业层面的实证表明，工会经费对工资和劳动收入份额的影响均为正，最低工资调整政策对工资和劳动收入份额有正向影响，对就业在短期有正向显著影响，在长期有负向影响。

　　第十一章是劳动收入份额的一般均衡模型。构建同时包含技术进步偏向、价格加成、融资约束和劳资谈判能力的一般均衡模型，来解释劳动收入份额的变动。首先，效用函数采用 Dixit-Stiglitz 形式，产品种类与企业数量对应，产品间需求替代弹性随企业数量增加而提高，因此需求替代弹性可以反映市场势力从而引入价格加成。其次，在企业借款利率上增加一个参数表示额外的资金成本来反映融资约束。最后，对于总剩余（企业剩余和工人剩余之和）的分配采用纳什谈判解。求解和分析模型得到以下几个结果：

①劳动产出弹性对劳动收入份额的影响为正,影响的程度与价格加成和融资约束有关。②价格加成对劳动收入份额的影响方向取决于劳动产出弹性和劳动谈判能力的相对大小。③融资约束对劳动收入份额的影响为负。④劳动谈判能力对劳动收入份额的影响为正。⑤福利效应方面,劳动谈判能力高于劳动产出弹性时,尽管价格加成对劳动收入份额的影响为正,但福利效应为负;融资约束降低劳动收入份额的同时也降低福利水平,谈判能力的变化没有福利效应。

第十二章总结本书的主要研究结论,阐述政策含义,并指出不足之处。

第三节　可能的创新点

本书可能的创新主要有以下几点:

第一,分析框架的创新。研究中国劳动收入份额下降原因的已有文献没有关注导致劳动产出弹性变化的因素与导致劳动收入份额偏离劳动产出弹性的因素这两者的区别。本书将导致劳动收入份额下降的因素分为市场因素和制度因素,将代表市场力量的技术偏向所导致的劳动收入份额下降视作正常的经济结构调整,而将价格加成、融资约束、劳资谈判能力这些制度因素所导致的劳动收入份额下降视作既有损于公平又有损于效率的扭曲,将劳动产出弹性视作劳动收入份额的理论值和"公平值",发现实际劳动收入份额小于其理论值或"公平值",并且实际工资小于劳动边际生产率。

第二,构建统一的劳动收入份额一般均衡模型。已有文献多为单个影响因素的理论研究或多个影响因素的实证研究,较少包含多个因素的宏观模型的研究。本书构建同时包含产出弹性、价格加成、融资约束、谈判能力的综合性一般均衡模型,用数理模型来刻画各因素影响劳动收入份额的机制,并推演出它们对劳动收入份额的影响方向和程度,同时说明它们带来的福利效应。

第三,计算中国 20 世纪 90 年代以来的技术进步偏向指数,从理论上说明技术偏向影响劳动收入份额和工资不平等的机制并进行数值计算,提出技能偏向型技术进步与劳动力技能结构的匹配问题。

第四,从企业层面提出理解企业增加值分配的一种新视角。劳动者首先取得保留工资,资本所有者首先取得正常资本回报率,然后企业超额利润的分配由劳资谈判能力决定,劳动所能得到的份额就与超额利润的大小和超额利润如何分配有关。价格加成和融资约束与超额利润的大小相关,劳资谈判能力与超额利润的分配相关。

第五,从理论上分别说明价格加成、融资约束如何影响劳动收入份额,并利用微观企业数据进行实证检验,运用双重差分方法识别最低工资调整给劳动收入份额带来的影响,实证检验工会对工资、就业、劳动收入份额的影响。

第二章　文献综述

第一节　劳动收入份额的定义和测度

劳动收入份额是国民收入中归属于劳动的那部分收入,也称为劳动收入占比。劳动收入份额的定义没有什么疑义,但要准确测度它却困难重重。Krueger(1999)和Gollin(2002)对劳动收入份额度量中的种种细微问题做了详细的阐述,认为主要的度量难题在于如何确定自雇佣者的劳动收入。正式注册且会计制度完善的企业可以从企业财务数据中明确区分劳动收入和资本收入,雇员工资是劳动收入,利息、利润、红利、租金是资本收入。但是非公司化的(uncorporated)小企业或小作坊,由于没有正规的会计核算制度,并且企业所有者同时也是劳动者,通常无法明确区分资本收入和劳动收入。企业所有者既投入资本,获得资本收入,也投入劳动,获得劳动收入,但两者的区别并不能从数据中反映出来,而是混在一起成为业主的全部混合收入。按照国际通行的统计方法,涉及劳动收入的指标有雇员报酬(compensation of employees)和混合收入(mixed income)。雇员报酬仅包含公司支付给员工的工资和其他劳动报酬,不包含自雇佣经济中的劳动收入。混合收入包含自雇佣经济的劳动收入和资本收入。所以测度的关键问题就在于确认混合收入中有多少属于劳动收入。既有文献的做法比较简单随意,将混合收入的2/3归为劳动收入,1/3归为资本收入,这样做的依据是西方国家的公司化的企业劳动收入份额约为60%～70%,并且假设非公司化的小企业与公司化的大企业在这一指标上相似。

从宏观统计数据看,国内生产总值收入法核算中,劳动者报酬是劳动收入,营业盈余和折旧是资本收入,生产税净额是从劳动收入和资本收入中抽取的,但很难确定分摊比例,文献中有不同的分摊方法,或直接将它舍去不予考虑,处理方法大致有以下几种:

$$\begin{cases} 劳动收入份额 = \dfrac{劳动者报酬}{劳动者报酬 + 营业盈余 + 固定资产折旧 + 生产税净额}; \\[4mm] 劳动收入份额 = \dfrac{劳动者报酬}{劳动者报酬 + 营业盈余 + 固定资产折旧}; \\[4mm] 劳动收入份额 = \dfrac{劳动者报酬 + (1-\alpha) \times 生产税净额}{劳动者报酬 + 营业盈余 + 固定资产折旧 + \alpha \times 生产税净额}。 \end{cases}$$

如果只考虑单个公司化的企业，企业 i 的劳动收入份额就可以用下式来测度：

$$劳动收入份额_i = \frac{雇员报酬_i}{雇员报酬_i + 利息_i + 租金_i + 利润_i}。$$

如果要将企业层面数据加总到宏观数据，仍然需要考虑非雇佣经济的业主收入。若将这部分混合收入全部作为劳动收入，则

$$劳动收入份额 = \frac{雇员报酬 + 自雇佣者的收入}{雇员报酬 + 利息 + 租金 + 利润 + 自雇佣者的收入}。$$

若将混合收入以某个比例分为劳动收入和资本收入，则

$$劳动收入份额 = \frac{雇员工资 + \alpha \times 自雇佣者的收入}{雇员工资 + 利息 + 租金 + 利润 + 自雇佣者的收入}。$$

相比起国际数据，从中国宏观统计数据中计算劳动收入份额所遇到的问题更多。劳动者报酬这一指标不仅包含了工资、福利、社保、奖金等企业支付给员工的劳动报酬，还包含了农户和个体工商户的一部分收入，也就是说中国统计年鉴中的劳动者报酬指标既包含了国际通用指标雇员报酬，也包含了国际通用指标混合收入中的一部分，但是拆分混合收入的方法比较随意，而且在 2004 年和 2008 年都做过变更，所以很难得到真实的劳动收入，也很难还原真实的雇员报酬。白重恩和钱震杰（2009）研究认为，劳动收入份额下降的 59% 可归因于统计口径调整。吕冰洋和郭庆旺（2012）在细致调整了税收影响和统计口径变更影响之后计算得到的宏观劳动收入份额数据显示，1983—2008 年，中国劳动收入份额持续下降。大部分国内研究均支持劳动收入份额下降的事实，但是也有部分研究提出了相反的证据，方军雄（2011）以上市公司员工收入比重稳步上升这一事实来质疑劳动收入份额是否一致下降。

第二节　劳动收入份额变动的影响因素

Keynes(1939)曾指出要素收入份额"引人注目的稳定"是一个"奇迹般的事实"(bit of a miracle),Kaldor(1961)更是将这个经济现象作为构建经济理论的起点。但是纵观长期历史现象,事实并非如此。Allen(2009)用数据和图表说明了英国工业革命时期劳动收入份额经历了先下降后上升的过程,转折点发生在1870年左右。但是Kravis(1959)质疑这一稳定性,其数据显示美国20世纪上半叶的劳动收入份额是上升的,Solow(1958)也认为国民收入中的工资份额不是稳定的,并且提出了从产业内部劳动收入份额变动与产业结构变化互动来看待整体劳动收入份额的视角。

Bronfenbrenner(1960)认同要素收入份额稳定的事实,但认为之前的传统新古典模型在解释要素收入份额时依赖于替代弹性为1,这是不充分的解释。其证明了替代弹性处在一定区间,而不必须要等于1,也可以推出稳定的要素收入份额,同时指出,要素收入份额对资本劳动比和替代弹性的变化都非常敏感。Ferguson(1968)扩展了简单新古典模型的假设,将投入要素的完全替代改为有限替代,将单一资本品改为异质性资本品。首先用希克斯和哈罗德的技术进步定义来构建技术进步理论,然后重点考察在多部门的假定下技术进步性质对于要素相对份额的影响。得到的结论是:在单部门中,劳动收入份额的变化与劳动收入份额的水平值、技术进步偏向、资本产出比变化率、替代弹性相关;在多部门中,整体劳动收入份额的变化与部门劳动收入份额的水平值、部门的技术进步率和技术进步偏向、部门的替代弹性、部门的资本产出比变化率相关。

虽然有Kravis(1959)和Solow(1958)这些个别的质疑,劳动收入份额长期稳定的卡尔多事实被大部分经济学家所接受,收入分配领域的功能分配视角因此沉寂了很长一段时间。从第二次世界大战后到20世纪70年代末,英国和美国的劳动收入份额逐渐上升(Krueger,1999;Atkinson,2009),

Atkinson（2009）认为工资比重上升是第二次世界大战后欧洲总体收入不平等水平下降的重要原因之一。从 20 世纪 80 年代早期开始，美国和 OECD（经济合作与发展组织）大部分国家的劳动收入份额出现了持续下降的现象（Blanchard and Phelps，1997；Gollin，2002；Harrison，2005；Rodríguez and Jayadev，2013）。近年来，大多数文献都对劳动收入份额长期稳定的卡尔多事实表示怀疑，Jones and Romer（2010）甚至提出新卡尔多事实，许多研究者开始探索劳动收入份额变动的规律及其成因。

20 世纪 70 年代以后，更多的文献显示美国劳动收入份额有下降趋势。文献中，中国劳动收入份额自 90 年代初以来也持续下降。大多数文献认为劳动收入份额长期稳定的卡尔多事实不再成立，后续出现大量解释劳动收入份额变动的文献。Acemoglu（2003a）指出在技术进步是劳动增强型的标准增长模型中，在平衡增长路径上劳动收入份额是稳定的，但是当技术进步是资本增强型时，在转型路径上劳动收入份额将不是稳定的。其他解释劳动收入份额变动的因素还包括全球化和国际贸易、劳资议价能力、金融环境的变化等。

讨论劳动收入份额变动原因的文献大致可分为三支：第一支也是最庞大的一支文献就是技术进步偏向。技术进步偏向的概念早在 1932 年就由 Hicks（1932）提出，但长期以来学者们并没有将它与劳动收入份额或收入分配联系起来。Acemoglu（2002b）研究了资本增强型技术进步在转移路径上发生的可能性和它对劳动收入份额的影响，其关心的问题是基于美国现实的工资不平等，其用技能偏向型技术进步来解释美国工资不平等水平的上升。其他一些文献指出由于资本与不同技能劳动的替代程度不同，技能偏向型技术进步对劳动收入份额也会产生影响（王永进和盛丹，2010）。Acemoglu（2002b）认为技术偏向内生于生产企业的选择行为和研发部门的投资导向，并对技能偏向型技术进步的内生性做了细致入微的阐述，但对资本增强型技术进步的内生性没有做太多的说明，后续有文献沿着这一思路同样从研发部门的行为选择来内生化资本增强型技术进步（Growiec et al.，2018）。也有一部分文献认为技术偏向是外生的，如 Aghion et al.（2002a）、

Jovanovic and Rousseau(2005)认为通用技术(general purpose technology)的范式革新更多的是随机发生的,通常用泊松分布来刻画新技术到来的概率。对应到现实中,这种外生的技术范式革新就是信息通信技术(ICT)。Siegenthaler and Stucki(2014)认为,欧洲其他国家的劳动收入份额下降而瑞士的劳动收入份额较为平稳的原因是欧洲其他国家的企业中使用ICT的工人比例上升得较快。Karabarbounis and Neiman(2014)另辟蹊径,用投资品相对于消费品的价格下降来解释20世纪70年代以来全球普遍出现的劳动收入份额下降的现象。逻辑是信息技术的快速发展使得资本品相对于消费品价格出现了比较大幅的下降,这就导致了中间生产商的资本租金价格下降,资本价格相对于劳动价格就降低了,中间生产商在技术条件不变情况下就会改变要素投入比例,提高资本投入比例。起始点是资本品价格下降,终点是资本投入比例上升,劳动收入份额与这两者都有关,上升、下降的相对幅度决定了劳动收入份额的上升或下降。而变化的相对幅度与替代弹性有关。其估计的替代弹性大于1,所以上升的幅度大于下降的幅度,劳动收入份额下降。研究技术偏向对劳动收入份额的影响绕不开的问题是生产函数的设定和替代弹性的估计。由于 C-D 生产函数假设替代弹性恒等于1,劳动收入份额也就稳定不变,所以大部分研究使用 CES 生产函数。Antràs(2004)和 Chirinko(2008)对替代弹性的估计方法与结果做了详细的综述,使用不同的数据来源、不同的方法,从不同的国家中估计得到的替代弹性存在较大差异,既有大于1又有小于1的结果。

第二支文献是关于制度和市场结构的。这里的制度因素,包含产品市场和劳动力市场上影响劳动收入份额的制度,较为笼统。文献中关注得比较多的是产品市场的垄断程度和价格加成、劳动力市场的劳资谈判能力。Blanchard(2003)研究了产品市场和劳动力市场中管制的弱化对于租金的大小、分配以及劳动收入份额的影响,认为产品市场的管制使得产品市场处于垄断竞争的状态,企业存在进入成本并且企业之间的竞争性有差异,垄断实力决定了租金,劳动力市场的管制会影响工人和企业的谈判能力,从而决定租金的分配。Schneider(2011)认为当市场不完美时会存在超额利润和价格加成,这些多出来的利润如何分配与产品市场和劳动力市场的制度有关,尤其是影响劳资议价能力的制度。

第三支文献是关于全球化和国际贸易的。Harrison(2005)基于1960—2000年跨国数据研究表明,贫穷国家劳动收入份额下降,而富裕国家上升,其计量结果表明全球化会导致劳动收入份额下降。Buch et al.(2008)对东德和南意大利的开放程度与劳动收入份额进行了实证研究,发现在开放程度低于德国平均水平的东德,劳动收入份额比西德下降得更多,而同样开放程度低于平均水平的南意大利的劳动收入份额却上升,因此认为开放并不能构成劳动收入份额下降的主要原因。当然还有其他一些不能归入以上三支的文献,如 Young and Lawson(2014)实证研究发现,国家经济自由指数与劳动收入份额有正相关关系。

Bentolila and Saint-Paul(2003)总结了一个在新古典视角下解释劳动收入份额变动的理论架构。从劳动增强型技术进步的两要素投入且规模报酬不变的一般生产函数出发,在工资等于劳动边际产品的假定下,可以推出劳动收入份额与资本产出比存在稳定的函数关系,即 SK 曲线。以 SK 曲线为基础,将其他影响劳动收入份额的因素分为使得劳动收入份额与资本产出比的关系沿着 SK 曲线移动的因素和使得 SK 曲线移动的因素两大类,前者包括要素价格和劳动增强型技术进步,后者包括资本增强型技术进步和引起真实工资与劳动边际产品不一致的各种因素,如工会工资谈判。

以上文献在理论和实证上对某一个或几个影响劳动收入份额的因素做出了机制分析与经验研究,但比较不同影响因素相对重要性的实证文献较少。Arpaia et al.(2009)研究认为,劳动收入份额下降的主因是资本深化和资本增强型技术进步及其对不同技能劳动力的替代,制度因素虽然也有一定的作用,但制度对劳动收入份额的下降不太重要。中国的制度环境与发达国家存在较大的差异,在发达国家对于劳动收入份额变动起主要作用的因素在中国也许并不是主要的。所以从中国现实出发来识别导致中国劳动收入份额变动的各项因素的贡献程度非常重要。

第三节　中国劳动收入份额相关文献

关于中国劳动收入份额的下降原因,有很多文献试图给出可能的经济解释。白重恩等(2008)和李稻葵等(2009)指出劳动收入份额不断下降的现象之后,大量文献集中于对劳动收入份额下降原因的讨论。

技术偏向说得到很多国内学者认可。黄先海和徐圣(2009)认为,资本偏向型技术进步是制造业劳动收入份额下降的主要原因。白重恩和钱震杰(2010)发现有偏技术进步在 1985—1995 年促使劳动收入份额提高,但 1996 年以来对劳动收入份额变化无明显贡献。王永进和盛丹(2011)指出,由于资本与不同技能劳动的替代程度不同,技能偏向型技术进步也会对劳动收入份额产生影响。李坤望和冯冰(2012)提出,资本增强型技术进步是中国工业劳动收入份额下降的重要原因。张莉等(2012)也认为技术进步偏向对劳动收入份额有重要影响。

同时,国内学者基于中国现实寻找市场结构和制度方面的原因。白重恩等(2008)认为产品市场垄断增加,国有部门改制是劳动收入份额不断下降的原因。白重恩和钱震杰(2010)认为产品市场垄断不重要,产业结构、国有经济比重下降、税负是主要原因。李稻葵等(2009、2010)指出初次分配中劳动收入份额的变化趋势呈现 U 形规律,原因是二元经济转型过程中的摩擦工资,还包括产业结构以及劳动者相对谈判能力的变化。龚刚和杨光(2010a)认为,二元经济转型中的价格黏性使得工资对物价和劳动力供求不敏感成为劳动收入份额下降的原因,与李稻葵等(2009)的研究异曲同工。罗长远和张军(2009a)认为产业结构变动是总体劳动收入份额下降的主要原因,而罗长远和张军(2009b)则认为产业内劳动收入份额变动是总体劳动收入份额下降的主要原因。伍山林(2011)构建了一个包含劳动力异质性和企业异质性的模型,认为垄断和改制降低了劳动收入份额,劳动者参与利润分享常可提高劳动收入份额。魏下海等(2013a)指出,民营企业中有政治关系企业的劳动收入份额显著低于无政治关系企业，政治关系越强，劳动收入份额就越低。陈宇峰等（2013）认为长期中决定劳动收入份额的是技术进步偏向，短期中影响劳动收入份额的是垄断利润率。罗长远（2011）认为，工业部门的劳动收入占比下降的原因是中国的要素市场改革没有跟上比较优势转换的节奏。汪伟等（2013）认为融资约束使中小企业被迫进行内源融资，减少了对居民部门的利润分配，从而导致劳动收入份额降低。

文献中涉及的劳动收入份额影响因素包括技术进步和资本深化（黄先海和徐圣，2009；王永进和盛丹，2010）、产业结构（白重恩和钱震杰，2010；罗长远和张军，2009a）、二元结构（李稻葵等，2009；龚刚和杨光，2010b；翁杰，2011；姜磊和郭玉清，2012；姜磊等，2014）、全球化（邵敏和刘重力，2010；周明海等，2010a）、谈判能力（唐东波，2011；伍山林，2011）、国企改制（白重恩等，2008；周明海等，2010b）、财政分权（祁毓和李祥云，2011）、人口结构（魏下海等，2012）；融资约束（罗长远和陈琳，2012；汪伟等，2013）。由于数据和计量方法的差异，有时相同解释变量对劳动收入份额的计量结果并不一致，对于机制的说明也各有不同。

第四节　文献评述

第一，用宏观数据测度劳动收入份额时，由于数据质量的限制，自雇佣者的劳动收入与资本收入拆分和间接税的归属是无法避免且很难解决的问题。不妨换一个角度，从企业微观数据出发研究企业层面劳动收入份额，可以避免混合收入拆分的问题，同时也可以简化间接税归属问题。第二，国内已有研究没有进行细致的国际比较就断言中国劳动收入份额偏低，事实上仅从宏观总体数据来看，中国总体劳动收入份额水平值较国际平均水平没有明显偏低。但由于国内与国际的统计口径存在差异，从分部门的比较中可以发现，农业部门的劳动收入份额被明显高估，所以中国总体劳动收入份额也被高估了，总体劳动收入份额与国际水平没有可比性。虽然总量水平值不能直接比较,但企业部门的数据是可比的,可以发现中国企业部门的劳动收入份额的确远低于国际水平。

国内讨论劳动收入份额变动机制的文献很多,已有文献探究了经济体方方面面各种因素对劳动收入份额的长期或短期影响,可以说成果丰硕,但仍然留有进一步研究的空间。第一,中国的制度环境与发达国家存在较大的差异,在发达国家对劳动收入份额变动起主要作用的因素在中国也许并不是主要的,从中国现实出发来识别导致中国劳动收入份额变动的各项因素的贡献程度非常重要,但已有文献还没有构建起基于中国特殊制度背景来解释劳动收入份额变动的完整理论框架。第二,实证文献偏多,大多专注于某一个或两个主要因素对劳动收入份额的影响,解释变量的选取比较随意,略显碎片化且缺乏理论框架。第三,少数讨论影响机制的理论文献也只关注了局部均衡,而劳动收入份额是产品市场、资本市场、劳动力市场共同相互作用的结果,还留有进一步构建上层理论框架的可能性。第四,已有研究的数据来源大多为宏观数据,宏观数据存在前述种种问题,并且无法深入微观层面探究经济主体的行为带来的影响,进一步的研究可以通过微观数据来更清晰地展示微观机制。

第三章　劳动收入份额的事实和分解

第一节 劳动收入份额的事实

根据劳动收入份额的定义和文献综述中的两种测度方法,可从宏观数据和微观数据来分别度量劳动收入份额。本章首先分析宏观全国层面和省级层面的加总数据,然后分析微观个体企业的财务数据,最后进行国际比较。

一、中国宏观数据

宏观劳动收入份额数据主要有三个来源:第一个来源是收入法核算的GDP,它提供了全国加总以及各省份的劳动者报酬,是在劳动收入份额的研究中运用得最广泛的数据来源。第二个来源是资金流量表(实物部分),它提供了全国加总及四大部门的劳动者报酬。第三个来源是投入产出表,它的优点是提供了分行业大类的劳动者报酬,缺点是年份太少。

国内生产总值收入法核算将 GDP 按不同的收入归属统计为劳动者报酬、固定资产折旧、营业盈余和生产税净额四个部分。其中,劳动者报酬属于劳动收入,它包含了工资总额、福利费、医疗保险和失业保险、住房公积金等。固定资产折旧和营业盈余为资本收入,生产税净额是生产过程中政府收取的间接税,它由消费者和企业共同负担,但负担的比例不明确。生产税净额究其本源是由劳动和资本共同创造出来的,它一部分本应属于劳动收入,一部分本应属于资本收入。收入法核算的 GDP 数据所呈现的劳动收入份额、资本收入份额和税收份额如图 3.1 所示。

需要强调说明的是,统计口径在 2004 年和 2008 年都有过改变。这源于自雇佣者(农户和个体工商户)收入的模糊性和度量困难。正规的公司和企业有完善的会计体系,增加值中哪些属于劳动者报酬非常明确。但是个体工商户和农户的劳动收入与资本收入则混合在一起,归属于同一个资本所有者和劳动付出者,很难区分哪部分是劳动收入,哪部分是资本收入。在

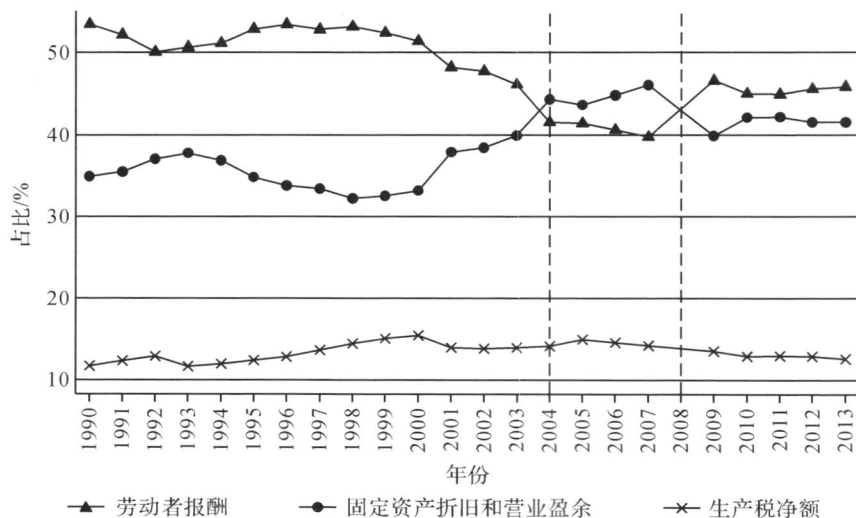

图 3.1　劳动收入份额、资本收入份额和税收份额（GDP 收入法核算数据）

2004 年之前，农户和个体工商户的所有收入全部计入劳动者报酬。2004 年在统计口径上有两个改变，一是将个体工商户收入全部计入营业盈余（之前计入劳动者报酬），二是将国有和集体农场的营业盈余计入劳动者报酬（之前计入营业盈余）。相对于 2004 年之前，第一个改变收窄了劳动者报酬的统计口径，第二个改变放宽了劳动者报酬的统计口径。由于个体工商户收入大于国有和集体农场的营业盈余，所以总的来说劳动者报酬的统计口径更窄了。从图 3.1 中可以看到，2003—2004 年，营业盈余和固定资产折旧占比有一个跳跃式上升，而劳动者报酬占比有一个跳跃式下降。2008 年又发生了一次统计口径改变，将个体工商户的收入从营业盈余重新又计入劳动者报酬。2008 年数据缺失，可以看到 2009 年相对于 2007 年，劳动者报酬占比有一个跳跃式上升，营业盈余和固定资产折旧占比有一个跳跃式下降。综上，劳动者报酬的统计口径从宽到窄依次是：2008—2013 年、1990—2004年、2004—2008 年。统计口径最宽的 2008—2013 年的劳动者报酬占比仍然比统计口径居中的 1990—2004 年的劳动者报酬占比更低，这说明劳动者报酬占比在宏观层面上确实是下降了。在第一阶段（1990—2004 年），总的来说劳动者报酬占比呈下降趋势，尤其是 1996—2004 年；在第二阶段（2004—

2007 年），劳动者报酬占比呈缓慢下降趋势；在第三阶段（2009—2013 年），劳动者报酬占比首先下降然后呈微弱上升趋势。在第一、第三两个阶段，农户和个体工商户的收入均被计入劳动者报酬，这导致劳动者报酬占比被高估，即真实的劳动者报酬占比应更低。

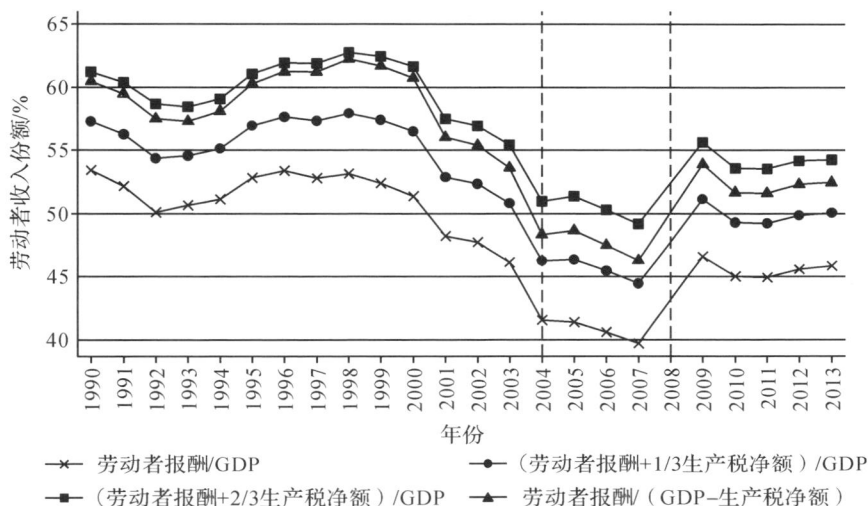

图 3.2　宏观劳动收入份额的不同度量（GDP 收入法核算数据）

图 3.2 展示了使用全国层面 GDP 收入法核算数据的劳动收入份额在不同度量方法下所呈现的水平值和变化趋势。度量的不同主要是对生产税净额的处理方式不同，分别为：生产税净额全部归于资本收入；1/3 归于劳动收入，2/3 归于资本收入；2/3 归于劳动收入，1/3 归于资本收入；剔除生产税净额。四种度量方式产生的结果在变化趋势上基本相同，在水平值上略存在差异，劳动收入是否加上 1/3 的生产税净额会产生劳动收入份额 4～5 个百分点的差异。发达国家的劳动收入份额一般稳定在 60% 左右，前两个指标即使在最高位时也未达到这个水平，后两个指标在 2000 年之前在 60% 上下，之后下降至 50%～55% 的水平。

宏观劳动收入份额数据的第二个来源是实物交易的资金流量表。资金流量表涵盖了非金融企业部门、金融机构部门、住户部门、政府部门四个部门的资金来源和运用。这是一张动态展现收入、支出且部门之间相互平衡的现金流量表,包含了各部门及加总的增加值,经过劳动者报酬、生产税净额、财产收入的初次分配过程和经常转移的再分配过程,得到可支配收入,可支配收入用于消费和储蓄,最后得到净金融投资。可以从劳动者报酬、增加值、初次分配总收入这几个指标中得到劳动收入份额:用劳动者报酬/增加值和劳动者报酬/初次分配总收入来衡量劳动收入份额。数据从 2002 年开始有明显的下降趋势,而在之前则较为平稳(见图 3.3)。

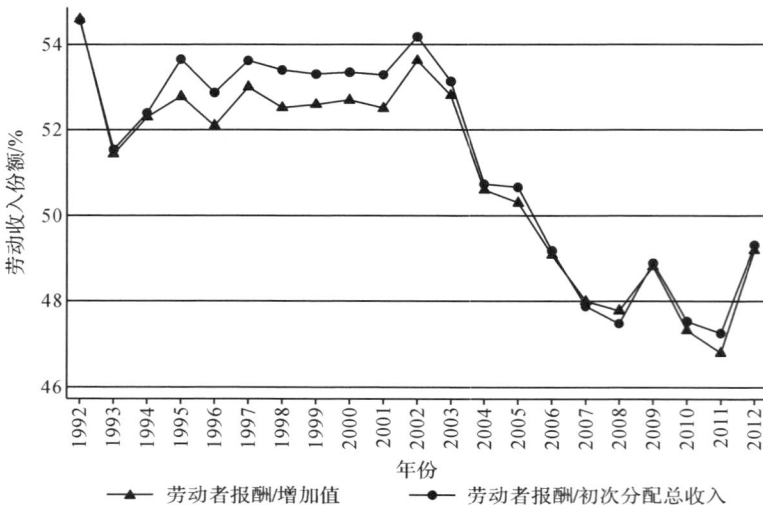

图 3.3　宏观劳动收入份额(资金流量表的度量)

全国层面劳动收入份额数据的第三个来源是投入产出表的中间使用部分。它提供了全部行业以及各行业大类的增加值、劳动者报酬、生产税净额、固定资产折旧和营业盈余。但是投入产出表只在逢尾数为 2、5、7、0 的年份编制,所以只有 1997 年、2000 年、2002 年、2005 年、2007 年、2010 年六年的数据。从加总全行业的数据可以清楚地看到,从 2000 年开始到 2005 年或 2007 年,劳动收入份额有明显的下降,2007 年之后又有回升。与此同时,资本收入份额与劳动收入份额呈此消彼长的关系,而生产税净额占增加值的比重较为平稳,没有太大的变化(见图 3.4)。

综上,可以得到的结果是:中国整体劳动收入份额有下降趋势,下降开始的时间在 2000 年左右。

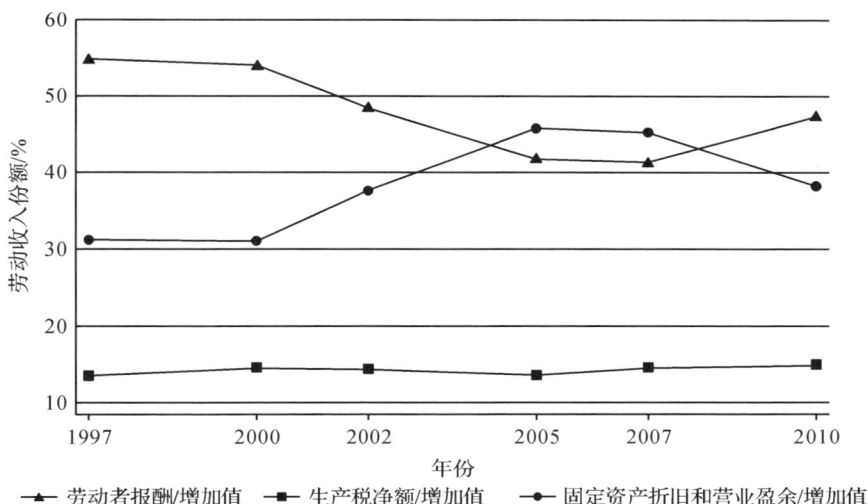

图 3.4 宏观劳动收入份额(投入产出表的度量)

二、中国微观数据

从定义上看,劳动收入份额是增加值中支付给劳动那部分产出的比例。使用微观企业数据更能精确地反映这个定义:仅考察企业部门中的劳动收入份额,可以剔除政府部门的影响,同时可以避免自雇佣者的资本收入和劳动收入的划分问题。微观劳动收入份额的度量数据主要来自企业的财务数据,本章使用 1998—2007 年的中国工业企业数据库。

中国工业企业数据库中,劳动者报酬的数据来自以下几个科目:本年应付工资总额(贷方累计发生额),本年应付福利费总额(贷方累计发生额),劳动、失业保险费,养老保险和医疗保险,住房公积金和住房补贴。但是后三个指标在部分年份有缺失,如劳动、失业保险费在 2001 年和 2002 年缺失,养老保险和医疗保险以及住房公积金和住房补贴在 1998—2003 年缺失。权衡数据的完整性和精确性,本章采用多个指标来衡量劳动者报酬:

劳动者报酬 1 = 本年应付工资总额 + 本年应付福利费总额;

劳动者报酬 2 = 本年应付工资总额 + 本年应付福利费总额 + 劳动、失业保险费；

劳动者报酬 3 = 本年应付工资总额 + 本年应付福利费总额 + 劳动、失业保险费 + 养老保险和医疗保险 + 住房公积金和住房补贴。

微观企业增加值的计算有两种方法，即生产法度量的增加值和收入法度量的增加值。中国工业企业数据库虽然报告了生产法度量的工业增加值，但是 2001 年、2002 年、2004 年的数据均缺失，不过生产法度量的工业增加值可由工业总产值减去工业中间投入再加上应交增值税得到。用此方法计算的工业增加值与中国工业企业数据库报告的工业增加值在数据不缺失的年份基本相同，故我们就用此方法计算的工业增加值来表示生产法度量的工业增加值。另一种度量企业增加值的方法类似于 GDP 的收入法核算，企业增加值包含雇员报酬、间接税（包含主营业务税金及附加、管理费用中的税金、增值税）、营业利润、固定资产折旧以及利息支出。这里不用利润总额而用营业利润是因为考虑到两者之间的差异在于投资收益、补贴收入和营业外收支，而这些收入或支出与企业的正常生产和经营关系不大，营业利润更能体现企业的真实生产和经营能力。将利息支出包含在内是因为利息支出也是对资本的一种回报，虽然不是企业自身资本的回报，但也是外部债务资本的回报，也应当计入资本回报。四种增加值度量方式如下：

增加值 0 = 工业总产值 − 工业中间投入合计 + 应交增值税；

增加值 1 = 劳动者报酬 1 +（固定资产折旧 + 营业利润 + 利息支出）+ 间接税；

增加值 2 = 劳动者报酬 2 +（固定资产折旧 + 营业利润 + 利息支出）+ 间接税；

增加值 3 = 劳动者报酬 3 +（固定资产折旧 + 营业利润 + 利息支出）+ 间接税。

由于数据分布的长尾特征，均值和中位数相差较大，均值较容易受到异常值的影响，所以本章采用中位数来度量。增加值 0 与增加值 1、增加值 2、增加值 3 的数值相差比较大，导致计算劳动收入份额时分母的数据相差较大,从而劳动收入份额的中位数由于不同的增加值度量方法而有较大的差异。如图 3.5 所示,以生产法度量的增加值计算的劳动收入份额的中位数在 0.25 左右,而以收入法度量的增加值来计算的劳动收入份额的中位数在 0.37 左右。与之前资金流量表中的非金融企业部门的劳动收入份额水平值相比照,后者可能更接近真实的情况。从趋势上来看,中国工业企业数据库的数据所显示的现象与现金流量表中非金融部门相同,劳动收入份额呈现缓慢、轻微的下降。

从微观企业数据到宏观加总数据需要考虑企业的规模大小,大型企业与小型企业在加总时的权重是不同的。所以同时用加权平均劳动收入份额来度量,权重为计算劳动收入份额时的企业增加值。如图 3.6 所示,加权劳动收入份额水平值在大部分情况下小于劳动收入份额中位数,说明权重大的企业劳动收入份额更小。加权劳动收入份额呈现明显的下降趋势,与宏观数据一致。并且加权劳动收入份额数下降幅度比劳动收入份额中位数下降幅度大,说明权重大的企业劳动收入份额下降更多。

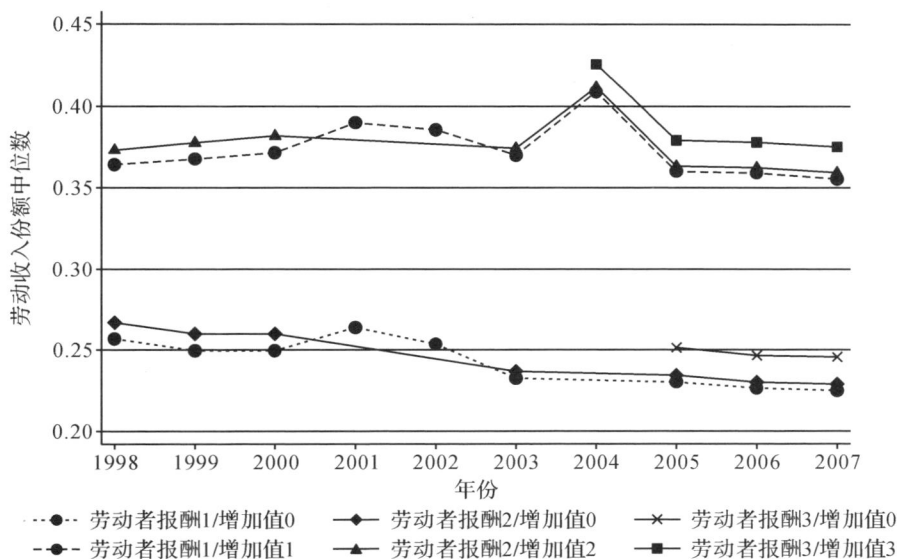

图 3.5 不同度量方法的劳动收入份额中位数

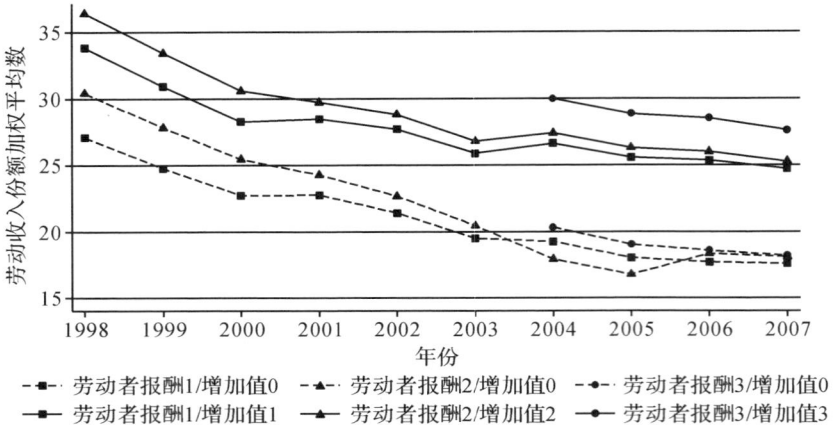

图 3.6　不同度量方法的劳动收入份额加权平均数

数据来源：中国工业企业数据库。

三、国际比较

从 Karabarbounis and Neiman(2014)提供的数据中发现,大部分国家的整体劳动收入份额小于企业部门劳动收入份额,后者为 50% ~ 60% ,而中国的整体劳动收入份额大于企业部门劳动收入份额,后者在 40% 左右。中国整体劳动收入份额的水平值在国际比较中的排名比较靠前,而企业部门劳动收入份额则排名靠后。为了解释这个奇特的现象,这里使用 UNdata(联合国数据)分部门(住户部门、非金融企业部门、政府部门)比较中国劳动收入份额与国际劳动收入份额水平和变化趋势。

图 3.7 显示了 UNdata 中中国的整体和非金融企业劳动收入份额,图中的两条虚线均表示整体劳动收入份额,而两条实线均是非金融企业的劳动收入份额,图中圆点与三角的标识区别了不同国民收入核算体系下的不同劳动收入份额序列。图 3.8 显示了国际整体和非金融企业劳动收入份额,图中标识均与图 3.7 一致。比较中国与国际的情况,可以得出以下几个初步结论:①国际整体劳动收入份额低于非金融企业劳动收入份额,而中国相反;②不管在哪种核算体系下,中国整体劳动收入份额均高于国际水平,而非金融企业劳动收入份额均低于国际水平;③中国非金融

企业劳动收入份额变动与国际一样,均有下降趋势。

中国整体劳动收入份额高于非金融企业劳动收入份额,主要源于中国与国际对劳动者报酬的度量方式不同,导致中国住户部门的劳动收入份额被严重高估了。如图3.9和图3.10所示,国际上住户部门的劳动收入份额在15%左右,而中国在第一种核算体系下高达90%左右,第二种核算体系下也有65%左右。国际上的劳动报酬统计指标是compensation of employees,代表雇员的报酬。住户部门很少有正规的企业,雇员的报酬占比应该是较低的。而中国的劳动者报酬包含了农户的所有收入和个体工商户的大部分收入,所以才会如此之高,而国际上通常将这部分收入单独计入混合收入。

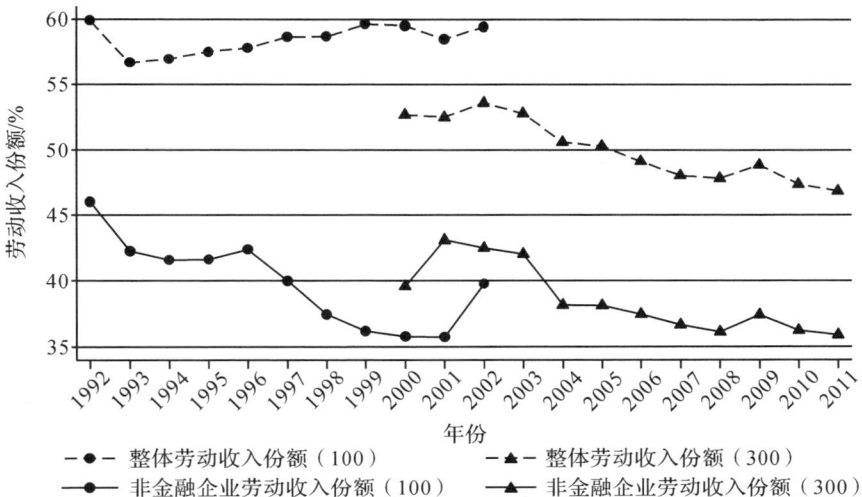

图3.7 中国整体劳动收入份额与非金融企业劳动收入份额

数据来源:UNdata。

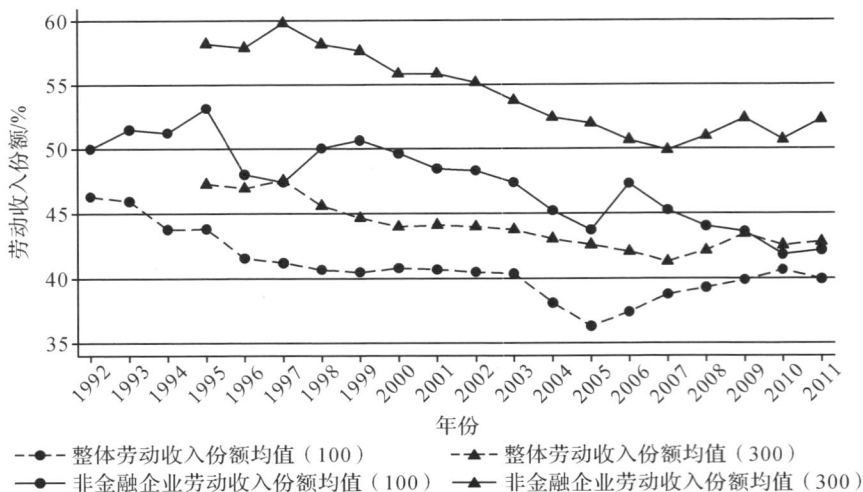

图3.8 国际整体劳动收入份额与非金融企业劳动收入份额

数据来源：UNdata。

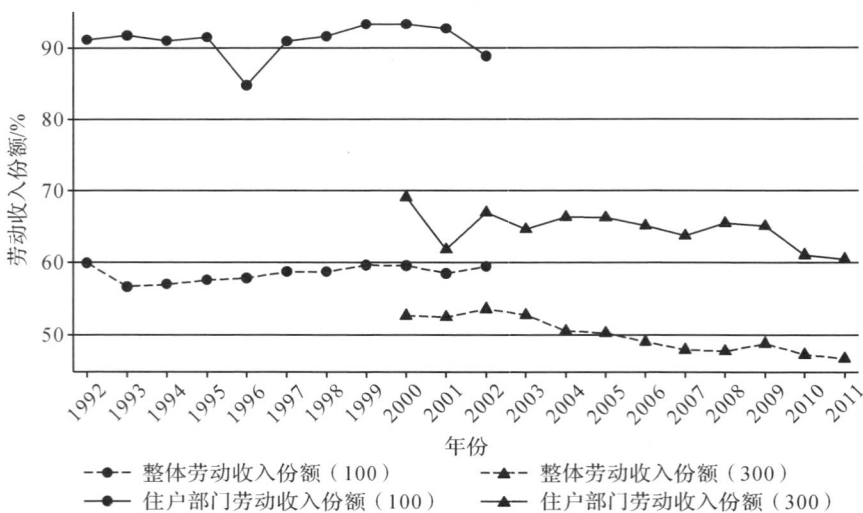

图3.9 中国整体劳动收入份额与住户部门劳动收入份额

数据来源：UNdata。

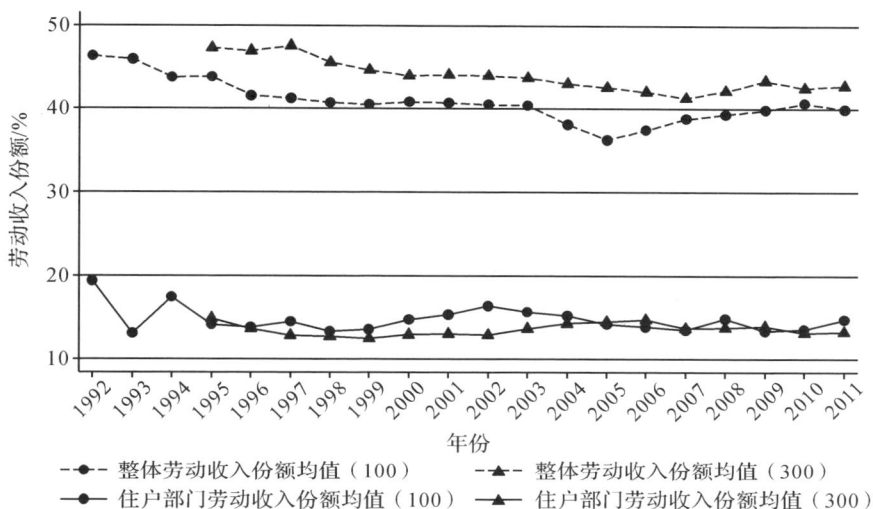

图 3.10　国际整体劳动收入份额与住户部门劳动收入份额

数据来源：UNdata。

第二节　劳动收入份额的分解

劳动收入份额是工资总额比总增加值，可表示为 $ls = wL/Y$。其中，ls 为劳动收入份额，w 为工资，L 为劳动数量，Y 为总增加值。如果不存在税收，增加值全部分配给劳动和资本要素，则 $ls = wL/(wL + rK)$，其中 r 为资本回报率，K 为资本存量，rK 为资本收入。劳动收入份额的反面就是资本收入份额，直接考察劳动收入与资本收入之比可以使问题更清晰。劳动收入、资本收入两者之比与劳动收入份额是正相关的，它们的关系为：$wL/(rK) = 1/(1/ls - 1)$。所以考察劳动收入份额可以完全转换为考察劳动收入与资本收入之比，两者是同一的。劳动收入与资本收入之比 $wL/(rK)$ 可以分解成三个部分，第一个部分是资本劳动比（或劳均资本）K/L，第二个部分是工资率 w，第三个部分是资本回报率 r。劳动收入份额的表达式 $ls = wL/Y$，也可直接分解成劳动生产率（或劳均产出）Y/L 和工资率 w。

在劳动收入份额或劳动资本收入之比的各分解部件中，产出 Y、劳动投

入量 L、工资 w 的现实数据较容易得到,资本存量 K 的数据在宏观上可用永续盘存法估计的资本存量来表示。结合劳动收入份额 ls 的数据就可以计算得到实际的资本回报率 r,这一计算资本回报率的思路与白重恩和张琼(2014)相似。工资率 w 和资本回报率 r 其实就是劳动与资本在要素市场上的价格,其受到要素的需求和供给两方面的影响,而资本劳动比是企业在生产中投入的两种生产要素的数量比,与生产技术有关。

在新古典增长模型的平衡增长路径上,资本回报率 r 保持不变,工资率 w 与资本劳动比 K/L 以相同速度增长,于是劳动收入与资本收入之比保持不变。这种理想状态的出现需要一系列严格的条件,当生产函数符合 C-D 形式时,若市场完全竞争,工资和资本回报率等于劳动、资本的边际产出价值,这时劳动收入份额就等于劳动产出弹性,而后者在 C-D 函数中是一个常数。其中的关键在于替代弹性,替代弹性表征的是企业的要素投入比例调整对于要素相对边际生产率变化的灵敏程度,当市场完全竞争时要素的相对边际生产率就等同于要素相对价格,替代弹性也就是劳动与资本的相对价格 w/r 变化 1 个百分点使得资本劳动比 K/L 变化的百分点。从这里可以看到,替代弹性的定义直接决定了劳动收入与资本收入之比的变化。如果替代弹性等于 1,则 w/r 上升 1 个百分点就会导致 K/L 上升 1 个百分点,从而使得 $wL/(rK)$ 不变。要素相对价格影响要素相对投入的过程是作为价格接受者的单个企业所做的生产决策导致的,反过来,企业对要素的相对投入加总到宏观层面上也会动态地影响要素价格,劳均资本增加之后由于边际报酬递减规律,资本的边际产出价值会下降,从而 r 相对于 w 就会下降。要素数量和要素价格之间互相影响的渠道在现实世界中还受到其他很多市场因素、制度因素的影响。只有弄清楚 w、r、Y、K、L 的真实值和它们的变化,才能追寻其背后的原因以及可能产生的不同后果。

一、资本存量

宏观的资本存量通行的度量方式是张军等(2004)所用的永续盘存法,利用资本积累公式 $K_{t+1} = (1-\delta)K_t + I_{t+1}$,通过固定资本形成额的累加来得到资本存量。由于存在折旧率、基期资本存量和投资价格难以明确的问题，计算过程中有很多困难，从而也产生了大量讨论这些问题如何处理的文献（徐现祥等，2007；单豪杰，2008；李宾，2011；金戈，2012；陈昌兵，2014）。第一，基期的资本存量的取值被证明不太重要，并且时期越长，基期资本存量越不重要，对于后面的资本存量值几乎没有影响。这是因为每过一期，由于折旧率的存在，基期资本存量都会减少一定比例，折旧几期之后基期资本存量就所剩无几了。第二，文献中折旧率的值从 2% 到 20% 各种取值都有，本章从企业微观数据中计算固定资产本年折旧与固定资产合计之比，发现它在 10% 左右。第三，投资额的价格调整。固定资本形成总额是名义值，1990年开始中国统计年鉴报告了固定资产投资价格指数。1990 年之前的价格指数，张军等（2004）利用《中国国内生产总值核算历史资料（1952—2004）》中的固定资本形成总额指数间接计算得到：固定资本形成总额名义值比上实际值就可以得到固定资本形成额的价格平减指数，与中国统计年鉴的固定资产价格指数合并就可以得到连续的投资价格指数。对投资额进行价格调整可以去除通胀的影响，使得各年的投资在价格上可比。但是这样做会出现一个问题，选择不同的基期就等于选择了不同的价格基年，从而会有不同数量级的资本存量，比如以 1952 年为基期就把每年的投资以 1952 年的价格加总，以 1978 年为基期就把每年的投资以 1978 年的价格加总。但 1952 年价格或 1978 年价格的资本存量是否有用？除了 GDP，其他变量如工资很少能追溯到 1952 年或 1978 年的价格。而且，2014 年购买的与 1952 年同样的固定资产是否应该折算为 1952 年的价格计入资本存量？固定资产的价值相比于账面价值更重要的在于其重置价值，即当期市场的价值，所以每年的投资额并不一定需要价格调整。本章在实证中将价格调整与不调整的资本存量都进行了计算。

估算结果如图 3.11 和图 3.12 所示，其分别反映了 1952—2014 年资本存量的水平值和增长率的变化。在估算中折旧率统一取 10%。以 1952 年为基期时，基期资本存量简单设为当年固定资本形成额除以 10%。以其他时期为基期时，基期资本存量从以 1952 年为基期时得到的资本产出比推算得到。比如以 1978 年为基期时，之前以 1952 年为基期并且用 1952 年的价格可以得到一列 1952 年价格的资本存量的数据，结合 1952 年价格的实际 GDP 就可以得到一列资本产出比的数据，提取出 1978 年的资本产出比，将它与 1978 年价格表示的 1978 年实际 GDP 相乘，就得到了这里的基期资本存量。这样做的理由是：第一，用投资额除以 10% 作为基期资本存量有较大任意性，在期数较多时基期资本存量取值影响不大，但是期数较少时则会有影响；第二，资本产出比是较为稳定的一个宏观指标，不太会发生较大变动，从 1952 年开始到后面的 1978 年、1987 年等基期，期数够多，资本存量的估计值已经趋于稳定，而与 1952 年的基期资本存量关系不大，这时的资本产出比数值是较为真实的。

从图 3.11 和图 3.12 中可以看到以不同基期度量的资本存量存在差异，由于资本存量的数量级较大，这些差异需要得到足够的重视，所以后面的分析均采用多种基期的资本存量以检验得到的结果是否稳健。图 3.12 显示，资本存量的增长率从 20 世纪 90 年代中期到 2000 年出现了下降，2000—2008 年平稳上升，2009 年一个跳跃式上升之后快速下降，总体增长率为 10% ~ 15%。

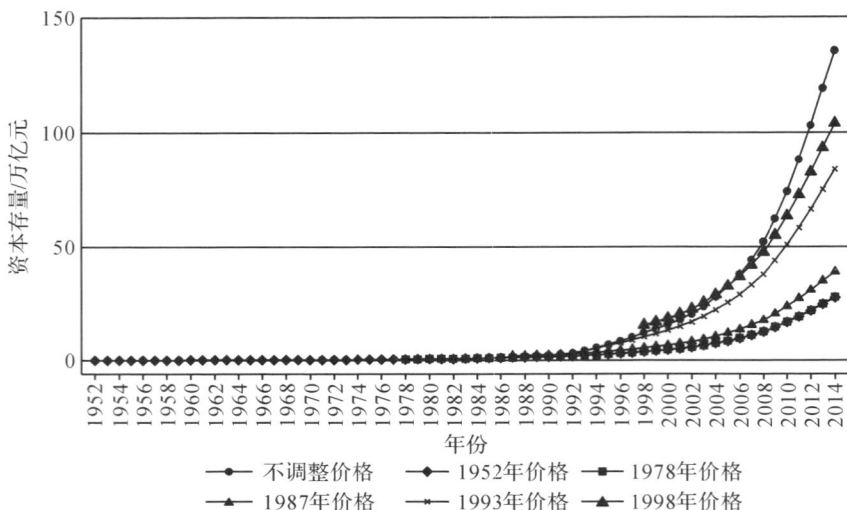

图 3.11 资本存量水平值

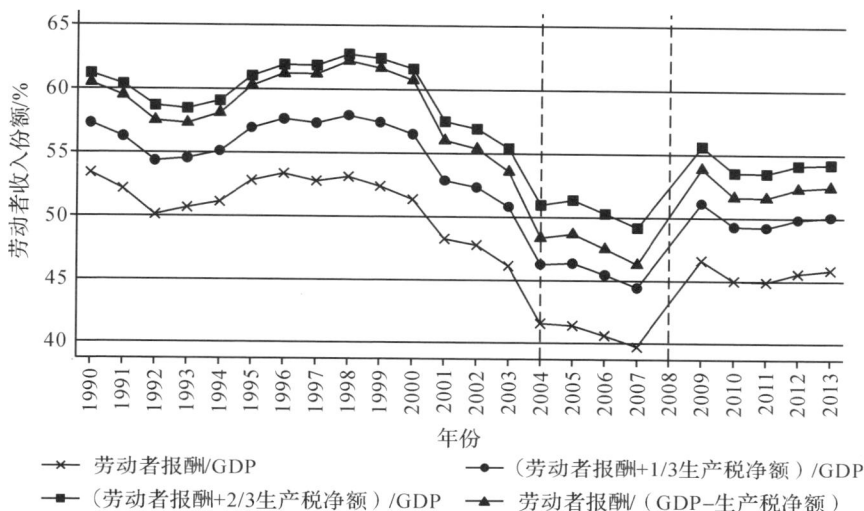

图例：
—✕— 劳动者报酬/GDP
—■— （劳动者报酬+2/3生产税净额）/GDP
—●— （劳动者报酬+1/3生产税净额）/GDP
—▲— 劳动者报酬/（GDP−生产税净额）

图3.12 资本存量增长率

二、工资和劳均产出

劳动收入份额可以拆解为工资 w 和劳均产出 Y/L 的比值，那么劳动收入份额的变化率就等于这两个部门的变化率相减。当工资的变化率大于劳均产出的变化率，劳动收入份额的变化率就为正，反之为负。图3.13和图3.14显示了宏观数据计算的工资和劳均产出以及它们的增长率，1999—2010年，工资的增长率低于劳均产出的增长率，而在2010年之后则倒过来。

三、资本产出比

估计出了资本存量，结合 GDP 数据就可以得到资本产出比 K/Y，如图3.15所示。资本产出比的总体趋势是不断上升的，从1左右上升到2.5～3.0。在卡尔多的宏观经济六大事实中，其中之一便是资本产出比稳定不变，发达国家的资本产出比长期稳定在3左右。资本产出比的经济含义是资本的产出效率，表示1单位产出需要多少的资本，或者倒过来，1单位资本能够获得多少产出。资本产出比上升就说明每单位产出需要的资本增加了。新古典增长模型中，平衡增长路径上的资本产出比之所以能保持不变，

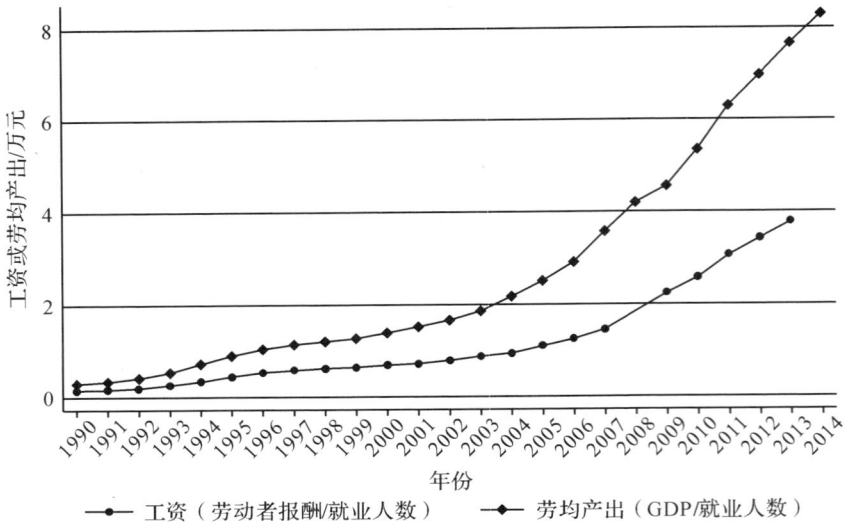

图 3.13　工资和劳均产出

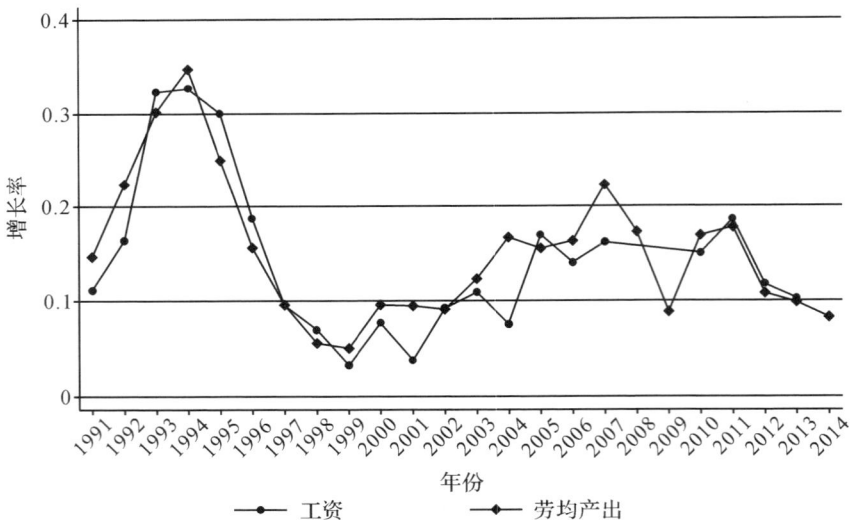

图 3.14　工资和劳均产出增长率

是因为资本边际报酬递减和劳动增强型技术进步恰好互相抵消了。劳均资本上升会使得资本的边际生产率下降,同时也使得资本的平均生产率下降,而劳动增强型技术进步则会使资本边际生产率上升,在平衡增长路径上劳均资本的增长率等于劳动增强型技术进步率,两个相反的作用力正好抵消。

现在资本产出比上升的情况,可能是资本积累的速度快于劳动增强型技术进步的速度导致的。不过企业微观数据显示,企业的资本产出比并没有明显上升,且水平值较低,宏观数据与微观数据的差异很可能反映了政府部门在投资活动上的主导作用。

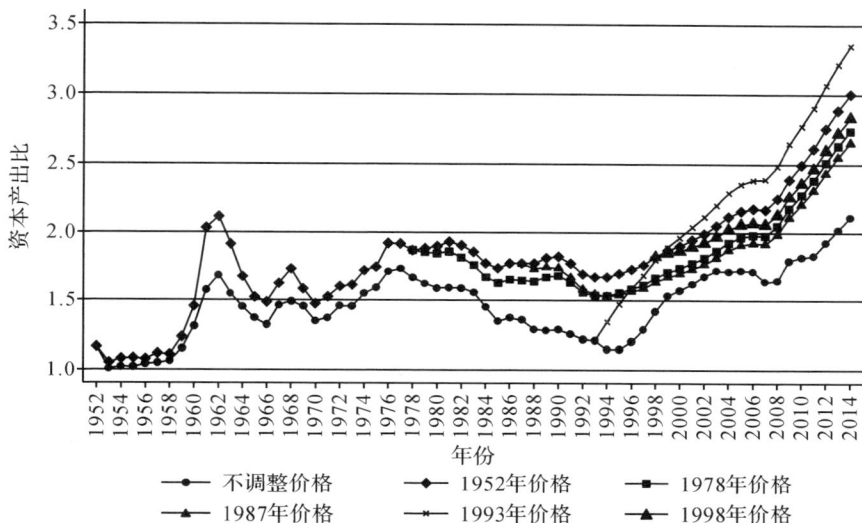

图 3.15 资本产出比

四、资本回报率

利用劳动收入份额和资本产出比的数据,可以计算得到资本回报率:

$$r = \frac{(1 - \mathrm{ls})Y}{K} = \frac{1 - \mathrm{ls}}{K/Y} \tag{3-1}$$

这个计算资本回报率的思路与白重恩等(2007)是相同的。以不同的资本存量数据得到的资本回报率在水平值上有些许差异,但在变化趋势上高度一致,如图 3.16 所示。当生产税净额不计入资本收入时,2008 年之前资本回报率的水平值在 20% 左右;若将生产税净额归入资本收入,资本回报率的水平值就达到了 27% 左右。1993 年是第一个高峰,1993—1999 年左右,资本回报率持续下降,然后平稳上升,2008 年之后快速下降。资本回报率从 1993 年开始经历了"下降—上升—下降"的过程。值得注意的是,资本存量增长率与资本回报率经历了相似的变化,两者基本上是同周期的。资本存量增长相当于投资,这种投资数量和资本回报率齐涨的现象可能与经济周期或需求面的正向冲击有关。

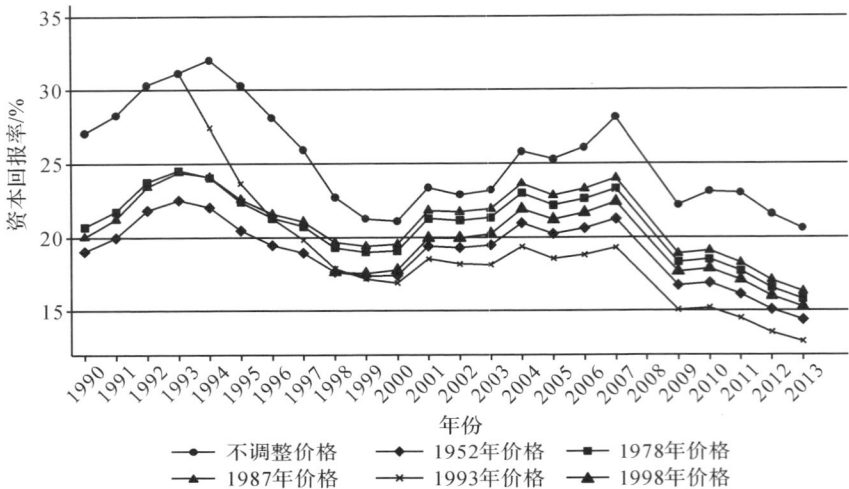

图 3.16　资本回报率

五、要素相对价格

根据已经计算得到的资本回报率,结合从劳动者报酬中反推出来的工资数据,就可以得到资本与劳动的要素相对价格 r/w,而 r/w 乘以劳均资本 K/L 就是资本收入与劳动收入之比。r/w 和 K/L 的实际数据见图 3.17,要素相对价格不断下降且下降速率不稳定,而劳均资本则稳定上升。要素收入之比的变化就等于要素相对价格的变化加上劳均资本的变化,所以将它们的变化率呈现在图 3.18 中。劳均资本的变化率比较平稳,在 0.1 至 0.2 之间,而要素相对价格的变化率则波动较大,最低时达到 - 0.3,最高时为正,表示资本回报率的上升大于工资的上升。由此可以得到的启示是,劳动收入份额变动的关键在要素相对价格的变化。

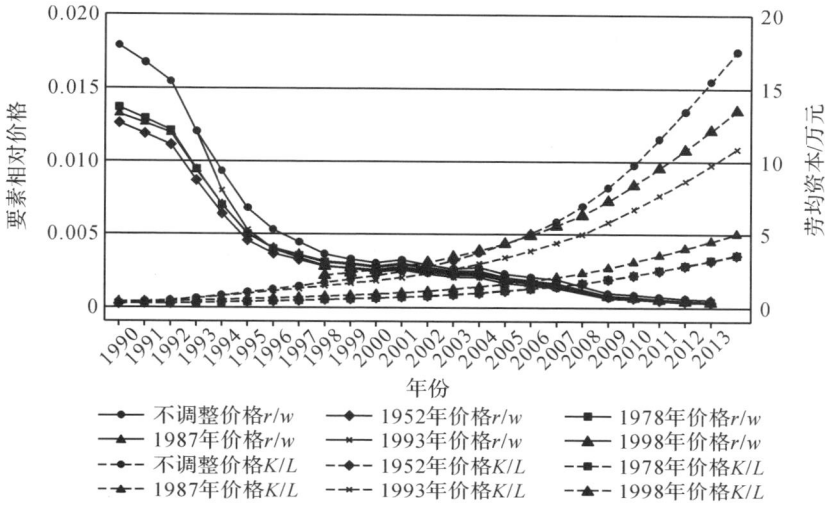

图 3.17 要素相对价格和劳均资本

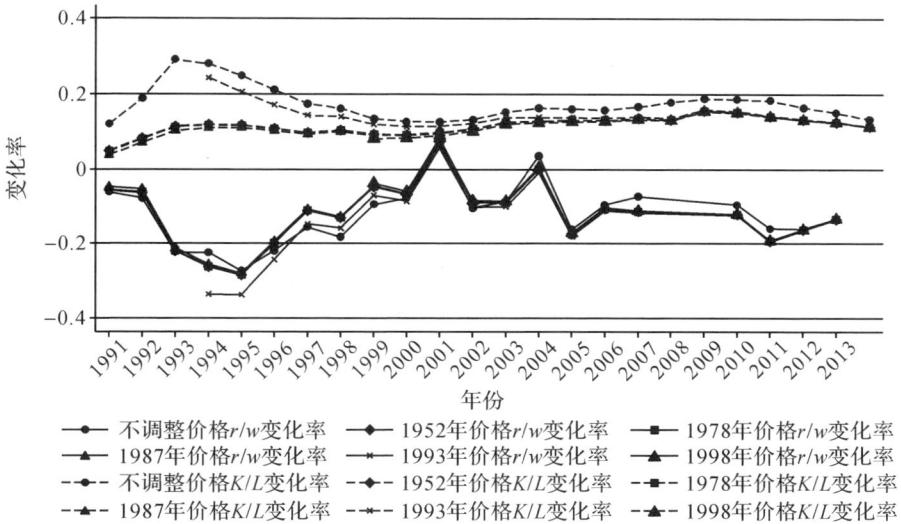

图 3.18 要素相对价格和劳均资本的变化

第三节　产业间与产业内变化分解

本节利用1993—2004年宏观省级面板数据拆解产业间和产业内效应，识别是产业结构的变化还是产业内部劳动收入份额的变化导致了总体劳动收入份额的变化。由多个部门或产业组成的劳动收入份额可分拆成如下加权形式：

$$ls = \frac{wL}{Y} = \frac{\sum_i w_i L_i}{Y} = \sum_i \frac{w_i L_i}{Y_i}\frac{Y_i}{Y} = \sum_i ls_i \omega_i \qquad (3\text{-}2)$$

其中，i 表示经济体中的产业 i，ls_i 表示产业 i 的劳动收入份额，ω_i 表示产业 i 的增加值占总增加值的比重，然后总体劳动收入份额的变动就可以分拆为权重不变时产业内劳动收入份额变化所引起的总体变动（产业内效应）和产业内劳动收入份额不变时权重变化引起的总体变动两部分（产业间效应）：

$$\Delta ls = \underbrace{\sum_i ls_i \Delta \omega_i}_{\text{产业间效应}} + \underbrace{\sum_i \omega_i \Delta ls_i}_{\text{产业内效应}} \qquad (3\text{-}3)$$

根据式（3-2），使用宏观三大产业的数据计算可得产业内效应和产业间效应的时间序列，如图3.19所示。可以发现，总体劳动收入份额的变化趋势与产业内效应基本相同，而产业间效应的作用是将劳动收入份额的实际值往下拉了一段。实际劳动收入份额的变化与产业内效应的相关性为0.952，而与产业间效应的相关性仅为0.259。所以产业内劳动收入份额的变化占主导作用，不同产业间增加值权重的变化对于整体劳动收入份额的变化来说是次要的因素。

本章进行了更加多样的产业间分解来检验结果是否稳健。首先，调整产业的分类，重新进行分解。结果发现不管是农业与非农产业的分解、三大产业的分解还是非农产业内部行业的分解，得到的结果都是产业内效应占主导地位,产业间效应占次要地位。其次,将产业间分解从全国层面细化到分省份的数据,计算结果如表 3.1 所示。分省份的产业间分解同样表明产业内贡献率大于产业间贡献率,整体劳动收入份额的波动大部分来自产业内劳动收入份额的波动。三大产业的分解表明如果产业内劳动收入份额不变,仅存在产业结构调整,即从一产到二、三产,除少数省份(海南)外,整体劳动收入份额平稳缓慢下降。产业结构变迁对整体劳动收入份额的影响是确定性的负向,但仅能解释整体劳动收入份额的一小部分变动。

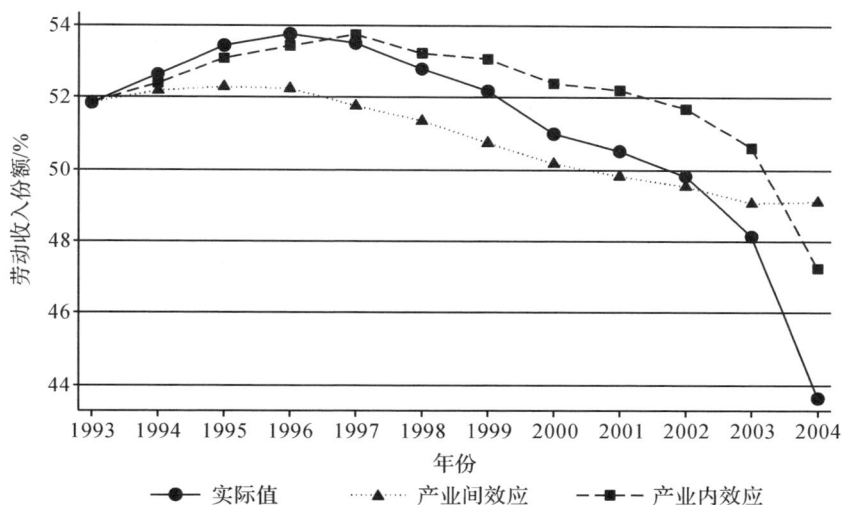

图 3.19 劳动收入份额变化的产业内和产业间分解(1993 年为基年)

数据来源:《中国国内生产总值核算历史资料(1952—2004)》。

表 3.1 分省份劳动收入份额变化产业内和产业间分解

省份	实际值	实际变化	产业间变化	产业内变化	产业间贡献率/%	产业内贡献率/%
北京	42.35	− 0.04	− 0.08	0.04	12.59	87.41
天津	42.84	− 0.85	− 0.18	− 0.68	4.07	95.93
河北	53.01	− 1.03	− 0.13	− 0.72	18.12	81.88

续　表

省份	实际值	实际变化	产业间变化	产业内变化	产业间贡献率/%	产业内贡献率/%
山西	41.57	− 0.37	− 0.07	0.09	22.22	77.78
内蒙古	54.76	− 1.45	− 0.82	− 1.57	35.14	64.86
辽宁	45.28	0.28	0.12	0.10	15.67	84.33
吉林	61.63	0	− 0.16	0.16	28.57	71.43
黑龙江	46.74	− 0.05	− 0.17	0.26	15.73	84.27
上海	36.11	− 0.04	− 0.10	0.03	4.16	95.84
江苏	45.79	− 0.11	− 0.39	0.41	15.02	84.98
浙江	41.66	− 0.40	− 0.48	0.04	31.32	68.68
安徽	53.54	− 2.32	− 0.92	− 1.32	43.36	56.64
福建	51.22	− 0.33	− 0.40	0.16	5.22	94.78
江西	61.77	− 1.44	− 0.43	− 0.92	24.45	75.55
山东	46.02	0.01	− 0.45	0.12	− 1.90	101.90
河南	52.05	− 1.88	− 0.07	− 0.85	15.91	84.09
湖北	60.41	0.22	− 0.23	0.46	1.37	98.63
湖南	59.30	− 1.36	− 0.41	− 0.94	26.31	73.69
广东	48.32	− 1.71	− 0.45	− 1.10	21.02	78.98
广西	59.72	− 1.30	− 0.28	− 0.32	35.85	64.15
海南	49.13	0.35	0.11	0.23	43.36	56.64
重庆	49.49	− 0.74	− 0.53	− 0.03	46.54	53.46
四川	57.36	− 0.34	− 0.26	0.02	37.23	62.77
贵州	61.69	− 0.54	− 0.36	− 0.21	11.49	88.51
云南	46.05	− 0.45	− 0.21	− 0.15	7.48	92.52
西藏	71.80	− 2.48	0.12	− 2.74	1.15	98.85
陕西	53.13	− 2.58	− 0.27	− 1.81	16.19	83.81
甘肃	51.79	− 0.87	− 0.20	− 0.34	27.13	72.87
青海	54.44	− 1.36	− 0.26	− 1.29	22.05	77.95
宁夏	50.54	0.16	− 0.34	0.47	22.08	77.92
新疆	53.39	0.06	− 0.13	0.56	10.09	89.91

第四章　技术进步偏向定义及其测度

本章从技术进步偏向原始定义出发梳理各概念之间的异同,在 CES 生产函数设定下,清晰地展现增强型、偏向型技术进步之间的关联和差异,并详细考察了希克斯技术进步和哈罗德技术进步。基于中国 1978—2011 年时间序列数据,本章估算了要素替代弹性、要素增强型技术进步和偏向型技术进步。结果表明:资本与劳动的替代弹性约为 0.78,资本与劳动互补;劳动生产效率上升而资本生产效率有所下降;希克斯技术进步和哈罗德技术进步大体上都是偏向资本的。

第一节 引 言

早在 1932 年,Hicks(1932)就对技术进步偏向有过定义,之后索洛和哈罗德两位增长理论大师也根据自己研究的需要对技术进步偏向下过定义。Acemoglu(2002b)对 Hicks(1932)的定义做了新的解释和拓展,并将其应用于技能与非技能劳动之间的技术偏向,成功解释了美国 20 世纪 70 年代以来的工资不平等变化趋势。与技术进步偏向密切相关的概念有:要素增强型技术进步、劳动节约型技术进步。技术进步偏向的概念纷繁复杂。本章从技术进步偏向的原始定义出发,梳理各种概念之间的异同。正如海韦尔·琼斯所说:"对技术进步分类的企图是来自对技术进步影响收入在资本和劳动之间分配的兴趣。"任何理论都是源自现实的问题,在希克斯、哈罗德和索洛的时代,劳资关系紧张,收入悬殊,现实促使他们对技术进步进行分类以考察技术进步对收入分配的影响。而在阿西莫格鲁的时代,劳资对立关系已缓和,突出问题是技能劳动与非技能劳动之间的工资差距,他借用 Hicks(1932)的定义,提出了技能偏向型技术进步。

技术进步偏向不同定义的区别和联系是什么?中国的技术进步偏向是怎样的?偏向程度如何?技术进步偏向对于经济体的重要影响毋庸置疑,量化测度是关键的一步。最早估计技术进步方向的文献之一是 David and Klundert(1965),其对美国 1899—1960 年的资本劳动替代弹性以及资本效率、劳动效率进行了估计,发现替代弹性约为 0.6,这段时期美国的技术进步有利于资本。现在国外文献中已有相对成熟的测度方法。Klump et al. (2007、2008)用标准化供给面系统法分解估计了美国 1953—1988 年和欧元区 1970—2005 年的总替代弹性与要素增强型技术进步,发现替代弹性均小于 1,并且劳动增强型技术进步占主导地位。Sato and Morita(2009)研究了美国和日本 1960—2004 年劳动力数量增长与劳动节约型创新对于经济增长的相对贡献,发现两国的技术均是偏向于资本的。León-Ledesma et al. (2010)用蒙特卡洛模拟比较了在技术进步非中性条件下各种估计替代弹性和生产函数参数的不同方法,发现标准化系统方法下的估计结果最为稳健。文献中对于发达国家技术进步偏向的测度得到的结论大体上一致,都是偏向于资本的。但是鲜有文献对发展中国家进行度量,尤其是同时度量多种技术进步定义下的技术进步偏向。

黄先海和徐圣(2009)的实证研究发现,劳动节约型技术进步(即资本偏向型技术进步)是劳动收入份额下降的重要原因;戴天仕和徐现祥(2010)测度了中国 1978—2005 年的技术进步的方向,发现中国的技术进步大体上是偏向资本的;宋冬林等(2010)利用 1978—2007 年数据考察中国技能偏向型技术进步的存在性,认为中国存在技能偏向型技术进步;陈晓玲和连玉君(2012)采用标准化供给面系统方法估算 1978—2008 年中国各省份的替代弹性和有偏技术进步,结论表明大部分省份的技术进步是净劳动增强和资本偏向型的;王林辉等(2012)估计了中国 29 个省份 2002—2010 年的技术进步偏向型指数和相对偏向型指数,结果发现技术进步在多数年份、多数地区都呈现资本偏向型。

第二节 技术进步偏向定义溯源

Hicks(1932)将技术进步分为三类。给定资本劳动比(K/L)不变,在技术进步前后:如果资本与劳动要素边际产出之比增大,则技术进步为资本偏向型;如果资本与劳动要素边际产出之比减小,则技术进步为劳动偏向型;如果要素边际产出之比不变,则技术进步为中性。通行的哈罗德技术进步定义[①]为,给定资本产出比(K/Y)不变,在技术进步前后:如果资本边际产出提高了,则技术进步为资本偏向型;如果资本边际产出降低了,则技术进步为劳动偏向型;如果资本边际产出不变,则技术进步为中性。与哈罗德技术进步平行的索洛技术进步定义为,给定劳动产出比(L/Y)不变,在技术进步前后:如果劳动的边际产出提高了,则技术进步为劳动偏向型;如果劳动的边际产出降低了,则技术进步为资本偏向型;如果劳动的边际产出不变,则技术进步为中性。表4.1可以清楚地看到三种定义的异同。

表 4.1 技术进步偏向定义

项目	希克斯定义	哈罗德定义	索洛定义
前提假定	资本劳动比(K/L)不变	资本产出比(K/Y)不变	劳动产出比(L/Y)不变
资本偏向型技术进步	资本与劳动边际产出之比上升	资本边际产出上升	劳动边际产出下降
劳动偏向型技术进步	资本与劳动边际产出之比下降	资本边际产出下降	劳动边际产出上升
中性技术进步	资本与劳动边际产出之比不变	资本边际产出不变	劳动边际产出不变

---

① 通行的哈罗德技术进步偏向定义与哈罗德在《动态经济学》一书中的表述稍有差别,正好是对偶的,但含义相同:"把中性的技术发明的流定义为一个要求资本增长率与它所产生的收入增长率相等的技术发明,似乎是最简单不过的事了。如果技术发明要求资本以较大的速率增长,那么,它便是节约劳动的或者费资本的;反之亦然。利息率被假设为恒定不变的。"

　　三种定义的不同前提假设包含着丰富的经济含义,三位大家的技术进步偏向定义也都有着各自的合理考量。希克斯定义适合用来分析规模较大的一次性技术冲击,它的缺陷是只能分析静态,而没有考虑动态变化。在短期中资本劳动投入比不变的前提假定较为符合现实,一次性的技术冲击对经济体的影响非常迅速,使得资本劳动投入比还来不及调整就已完成了技术进步的过程。所以希克斯的定义刻画了技术进步发生瞬间的情形,但没有考虑技术进步的后续影响。经济体中的企业会根据技术进步的类型和强度做出反应,调整其要素投入之比,希克斯定义的暗含假设是企业无法调整要素投入,要素供给无弹性。但是如果要考虑长期或动态的情形,就不能仅采用希克斯的定义,因为长期中显然存在着资本不断深化的过程,资本劳动比会持续提高。哈罗德对希克斯的定义如此评价:"对于一次性的技术发明(静态分析)虽然是完全适用的,但对于随时间推移而连绵不断的新发明的流,却是不适用的。"哈罗德的定义更加适合用于长期和动态。哈罗德的前提假定是资本产出比不变,卡尔多指出长期经济增长的六大事实,其中之一就是资本产出比在长期中不变,所以哈罗德的定义符合长期经济增长的现实,而且允许资本劳动比的调整,也即暗含了要素供给具有弹性的假设。索洛定义的前提假设是劳动产出比不变,也即人均产出不变,在现实中应用较少,而且它与哈罗德的定义互为镜像。

　　技术进步偏向定义可以应用到任何两个生产要素间,Acemoglu(2002b)对希克斯定义的技术进步偏向做了新的表述,并将之应用于技能劳动与非技能劳动之间,用技能偏向型技术进步来解释美国20世纪70年代以来技能劳动供给和技能溢价同时上升的现象。

　　与技术进步偏向有密切联系的概念是要素增强型(factor-augmenting)技术进步,偏向型技术进步改变生产要素的边际产出之比,而增强型技术进步改变生产要素的生产效率,边际产出提高的程度不仅与增强型技术进步有关,还与要素之间的替代弹性有关。设一般的增强型技术生产函数为 $F =$

(AK,BL)[①],A 表示资本增强型技术进步项或资本的生产效率,B 表示劳动增强型技术进步项或劳动的生产效率。当 A 与 B 相等时,新古典性质的生产函数就可化为 $F=A(K,L)$,此时为希克斯中性的技术进步;当一项技术进步仅通过提高资本的生产效率来提高总产出时,$A\neq1$,$B=1$,生产函数形式为 $F=(AK,L)$,技术进步是资本增强型的,纯粹的资本增强型技术进步与索洛中性技术进步是等价的;当一项技术进步仅通过提高劳动的生产效率来提高总产出时,$A=1$,$B\neq1$,生产函数形式为 $F=(K,BL)$,技术进步是劳动增强型的,纯粹的劳动增强型技术进步与哈罗德中性技术进步是等价的。当 A 的增长率大于 B 的增长率时,技术进步的净效应是资本增强型;当 A 的增长率小于 B 的增长率时,净效应为劳动增强型。

另外一个与技术进步偏向有密切联系的概念是要素节约型技术进步,要素节约型技术进步与希克斯要素偏向型技术进步相互对称,是同一个概念的不同表达(黄先海和徐圣,2009)。

第三节　技术进步偏向的数理表述

本书遵循 Acemoglu(2003a)和 León-Ledesma et al.(2010)的模型设定,将生产函数设为如下的 CES 生产函数形式:

$$Y_t = C[\pi(\Gamma_t^K K_t)^{\frac{\sigma-1}{\sigma}} + (1-\pi)(\Gamma_t^L L_t)^{\frac{\sigma-1}{\sigma}}]^{\frac{\sigma}{\sigma-1}} \qquad (4-1)$$

其中:分配参数 $\pi\in(0,1)$,反映了生产中资本与劳动的相对重要性;C 是效率参数,不随时间改变;σ 是资本要素 K_t 与劳动要素 L_t 之间的替代弹性,它表示要素边际产出之比(完全竞争时即要素价格之比)变化 1 个百分点而导致的要素投入比例变化的百分比——

$$\sigma = \frac{d(K/L)}{d(MP_L/MP_K)} \frac{MP_L/MP_K}{K/L} \qquad (4-2)$$

---

① Sato(1970)对这个形式的生产函数做了详尽的论述。

替代弹性在二维图上表现为等产量线的曲率，将替代弹性设为不随时间变化，就表示等产量线的形态不会发生改变，只能在坐标轴上移动和旋转。CES生产函数涵盖了几种特殊形式的生产函数。当 $\sigma = 1$ 时，式（4-1）退化为C-D形式，要素边际产出之比变化1%，则要素投入比例也变化1%；当 $\sigma = 0$ 时，生产函数变为里昂惕夫形式，资本与劳动完全互补，要素边际产出之比的变化不影响厂商的要素投入比例；当 $\sigma \to \infty$ 时，生产函数化为线性函数，资本与劳动完全替代，要素边际产出之比的微小变化就会引起要素投入比例的极大变化。替代弹性理论上的取值范围是（$0, \infty$）：若 $\sigma < 1$，生产中资本与劳动总互补；反之，若 $\sigma > 1$，则在生产中资本与劳动总替代。不少实证文献估算了现实经济体中的资本劳动替代弹性值，既有替代弹性小于1的结论，也有替代弹性大于1的研究结果。[①]

式（4-1）中 Γ_t^K、Γ_t^L 反映了技术进步的资本增强型和劳动增强型特征。当 Γ_t^K 增大时，生产与原先同样的产出现在只需更少的资本，用原来数量的资本可以生产出更多的产出，资本增强型技术进步可以理解为资本生产效率的提高。同样地，当 Γ_t^L 增大时，生产与原先同样的产出现在只需更少的劳动，用原来数量的劳动可以生产出更多产出，劳动增强型技术进步可以理解为每单位劳动的效率提高。新古典增长理论认为通常情况下 Γ_t^L 是持续平稳增长的，它的提高一般认为是教育和人力资本投资促使劳动力质量提升，而且在平衡增长路径上只可能有 Γ_t^L 的提高，不可能有 Γ_t^K 的增长，否则经济体就会偏离平衡增长路径。不妨设 Γ_t^K、Γ_t^L 呈指数型增长：

$$\Gamma_t^K = \Gamma_0^K \mathrm{e}^{\gamma_K t}; \quad \Gamma_t^L = \Gamma_0^L \mathrm{e}^{\gamma_L t} \tag{4-3}$$

$$\hat{\Gamma}_t^K = \gamma_K; \quad \hat{\Gamma}_t^L = \gamma_L \tag{4-4}$$

其中，γ_K、γ_L 表示要素增强型技术进步项 Γ_t^K、Γ_t^L 的增长率，t 代表时间，Γ_0^K、Γ_0^L 表示要素增强型技术进步项的初始值。如上所述，要素增强型技术进步直接体现在资本和劳动前面的 Γ_t^K、Γ_t^L。当 $\gamma_K > \gamma_L$ 时，整体经济表现为资本

---

① 参见 León-Ledesma et al.（2010）中的表1。

增强型技术进步；当 $\gamma_K < \gamma_L$ 时，整体经济表现为劳动增强型技术进步。

希克斯要素偏向型技术进步的定义为资本劳动比不变条件下的要素边际产出之比。计算资本和劳动的边际产出：

$$\mathrm{MP}_{Kt} = \frac{\partial Y_t}{\partial K_t} = \left(\frac{Y_t}{K_t}\right)^{\frac{1}{\sigma}} \pi \left(C\Gamma_t^K\right)^{\frac{\sigma-1}{\sigma}} \tag{4-5}$$

$$\mathrm{MP}_{Lt} = \frac{\partial Y_t}{\partial L_t} = \left(\frac{Y_t}{L_t}\right)^{\frac{1}{\sigma}} (1-\pi) \left(C\Gamma_t^L\right)^{\frac{\sigma-1}{\sigma}} \tag{4-6}$$

式（4-5）除以式（4-6）可以得到资本与劳动的边际产出之比：

$$\frac{\mathrm{MP}_{Kt}}{\mathrm{MP}_{Lt}} = \frac{\partial Y_t}{\partial K_t} \bigg/ \frac{\partial Y_t}{\partial L_t} = \frac{\pi}{1-\pi} \left(\frac{\Gamma_t^K}{\Gamma_t^L}\right)^{\frac{\sigma-1}{\sigma}} \left(\frac{K_t}{L_t}\right)^{-\frac{1}{\sigma}} \tag{4-7}$$

要素增强型技术进步项 Γ_t^K、Γ_t^L 和 K_t、L_t 均随时间变化，要素边际产出之比的变化率为：

$$\frac{\widehat{\mathrm{MP}_{Kt}}}{\mathrm{MP}_{Lt}} = \left(\frac{\sigma-1}{\sigma}\right)\left(\hat{\Gamma}_t^K - \hat{\Gamma}_t^L\right) - \frac{1}{\sigma}\frac{\hat{K}_t}{L_t} \tag{4-8}$$

按照希克斯的偏向型技术进步定义，约束条件是要素投入比例 K/L 不变，即 $\dfrac{\hat{K}_t}{\hat{L}_t} = \hat{K}_t - \hat{L}_t = 0$，则式（4-8）简化为：

$$\frac{\widehat{\mathrm{MP}_{Kt}}}{\mathrm{MP}_{Lt}} = \left(\frac{\sigma-1}{\sigma}\right)\left(\hat{\Gamma}_t^K - \hat{\Gamma}_t^L\right) = \left(\frac{\sigma-1}{\sigma}\right)(\gamma_K - \gamma_L) \tag{4-9}$$

从式（4-9）可以清楚地看到，在要素投入比例不变的条件下，要素边际产出之比的变化率与三个因素有关：①资本增强型技术进步项的增长率 γ_K；②劳动增强型技术进步项的增长率 γ_L；③要素替代弹性 σ。综合三个因素的相对大小，希克斯技术进步的类型有五种情况：① $\gamma_K > \gamma_L$，$\sigma > 1$，总体技术进步为资本增强型、希克斯资本偏向型；② $\gamma_K > \gamma_L$，$\sigma < 1$，总体技术进步为资本增强型、希克斯劳动偏向型；③ $\gamma_K < \gamma_L$，$\sigma > 1$，总体技术进步为劳动增强型、希克斯劳动偏向型；④ $\gamma_K < \gamma_L$，$\sigma < 1$，总体技术进步为劳动增强型、希克斯资本偏向型；⑤ $\gamma_K = \gamma_L$ 或 $\sigma = 1$，技术进步为希克

斯中性。

表现在二维图形上,要素增强型技术进步使得等产量线在向原点移动的过程中发生旋转,希克斯要素偏向型技术进步则表现为等产量线的旋转与等产量线本身的曲率共同作用而发生的斜率变化,约束条件是要素投入比例 K/L 不变。图 4.1 至图 4.4 分别显示了上述①至④种技术进步的发生机制。当 $\gamma_K = \gamma_L$ 时,等产量线不发生旋转,只是平行地向原点移动,所以不改变特定要素投入比例时等产量线的斜率。

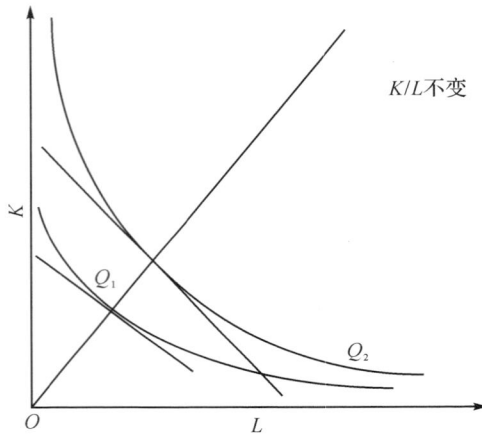

图 4.1   资本增强型、希克斯资本偏向型

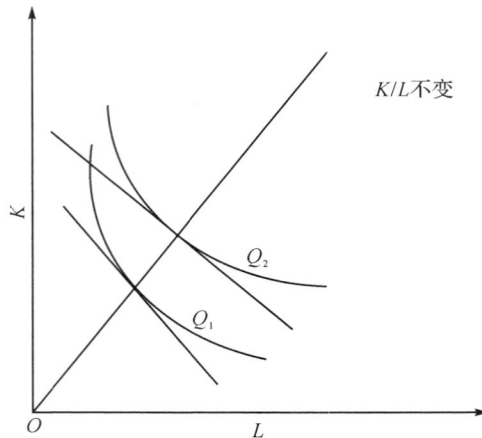

图 4.2   资本增强型、希克斯劳动偏向型

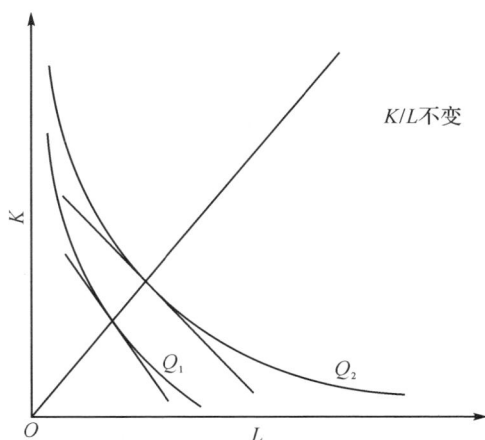

图 4.3　劳动增强型、希克斯劳动偏向型

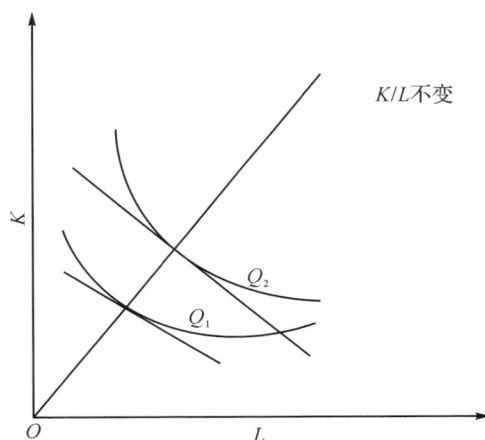

图 4.4　劳动增强型、希克斯资本偏向型

希克斯的偏向型技术进步定义的关键限制条件是要素投入比例 K/L 不变,在技术进步发生的瞬间,可以假定厂商的要素投入比例不变,但在技术进步发生之后的一段时间内,由于资本与劳动的相对边际生产率发生了改变,厂商势必会改变其要素投入比例以达到利润最大化的目的。

根据新古典增长理论,除了劳动增强型技术进步之外的其他任何技术进步对于经济体都是一个外生冲击。一般来说,经济体应对一个外生冲击时首先会迅速偏离原先的稳态,然后在经过转移路径上的一系列调整之后,最终重新达到稳态，进入平衡增长路径，而平衡增长路径的特征之一就是资本产出比 K/Y 不变。与希克斯的定义限制要素投入比例恒定不同，哈罗德的偏向型技术进步定义的前提条件是资本产出比 K/Y 不变，这个假定比希克斯的假定更符合长期的经济事实。将哈罗德的技术进步偏向定义数理化，由式（4-5）可得：

$$\hat{\mathrm{MP}}_{Kt} = \frac{\sigma - 1}{\sigma}\hat{\Gamma}_t^K + \frac{1}{\sigma}\frac{\hat{Y}_t}{K_t} \tag{4-10}$$

又由于假定资本产出比不变：

$$\hat{\mathrm{MP}}_{Kt} = \frac{\sigma - 1}{\sigma}\hat{\Gamma}_t^K = \frac{\sigma - 1}{\sigma}\gamma_K \tag{4-11}$$

资本边际产出的变化率仅与替代弹性和资本增强型技术进步项有关，而与劳动增强型技术进步项无关。也就是说，当只发生劳动增强型技术进步时，技术进步偏向必然是哈罗德中性的。所以当经济体运行在平衡增长路径上时，技术进步的类型只可能是哈罗德中性。根据式（4-11）中各项的正负，哈罗德定义的技术进步同样可以分为五类：①当 $\gamma_K > 0$，$\sigma > 1$ 时，技术进步为哈罗德资本偏向型；②当 $\gamma_K > 0$，$\sigma < 1$ 时，技术进步为哈罗德劳动偏向型；③当 $\gamma_K < 0$，$\sigma > 1$ 时，技术进步为哈罗德劳动偏向型；④当 $\gamma_K < 0$，$\sigma < 1$ 时，技术进步为哈罗德资本偏向型；⑤当 $\gamma_K = 0$ 或 $\sigma = 1$ 时，技术进步为哈罗德中性。

希克斯技术进步偏向与哈罗德技术进步偏向的关系如图 4.5 所示，k 为劳均资本，y 为劳均产出，$f_0(k)$ 表示初始生产函数，技术进步使得生产函数从 $f_0(k)$ 上升到 $f_1(k)$。A 点和 C 点分别是生产函数 $f_0(k)$、$f_1(k)$ 与 k/y 线的交点，资本产出比相同，而 A 点和 B 点位于竖线 k^* 上，资本劳动比相同。依据希克斯与哈罗德技术进步偏向的前提假定，从 A 点到 B 点的跳跃可以看成希克斯技术进步过程，从 A 点到 C 点可以看成哈罗德技术进步过程。因此，从 A 点到 C 点的哈罗德技术进步，可以分解为 A 到 B 点的希克斯技术进步和 B 点到 C 点的资本深化过程。A 点到 C 点生产函数斜率的变动反映了哈罗德技术进步偏向。

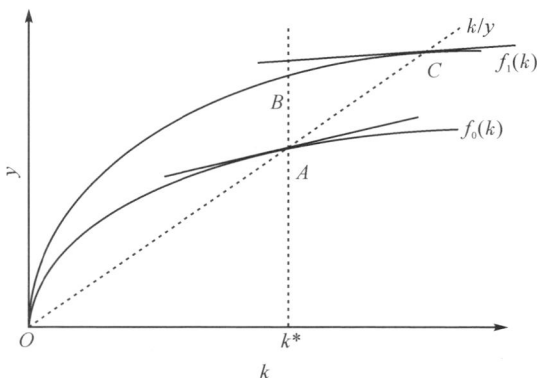

图 4.5 希克斯技术进步与哈罗德技术进步

第四节 技术进步偏向的测度

以上分析对偏向型技术进步做了定性的分类,但是现实中,中国资本与劳动是互补还是替代?技术进步是资本增强型还是劳动增强型,是资本偏向还是劳动偏向的?这些问题需要进一步量化分析。

要素投入比例 K/L 不变条件下的要素边际产出之比变化率反映了希克斯技术进步偏向,资本产出比 K/Y 不变条件下的资本边际产出变化率反映了哈罗德技术进步偏向。但是,从基本统计数据可以发现,现实经济中资本劳动比和资本产出比都不是恒定不变的,K/L 与 K/Y 均持续提高,为此本章同时计算了希克斯技术进步偏向和哈罗德技术进步偏向。为了表达的简洁,不妨分别设希克斯技术进步偏向指数和哈罗德技术进步偏向指数为 $B_t(\text{hicks})$ 和 $B_t(\text{harrod})$:

$$B_t(\text{hicks}) = \frac{\sigma - 1}{\sigma}(\gamma_K - \gamma_L) \tag{4-12}$$

$$B_t(\text{harrod}) = \frac{\sigma - 1}{\sigma}\gamma_K \tag{4-13}$$

考察技术进步偏向就转变为考察 $B_t(\text{hicks})$、$B_t(\text{harrod})$ 的符号和大小,要计算 $B_t(\text{hicks})$ 和 $B_t(\text{harrod})$,需要得到替代弹性 σ 和要素增强型技术进

步项的变化率。

一、替代弹性的估算

文献中替代弹性的估计既有大于 1 结果（Karabarbounis and Neiman，2014；陆菁和刘毅群，2016；陈登科和陈诗一，2018），也有小于 1 的结果（Lawrence，2015；Oberfield and Raval，2021；Antras，2004；戴天仕和徐现祥，2010；陈晓玲和连玉君，2012），并没有一致的结论。我们参照 Kmenta（1967）和 León-Ledesma et al.（2010）的 Kmenta 近似方法来估计替代弹性。这种方法的基本原理是首先找到一个基准点，将 CES 生产函数标准化，然后在一个特定的替代弹性点进行泰勒展开，得到一个可以直接进行计量回归的方程，然后就可以从估计系数中推算出替代弹性和其他的一些参数。

将基准点设定为资本收入份额与劳动收入份额之比为 $\pi/(1-\pi)$ 时的总产出、资本、劳动和要素价格，分别用 Y_0、K_0、L_0、w_0、γ_0 表示。基准点满足条件 $r_0 K_0/(w_0 L_0) = \pi/(1-\pi)$，在 C-D 生产函数形式下，这个条件是恒成立的，而在 CES 生产函数形式下，这是一个特殊点。在基准点上易证明 $\Gamma_0^K = Y_0/(CK_0)$，$\Gamma_0^L = Y_0/(CL_0)$，将 $\Gamma_t^K = \Gamma_0^K \mathrm{e}^{\gamma_K t} = \dfrac{Y_0}{CK_0}\mathrm{e}^{\gamma_K t}$，$\Gamma_t^L = \dfrac{Y_0}{CL_0}\mathrm{e}^{\gamma_L t}$ 代入原生产函数，便可得到标准化的 CES 生产函数：

$$Y_t = Y_0\left[\pi\left(\frac{\mathrm{e}^{\gamma_K t}K_t}{K_0}\right)^{\frac{\sigma-1}{\sigma}} + (1-\pi)\left(\frac{\mathrm{e}^{\gamma_L t}L_t}{L_0}\right)^{\frac{\sigma-1}{\sigma}}\right]^{\frac{\sigma}{\sigma-1}} \tag{4-14}$$

对数化得：

$$\ln\frac{Y_t}{Y_0} = \frac{\sigma}{\sigma-1}\ln\left[\pi\left(\frac{\mathrm{e}^{\gamma_K t}K_t}{K_0}\right)^{\frac{\sigma-1}{\sigma}}\right] + (1-\pi)\left(\frac{\mathrm{e}^{\gamma_L t}L_t}{L_0}\right)^{\frac{\sigma-1}{\sigma}} \tag{4-15}$$

式（4-15）在 $\sigma = 1$ 处进行二阶泰勒展开，可得：

$$\ln\frac{Y_t}{Y_0} = \pi\ln\frac{K_t}{K_0} + (1-\pi)\ln\frac{L_t}{L_0} + \frac{(\sigma-1)\pi(1-\pi)}{2\sigma}\left(\ln\frac{K_t/K_0}{L_t/L_0}\right)^2$$

$$+ \pi\left[1 + \frac{(\sigma-1)(1-\pi)}{\sigma}\ln\frac{K_t/K_0}{L_t/L_0}\right]\gamma_K t$$

$$+ (1 - \pi)\left[1 - \frac{(\sigma - 1)\pi}{\sigma}\ln\frac{K_t/K_0}{L_t/L_0}\right]\gamma_L t$$

$$+ \frac{(\sigma - 1)\pi(1 - \pi)}{2\sigma}(\gamma_K - \gamma_L)^2 t^2 \qquad (4\text{-}16)$$

化简为:

$$\ln\frac{Y_t/Y_0}{L_t/L_0} = \pi\ln\frac{K_t/K_0}{L_t/L_0} + \underbrace{\frac{(\sigma - 1)\pi(1 - \pi)}{2\sigma}}_{a}\left(\ln\frac{K_t/K_0}{L_t/L_0}\right)^2$$

$$+ \underbrace{\left[\pi\gamma_K + (1 - \pi)\gamma_L\right]}_{b}t + \underbrace{\frac{(\sigma - 1)\pi(1 - \pi)}{2\sigma}(\gamma_K - \gamma_L)}_{c} \quad (4\text{-}17)$$

利用式(4-17),可以通过计量回归方法得到方程系数 π、a、b、c,从而可以估算出 σ、γ_K、γ_L。需要用到的数据包括总产出、资本、劳动力:①总产出,由以 1952 年为基期的实际国内生产总值表示;②资本,由以 1952 年为基期的资本存量表示,1952 年基期数据采纳张军等(2004)的估算结果为 807 亿元,折旧率采纳张军等(2004)方法取 9.6%;③劳动力投入,以年初和年底就业人员数的平均值表示。数据来自中国统计年鉴。

将 1978 年设为基准期 t_0 时期并赋值为 0,Y_0、K_0、L_0 即为 1978 年的总产出、资本存量和就业人员,变换后可以估计方程(4-17)。回归结果显示调整后的拟合优度为 0.9995,F 统计值为 14427.95,并得到如下四个系数值:

$$\begin{cases} \pi = 0.815641 \\[2mm] a = \dfrac{(\sigma - 1)\pi(1 - \pi)}{2\sigma} = -0.0216167 \\[2mm] b = \pi\gamma_K + (1 - \pi)\gamma_L = 0.0183468 \\[2mm] c = \dfrac{(\sigma - 1)\pi(1 - \pi)}{2\sigma}(\gamma_K - \gamma_L)^2 = -0.0002909 \end{cases} \qquad (4\text{-}18)$$

解方程组(4-18),可得:$\pi = 0.81564$,$\sigma = 0.7767$,$\gamma_K = -0.0030398$,$\gamma_L = 0.1129653$。与戴天仕和徐现祥(2010)的估计结果相似,本书估计的替代弹性小于 1。这说明在样本时期内,平均来说资本与劳动是总互补的。$\gamma_K = -0.0030398$,$\gamma_L = 0.1129653$ 是资本效率和劳动效率的平均增长率,结合替

代弹性可以算出 1978—2011 年技术进步偏向的平均水平,希克斯偏向指数为 0.03335,哈罗德偏向指数为 0.00087,均为正,说明 1978—2011 年中国的技术进步总体上是偏向于资本的。

二、要素增强型技术进步项变化率的计算

为了更清楚地看到技术进步偏向的变化趋势,这里利用劳动收入份额和劳动产出弹性的数据推算每年的增强型技术进步的变化率。为简化分析,假设总产出仅在资本和劳动之间进行分配,将资本收入与劳动收入之比用 S 表示。在完全竞争的市场中,要素的价格就等于它的边际产出,由此,可得到 S 的表达式:

$$S_t = \frac{r_t K_t}{w_t L_t} = \frac{\mathrm{MP}_{Kt} K_t}{\mathrm{MP}_{Lt} L_t} = \frac{\pi}{1-\pi} \left(\frac{\Gamma_t^K K_t}{\Gamma_t^L L_t} \right)^{\frac{\sigma-1}{\sigma}} \tag{4-19}$$

由式(4-19)可得到以下两个表达式:

$$\begin{cases} (\Gamma_t^K K_t)^\rho = S_t \dfrac{1-\pi}{\pi} (\Gamma_t^L L_t)^{\frac{\sigma-1}{\sigma}} \\ (\Gamma_t^L L_t)^\rho = \dfrac{1}{S_t} \dfrac{\pi}{1-\pi} (\Gamma_t^K K_t)^{\frac{\sigma-1}{\sigma}} \end{cases} \tag{4-20}$$

将式(4-20)代入原生产函数可得到要素增强型技术进步项的表达式:

$$\begin{cases} \dfrac{\Gamma_t^K}{C} = \dfrac{Y_t}{K_t} \pi^{\frac{\sigma}{1-\sigma}} \left(1 + \dfrac{1}{S_t} \right)^{\frac{\sigma}{1-\sigma}} \\ \dfrac{\Gamma_t^L}{C} = \dfrac{Y_t}{L_t} (1-\pi)^{\frac{\sigma}{1-\sigma}} (1 + S_t)^{\frac{\sigma}{1-\sigma}} \end{cases} \tag{4-21}$$

其中,Y_t、K_t、L_t、π、σ 均已知,S_t 可由劳动收入份额或劳动产出弹性的数据推算得到。要素增强型技术进步项的计算结果列示在表 4.2 中的第二、第三列。根据要素增强型技术进步项的水平值,可以得到它们的增长率。计算发现资本增强型技术进步项的增长率在多数年份为负,它表示同样的产出需要更多的资本,资本的生产效率降低了。从现实数据看,资本产出比从 1978 年的 1.8763 上升到了 2011 年的 2.8263,资本的增长速度超过了产出的增长速度,单位资本产出下降了。一个可能的解释是改革开放以来产业结构逐渐转向资本密集型,这些产业的性质决定了单位产值需要用到更多的资本投入,生产过程引入了更先进复杂的机器设备,投入产出的时间间隔拉长了,生产的迂回程度更高了。表4.2第五列显示劳动增强型技术进步项的增长率在多数年份为正,它表示生产同样的产出现在只需要更少的劳动,即劳动的生产效率提高了。从现实数据看,人均产出从1978年的0.082提高到了2011年的0.9308,增长了10.35倍,可能的经济解释是改革开放以来以劳动力受教育水平、技能为代表的人力资本水平不断提高。

三、技术进步偏向指数

得到了替代弹性和要素增强型技术进步项的估计值,就可以根据式(4-12)、式(4-13)计算出两种技术进步偏向指数 B_t(hicks)和 B_t(harrod),计算结果显示在表4.2的最后两列,图4.6更为清晰地显示了两种技术进步偏向指数的动态变化趋势。

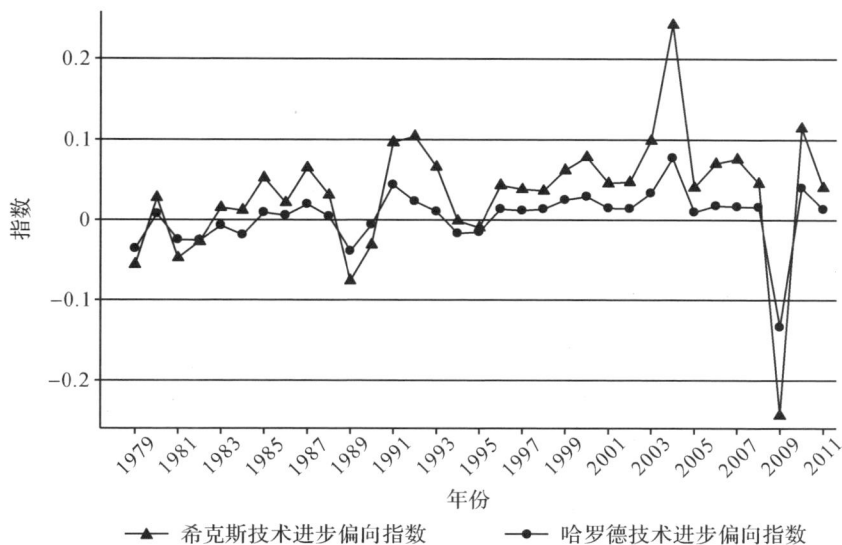

图4.6 技术进步偏向指数

从表4.2和图4.6可以看出:1990年之前,技术进步偏向指数围绕0波动,技术进步没有明显的偏向性;1990年之后,除了1994年、1995年和2009年之外,希克斯和哈罗德技术进步偏向指数均大于0。因此,1990—2011年,中国技术进步方向基本上是偏向资本的,而且从趋势图上看到偏向程度在1995—2007 年有略微提高的倾向。

表4.2 技术进步偏向计算结果

年份	$\dfrac{\Gamma_t^K}{C}$	$\dfrac{\Gamma_t^L}{C}$	γ_K	γ_L	B_t (hicks)	B_t (harrod)
1978	2.8534	0.0026				
1979	3.2096	0.0024	0.1248	− 0.0695	− 0.0559	− 0.0359
1980	3.1250	0.0026	− 0.0264	0.0699	0.0277	0.0076
1981	3.3983	0.0024	0.0875	− 0.0781	− 0.0476	− 0.0251
1982	3.6974	0.0024	0.0880	− 0.0063	− 0.0271	− 0.0253
1983	3.7914	0.0026	0.0254	0.0786	0.0153	− 0.0073
1984	4.0421	0.0029	0.0661	0.1071	0.0118	− 0.0190
1985	3.9149	0.0033	− 0.0315	0.1520	0.0528	0.0091
1986	3.8393	0.0035	− 0.0193	0.0553	0.0214	0.0056
1987	3.5773	0.0040	− 0.0682	0.1591	0.0654	0.0196
1988	3.5266	0.0044	− 0.0142	0.0942	0.0312	0.0041
1989	4.0067	0.0038	0.1361	− 0.1279	− 0.0759	− 0.0391
1990	4.0918	0.0035	0.0212	− 0.0874	− 0.0312	− 0.0061
1991	3.4694	0.0041	− 0.1521	0.1839	0.0966	0.0437
1992	3.1899	0.0053	− 0.0805	0.2806	0.1038	0.0232
1993	3.0761	0.0063	− 0.0357	0.1955	0.0665	0.0103
1994	3.2583	0.0067	0.0592	0.0547	− 0.0013	− 0.0170
1995	3.4311	0.0068	0.0530	0.0201	− 0.0095	− 0.0152
1996	3.2721	0.0075	− 0.0464	0.1052	0.0436	0.0133
1997	3.1397	0.0082	− 0.0405	0.0924	0.0382	0.0116
1998	2.9902	0.0089	− 0.0476	0.0800	0.0367	0.0137
1999	2.7280	0.0100	− 0.0877	0.1294	0.0624	0.0252
2000	2.4529	0.0118	− 0.1009	0.1731	0.0788	0.0290
2001	2.3259	0.0131	− 0.0518	0.1084	0.0460	0.0149
2002	2.2123	0.0146	− 0.0488	0.1167	0.0476	0.0140

续　表

年份	$\dfrac{\Gamma_t^K}{C}$	$\dfrac{\Gamma_t^L}{C}$	γ_K	$\dot{\gamma}_L$	$B_t(\text{hicks})$	$B_t(\text{harrod})$
2003	1.9532	0.0179	− 0.1171	0.2260	0.0987	0.0337
2004	1.4275	0.0281	− 0.2692	0.5718	0.2418	0.0774
2005	1.3800	0.0311	− 0.0332	0.1080	0.0406	0.0096
2006	1.2953	0.0369	− 0.0614	0.1839	0.0705	0.0177
2007	1.2226	0.0446	− 0.0561	0.2091	0.0763	0.0161
2008	1.1556	0.0493	− 0.0548	0.1054	0.0461	0.0158
2009	1.6923	0.0305	0.4644	− 0.3817	− 0.2433	− 0.1335
2010	1.4550	0.0383	− 0.1402	0.2587	0.1147	0.0403
2011	1.3875	0.0420	− 0.0464	0.0951	0.0407	0.0133

技术进步偏向会影响经济增长结构,影响产业结构变迁,尤其会影响要素分配结构。资本与劳动是两大基本生产要素,在新古典增长模型中,代表性个体的收入是劳动收入与资本收入之和,但在现实经济中,由于资本市场不完善,依靠劳动取得收入的人和依靠资本取得收入的人分离开来,形成了两个群体,从而劳动所得为广大劳动者所共享,而资本所得只集聚在少数人手中。中国的资本偏向型技术进步较好地解释了1994年以后资本收入份额上升、劳动收入份额下降、总体收入不平等不断深化的现实。

第五章　资本偏向型技术进步与劳动收入份额

在完全竞争市场中,技术进步偏向对于劳动收入份额的影响就等价于技术进步偏向对于劳动产出弹性的影响。而后者是一个生产技术方面的问题。本章研究资本偏向型技术进步如何影响劳动收入份额。

第一节　数理解析

如前所述,本章将厂商的生产技术函数设为如下 CES 形式:

$$Y_t = F(K_t, L_t) = A[\pi(\Gamma_t^K K_t)^{\frac{\sigma-1}{\sigma}} + (1-\pi)(\Gamma_t^L L_t)^{\frac{\sigma-1}{\sigma}}]^{\frac{\sigma}{\sigma-1}}。$$

当 $\sigma = 1$ 时, CES 函数退化为 C-D 生产函数 $Y_t = F(K_t, L_t) = A(\Gamma_t^K K_t)^{\pi}(\Gamma_t^L L_t)^{1-\pi}$;当 $\Gamma_t^K = \Gamma_t^L$ 时,技术进步为希克斯中性;当 $\hat{\Gamma}_t^K = 0$ 时,技术进步为哈罗德中性。资本产出弹性 e_{Kt} 为:

$$e_{Kt} = \frac{\partial Y_t}{\partial K_t}\frac{K_t}{Y_t} = \mathrm{MP}_{Kt}^{1-\sigma}\pi^{\sigma}(\Gamma_t^K)^{\sigma-1} \tag{5-1}$$

劳动产出弹性 e_{Lt} 为:

$$e_{Lt} = \frac{\partial Y_t}{\partial L_t}\frac{L_t}{Y_t} = \mathrm{MP}_{Lt}^{1-\sigma}(1-\pi)^{\sigma}(\Gamma_t^L)^{\sigma-1} \tag{5-2}$$

要素市场完全竞争时资本收入与劳动收入之比为:

$$S_t = \frac{r_t K_t}{w_t L_t} = \frac{\dfrac{\partial Y_t}{\partial K_t}\dfrac{K_t}{L_t}}{\dfrac{\partial Y_t}{\partial L_t}} = \frac{\dfrac{\partial Y_t}{\partial K_t}\dfrac{K_t}{Y_t}}{\dfrac{\partial Y_t}{\partial L_t}\dfrac{L_t}{Y_t}} = \frac{e_{Kt}}{e_{Lt}} = \frac{\pi}{1-\pi}\left(\frac{\Gamma_t^K K_t}{\Gamma_t^L L_t}\right)^{\frac{\sigma-1}{\sigma}} \tag{5-3}$$

其变化率为:

$$\hat{S}_t = \frac{\sigma-1}{\sigma}(\hat{\Gamma}_t^K - \hat{\Gamma}_t^L + \hat{K}_t - \hat{L}_t) = \frac{\sigma-1}{\sigma}\left(\frac{\hat{K}}{L} + \hat{\Gamma}_t^K - \hat{\Gamma}_t^L\right) \tag{5-4}$$

由式(5-4)可知,要素收入份额之比的变化率取决于 Γ_t^K、Γ_t^L、K_t、L_t 的变化率和要素替代弹性的大小。

若 $\hat{\Gamma}_t^K = 0, \hat{\Gamma}_t^L \neq 0$,也即新古典模型通常的假设,此时如果劳均资本的

增长率等于劳动增强型技术进步率,则无论替代弹性如何,要素收入之比都不会发生变化,这正是新古典增长模型在平衡增长路径上的情况。

若 $\hat{K}_t - \hat{L}_t = 0$,要素收入份额的变化与要素边际生产率之比 r_t/w_t 的变化完全相同。所以,当技术进步为希克斯资本偏向型时,要素收入份额之比提高;当技术进步为希克斯劳动偏向型时,要素收入份额之比降低。

若 $\hat{K}_t - \hat{L}_t > 0$,技术进步偏向与要素收入份额之比的变化不再是一一对应的关系。要素收入份额之比的变化方向和程度取决于 σ、Γ_t^K、Γ_t^L、K_t、L_t 变化的大小。具体地说,如果假设人均资本始终是增加的,则有以下四种情况:

①当技术进步总体是资本增强型、希克斯资本偏向型时,即 $\hat{\Gamma_t^K} > \hat{\Gamma_t^L}$,$\sigma > 1$,要素收入份额之比提高;

②当技术进步总体是资本增强型、希克斯劳动偏向型时,即 $\hat{\Gamma_t^K} > \hat{\Gamma_t^L}$,$\sigma < 1$,要素收入份额之比降低;

③当技术进步总体是劳动增强型、希克斯劳动偏向型时,即 $\hat{\Gamma_t^K} < \hat{\Gamma_t^L}$,$\sigma > 1$,不能判定要素收入份额之比的变化方向;

④当技术进步总体是劳动增强型、希克斯资本偏向型时,即 $\hat{\Gamma_t^K} < \hat{\Gamma_t^L}$,$\sigma < 1$,不能判定要素收入份额之比的变化方向。

经验文献表明,替代弹性 σ 通常小于1,资本与劳动在生产中是互补的,因此,出现第②和第④种情况的可能性较大,本章之后的经验研究表明中国的情况是第④种。

卡尔多事实说在长期中劳动收入份额稳定不变,资本产出比不变,资本边际产出不变,从而利润率也不变。要素收入份额之比的表达式 $S_t = \dfrac{r_t K_t}{w_t L_t}$

中各部分在平衡增长路径上的变动规律为:r_t 不变,$\hat{w}_t = \dfrac{\hat{K}_t}{L_t}$。又由式(4-25)

可知,当 $\hat{S}_t = 0$,$\hat{\Gamma_t^K} = 0$ 时,$\dfrac{\hat{K}_t}{L_t} = \hat{\Gamma}_t^L$,故而 $\hat{w}_t = \dfrac{\hat{K}_t}{L_t} = \hat{\Gamma}_t^L$。当经济增长过程

中只存在哈罗德中性技术进步时就能达到上述的稳态,其他类型的技术进步则会使经济体暂时偏离稳态均衡。

第二节 计量模型和变量

根据上一节的理论分析,将式(5-3)两边取对数可得:

$$\ln S_t = \ln \frac{r_t K_t}{w_t L_t} = \ln \frac{\pi}{1-\pi} + \frac{\sigma-1}{\sigma}\ln\left(\frac{\Gamma_t^K}{\Gamma_t^L}\right) + \frac{\sigma-1}{\sigma}\ln\left(\frac{K_t}{L_t}\right) \tag{5-5}$$

对资本劳动相对价格的表达式两边取对数可得:

$$\ln \frac{r_t}{w_t} = \ln \frac{\pi}{1-\pi} + \frac{\sigma-1}{\sigma}\ln\left(\frac{\Gamma_t^K}{\Gamma_t^L}\right) - \frac{1}{\sigma}\ln\left(\frac{K_t}{L_t}\right) \tag{5-6}$$

根据式(5-5)、式(5-6),将计量模型设定为:

$$\ln S_{it} = \beta_0 + \beta_1 \ln\text{tech}_{it} + \beta_2 \ln\left(\frac{K_{it}}{L_{it}}\right) + \gamma X_{it} + \alpha_i + \varepsilon_{it} \tag{5-7}$$

$$\ln\text{rw}_{it} = \theta_0 + \theta_1 \ln\text{tech}_{it} + \theta_2 \ln\left(\frac{K_{it}}{L_{it}}\right) + \delta X_{it} + \alpha_i + \mu_{it} \tag{5-8}$$

其中:$\ln S_{it}$ 表示资本收入与劳动收入之比的对数值;$\ln\text{rw}_{it}$ 由 S_{it} 除以人均资本存量得到,表示资本与劳动的相对价格;tech 表示技术进步;K/L 表示人均资本存量;X 是一系列控制变量;下标 i、t 分别表示省份和年份;α_i 是省份固定效应;ε_{it} 和 μ_{it} 是特异误差项。

资本收入与劳动收入之比的度量利用收入法国内生产总值核算数据。以收入法计算的国内生产总值由劳动者报酬、资本折旧、生产税净额、营业盈余四项构成,这里将生产税净额除去,采用 $\dfrac{\text{资本折旧 + 营业盈余}}{\text{劳动报酬}}$ 作为要素收入份额之比的指标。资本存量的数据直接来自中国经济增长与宏观稳定课题组(2010)的估算,技术进步用全要素生产率来度量,数据同样来源于中国经济增长与宏观稳定课题组(2010)。模型中的控制变量包括人均实际GDP、城市化率、财政收入占 GDP 比例、财政支出占 GDP 比例、进出口总额占 GDP 比例、出口总额占 GDP 比例、FDI 占 GDP 比例，数据均来自中国统计年鉴。各主要变量的描述性统计见表5.1。

表5.1　主要变量基本统计描述

变量		含义及单位	观察数	均值	标准差	最小值	最大值
被解释变量	S	资本收入与劳动收入之比 $rK/(wL)$	420	0.82	0.27	0.27	1.62
	rw	表示资本劳动相对价格 r/w	420	0.240	0.010	0.003	0.070
主要解释变量	tfp	全要素生产率指数	420	1.02	0.04	0.93	1.14
	k	人均资本存量（千元）	420	51.76	61.45	6.94	487.07
与经济发展相关的控制变量	gdp	人均实际 GDP（元）	420	2755	2192	523	14170
	urban	城市化率	364	0.43	0.17	0.17	0.89
与市场化程度相关的控制变量	soestaff	国有经济职工数占总职工数	420	0.69	0.12	0.25	0.90
与政府干预相关的控制变量	revenue	财政收入占 GDP 百分比（%）	417	6.76	1.98	3.28	17.02
	expend	财政支出占 GDP 百分比（%）	417	13.39	5.44	4.92	36.01
与对外开放相关的控制变量	imex	进出口总额占 GDP 百分比（%）	420	30.79	40.72	3.21	217.21
	ex	出口总额占 GDP 百分比（%）	420	15.91	19.04	0.37	93.64
	fdi	FDI 占 GDP 百分比（%）	417	3.79	3.80	0.09	24.30

　　图5.1利用省级数据绘制了资本劳动收入之比与全要素生产率的散点图和拟合线，图5.2是资本劳动收入之比与人均资本存量的散点图与拟合线。初步分析发现，资本劳动收入之比与全要素生产率呈正相关关系，而与人均资本存量的关系则更像二次非线性，因此我们在接下来的回归分析中加入人均资本存量的二次项作为解释变量。在人均资本存量较低时，资本劳动收入之

比与之正相关,而在人均资本存量较高时,两者趋向于负相关。图 5.3 是资本劳动相对价格与全要素生产率的散点图和拟合线,图 5.4 是资本劳动相对价格与人均资本存量的散点图和拟合线。可初步发现资本劳动相对价格与全要素生产率呈负相关关系,而与人均资本存量呈现二次非线性关系。

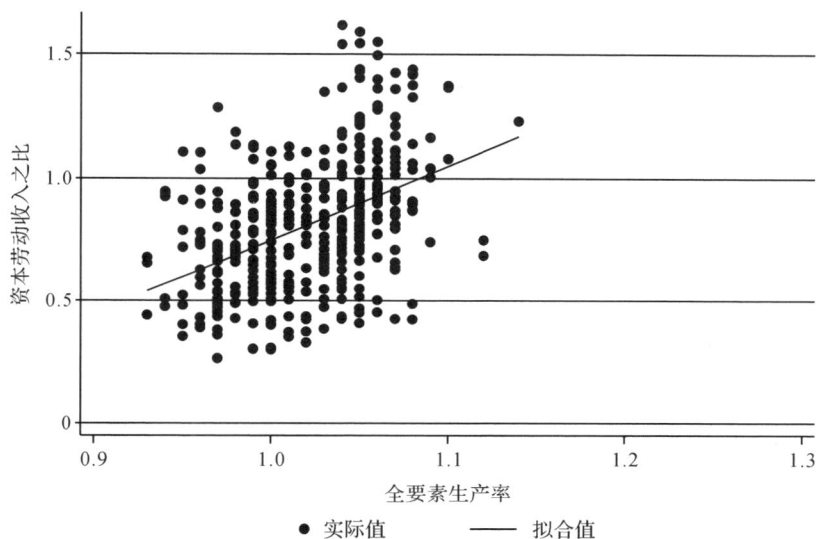

图 5.1 资本劳动收入之比与全要素生产率

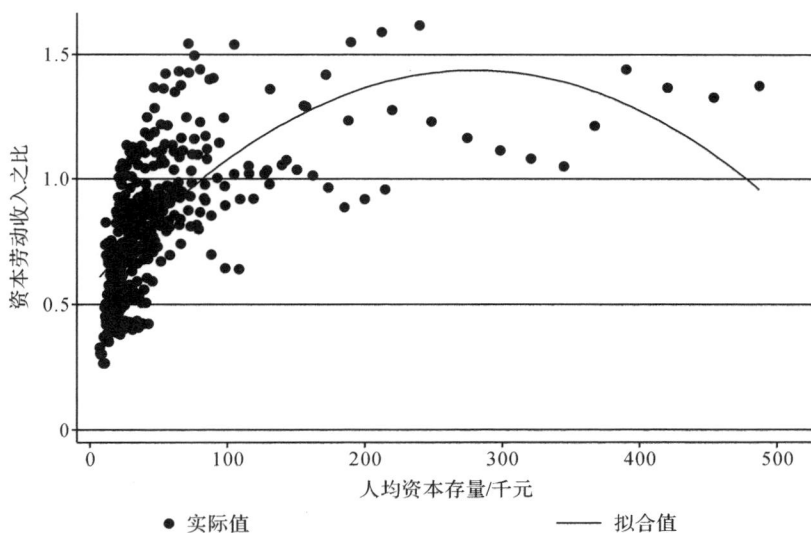

图 5.2 资本劳动收入之比与人均资本存量

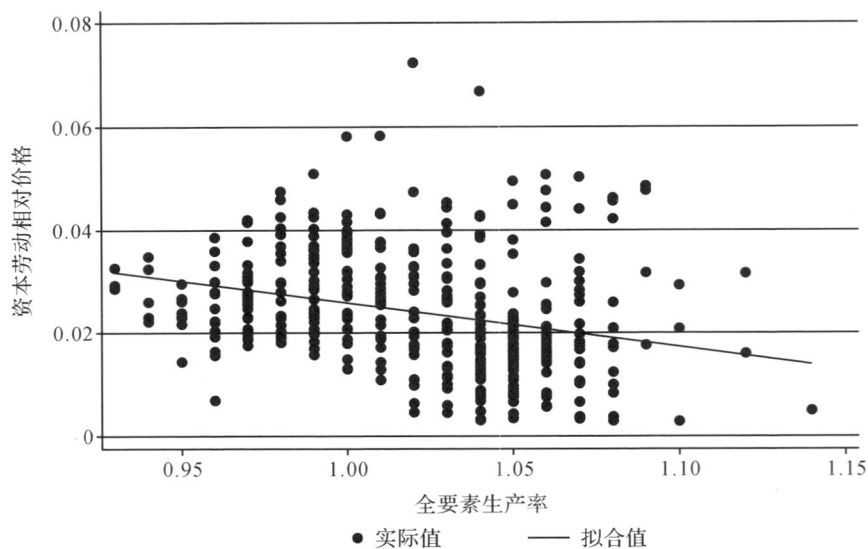

图 5.3　资本劳动相对价格与全要素生产率

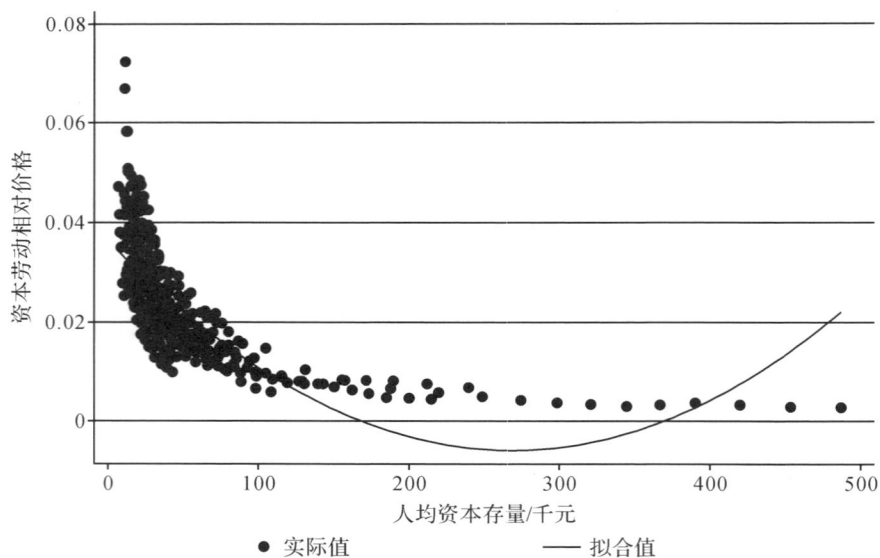

图 5.4　资本劳动相对价格与人均资本存量

第三节　回归结果

一、基本估计结果

由于度量对外开放程度的三个指标有很强的相关性,如果放在同一个模型中会产生较严重的多重共线性问题,从而导致估计量标准误增大,估计系数有效性降低。因此,我们将进出口总额占 GDP 的比例、出口总额占 GDP 的比例、FDI 占 GDP 的比例分别依次加入模型中作为控制变量,所以对于每个被解释变量,基本模型有三个。然后,需要选择用固定效应模型还是随机效应模型,两者的区别在于省份非观测效应 α_i 是否与解释变量相关。如果不相关,可将省份非观测效应与特异误差项合并,一起作为残差项,此时残差项与解释变量不相关,估计系数是无偏的,这就是随机效应模型,省份非观测效应包含在残差项中是随机的。但如果省份非观测效应与解释变量相关,就不可将省份非观测效应与特异误差项合并,如若合并,解释变量与残差项中的省份非观测效应相关从而会导致内生性问题,产生估计偏误。选择固定效应或是随机效应的依据一般是 Hausman 检验,Hausman 检验的原理是检验两种估计方法得出的估计系数是否有显著不同。若 Hausman 检验结果 p 值小于 0.05 或 0.01,表示应拒绝两种估计方法所得到的系数值相同的原假设。固定效应优于随机效应的特征是当省份非观测效应与解释变量相关时估计系数为无偏,而随机效应有偏;随机效应优于固定效应的特征是当省份非观测效应与解释变量不相关时它更有效。对三个基本模型进行了随机效应和固定效应估计并进行 Hausman 检验,结果显示 p 值均小于 0.01,由于固定效应在此情况下是无偏有效的,故只报告了固定效应的估计结果。

表 5.2 是以资本劳动收入之比为被解释变量的面板固定效应估计结果。基本的估计结果显示:①以全要素生产率度量的技术进步显著提高了

资本收入与劳动收入之比，全要素生产率上升 1 个百分点，资本劳动收入之比上升约 0.761 ~ 1.143 个百分点；②人均资本存量一次项显著为正，二次项显著为负，在人均资本存量水平值较低时，它会提高资本劳动收入之比，当达到一定程度时会出现拐点，人均资本存量的提高会有助于降低资本劳动收入之比；③城市化率显著为负，城市化的推进有助于降低资本劳动收入之比；④财政收入占 GDP 的回归系数显著为负，这体现了税收的累进性质，它在一定程度上缩小了劳资差距；⑤FDI 占 GDP 比例的回归系数显著为正，外资进入提高了资本劳动收入之比，这一结果与地方政府为招商引资而为资方提供优厚条件同时压低劳动力价格的现象一致。

表 5.2 技术进步与劳动收入份额基本估计结果

变量	全部省份			去除直辖市		
	(1)	(2)	(3)	(4)	(5)	(6)
$\ln tfp$	0.761**	0.858**	0.857***	1.143***	0.935**	0.918**
	(0.33)	(0.33)	(0.33)	(0.38)	(0.38)	(0.38)
$\ln k$	0.540***	0.709***	0.730***	0.908***	0.868***	0.838***
	(0.15)	(0.16)	(0.15)	(0.21)	(0.22)	(0.22)
$(\ln k)^2$	− 0.049**	− 0.080***	− 0.086***	− 0.098***	− 0.092***	− 0.090***
	(0.02)	(0.02)	(0.02)	(0.03)	(0.03)	(0.03)
urban	− 0.514***	− 0.517***	− 0.524***	− 0.408***	− 0.449***	− 0.442***
	(0.11)	(0.11)	(0.11)	(0.11)	(0.12)	(0.12)
lngdp	0.419***	0.458***	0.482***	0.337**	0.324**	0.335**
	(0.13)	(0.13)	(0.13)	(0.16)	(0.16)	(0.16)
soestaff	− 0.426*	− 0.305	− 0.240	− 0.617**	− 0.565*	− 0.602*
	(0.23)	(0.24)	(0.24)	(0.28)	(0.30)	(0.31)
revenue	− 0.053***	− 0.048***	− 0.049***	− 0.047***	− 0.046***	− 0.043**
	(0.01)	(0.01)	(0.01)	(0.02)	(0.02)	(0.02)
expend	− 0.000	− 0.002	− 0.000	0.000	− 0.001	− 0.001
	(0.00)	(0.00)	(0.00)	(0.00)	(0.00)	(0.00)

续　表

变量	全部省份			去除直辖市		
	（1）	（2）	（3）	（4）	（5）	（6）
fdi	0.012**			0.023***		
	（0.00）			（0.01）		
imex		0.001**			0.001	
		（0.00）			（0.00）	
ex			0.004***			0.001
			（0.00）			（0.00）
常数项	−3.942***	−4.534***	−4.786***	−3.978***	−3.772***	−3.759***
	（0.78）	（0.82）	（0.82）	（0.97）	（0.98）	（1.00）
N	360	363	363	307	310	310
R^2	0.671	0.669	0.674	0.715	0.697	0.696
F	72.849	72.767	74.340	75.915	70.185	69.849

注：被解释变量为 $\ln S$，估计方法均为固定效应。***表示 $p < 0.01$，**表示 $p < 0.05$，*表示 $p < 0.1$。括号中是稳健标准误。

由于 30 个省份中 4 个直辖市的特殊性较大，它们的开放程度、城市化率、就业人员中非国有经济的比重都高于大多数省份，这可能使直辖市成为计量估计过程中的异常值。因此，我们采用不包含 4 个直辖市的数据重复了固定效应估计。与全部省份的估计结果相比较，可以发现：①技术进步和人均资本存量的系数符号和显著性都没有太大的变化，但是系数的绝对值都变大了，说明这两个解释变量对被解释变量的影响在直辖市之外的其他地区比直辖市更大；②国有企业职工人数占总职工人数 soestaff 这一解释变量从原来的不显著变成了微弱显著为负，它的含义是国有企业职工人数占比的下降会提高资本劳动收入之比，这说明企业改制确实扩大了资本与劳动之间的差距；③财政收入占 GDP 的系数绝对值变小了，说明税收缩小劳资差距的作用在直辖市比在其他地区大；④FDI 的正向相应在去除直辖市样本后变大了，说明 FDI 在其他地区对资本劳动收入之比的提高作用更大，这反映了资本仍是被追逐的对象，尤其是在地方政府竞争的制度下，而在直辖市由于资本相对比较充裕所以 FDI 的这种效应较弱。

　　S 的数理表达式由资本劳动收益之比 r/w 和人均资本存量 K/L 构成，第三章的分析表明资本劳动的相对数量变化较为平缓，而相对价格波动较大。所以可以将 S 分解开来，将 K/L 移到等式右边，被解释变量就替换为资本价格与劳动价格之比，重复上述的全部省份的固定效应估计，结果见表 5.3。

表 5.3　技术进步与资本劳动相对价格基本估计结果

变量	基本回归			tfp × k 作为解释变量		
	（1）	（2）	（3）	（4）	（5）	（6）
lntfp	0.761 **	0.858 **	0.857 ***	3.746 **	4.368 ***	4.670 ***
	（0.33）	（0.33）	（0.33）	（1.45）	（1.49）	（1.48）
ln$k$	−0.460 ***	−0.291 *	−0.270 *	−0.766 ***	−0.762 ***	−0.776 ***
	（0.15）	（0.16）	（0.15）	（0.11）	（0.11）	（0.11）
$(\ln k)^2$	−0.049 **	−0.080 ***	−0.086 ***			
	（0.02）	（0.02）	（0.02）			
tfp × k				−0.887 **	−1.071 ***	−1.160 ***
				（0.40）	（0.41）	（0.41）
urban	−0.514 ***	−0.517 ***	−0.524 ***	−0.544 ***	−0.563 ***	−0.575 ***
	（0.11）	（0.11）	（0.11）	（0.11）	（0.11）	（0.11）
lngdp	0.419 ***	0.458 ***	0.482 ***	0.436 ***	0.441 ***	0.462 ***
	（0.13）	（0.13）	（0.13）	（0.13）	（0.13）	（0.13）
soestaff	−0.426 *	−0.305	−0.240	−0.286	−0.137	−0.058
	（0.23）	（0.24）	（0.24）	（0.23）	（0.24）	（0.24）
revenue	−0.053 ***	−0.048 ***	−0.049 ***	−0.063 ***	−0.064 ***	−0.066 ***
	（0.01）	（0.01）	（0.01）	（0.01）	（0.01）	（0.01）
expend	−0.000	−0.002	−0.000	0.001	0.000	0.001
	（0.00）	（0.00）	（0.00）	（0.00）	（0.00）	（0.00）
fdi	0.012 **			0.013 ***		
	（0.00）			（0.00）		
imex		0.001 **			0.001	
		（0.00）			（0.00）	

续　表

变量	基本回归			tfp × k 作为解释变量		
	(1)	(2)	(3)	(4)	(5)	(6)
ex			0.004***			0.003**
			(0.00)			(0.00)
常数项	-3.942***	-4.534***	-4.786***	-3.664***	-3.761***	-3.950***
	(0.78)	(0.82)	(0.82)	(0.75)	(0.77)	(0.77)
N	360	363	363	307	310	310
R^2	0.727	0.726	0.729	0.713	0.708	0.708
F	94.888	95.470	96.815	75.193	73.979	73.930

注:被解释变量为 lnrw,估计方法均为固定效应。***表示 $p < 0.01$,**表示 $p < 0.05$,*表示 $p < 0.1$。括号中是稳健标准误。

观察发现:①技术进步显著提高资本劳动收益之比,全要素生产率上升 1 个百分点,资本劳动收益之比上升 0.761 ~ 0.858 个百分点,这一结果佐证了中国目前的技术进步在资本劳动之间偏向资本从而导致资本收益上升这一观点。②人均资本存量一次项与二次项均显著为负,说明人均资本存量会降低资本劳动价格之比,且降低的程度会随着人均资本存量的逐渐增大而提高。人均资本存量提高 1 个百分点,资本劳动价格之比下降约 0.81 ~ 0.89 个百分点。但是由于人均资本存量 K/L 的增长率大于资本劳动价格之比 r/w 的下降率,故仍然会引起资本劳动收入之比的上升。③技术进步与人均资本存量的交叉项显著为负,说明当人均资本存量逐渐提高时,技术进步对资本劳动价格之比的正向影响会逐渐减弱。

二、内生性问题讨论

内生性的存在会导致估计系数有偏,内生性问题的产生可能有两个方面的原因。一方面,解释变量与各控制变量可能与残差项相关。其他同样影响被解释变量的因素出于不可观测等原因未能包含在解释变量中,它们进入了模型的残差项,当这些遗漏的解释变量与模型中的解释变量和控制变量相关时,就会引起内生性问题。如某种当期冲击既会影响被解释变量,也会对解释变量或控制变量产生影响。对于这种内生性问题,可以将模型中的解释变量和控制变量均滞后一期以减弱内生性带来的估计偏误,见表 5.4 中的(1)、(2)列。

另一方面,解释变量影响被解释变量,同时被解释变量也影响解释变量(即双向因果关系)。在本书的模型中,作为解释变量的技术进步会影响被解释变量要素收入份额,而要素收入份额也可能会通过企业对要素价格的反应而影响企业的技术选择;同样,人均资本存量会影响要素收入份额,而要素收入份额反过来会影响不同收入阶层的储蓄率,从而影响人均资本存量的积累。解决这样的双向因果关系问题,通常采用的方法是寻找工具变量,构建工具变量影响解释变量进而影响被解释变量的因果链条,斩断被解释变量到解释变量的因果链条。但是在无法找到较好的外生的工具变量的情况下,本书采用解释变量的滞后一阶作为其工具变量:技术进步的滞后一阶作为技术进步的工具变量,见表 5.4(3)、(4)列。(5)、(6)列增加了人均资本存量对数值的滞后一阶作为人均资本存量的工具变量,人均资本存量的平方的滞后一阶作为人均资本存量平方的工具变量。

观察表 5.4 的估计结果并与表 5.2 进行对比可以发现,主要解释变量技术进步和人均资本存量的估计系数符号与显著性都没有太大的变化。技术进步的估计系数均比表 5.2 中增大了,在 0.859 到 1.445 之间。人均资本存量及其平方的估计系数的绝对值也增大了,人均资本存量对要素收入份额的影响呈倒 U 形,首先提高要素收入份额,然后降低要素收入份额。通过简单的计算发现,拐点大约位于人均资本存量对数值为 4.23 ~ 6.28 的位置,而全部样本的人均资本存量对数值的均值为 3.61,2007 年人均资本存量对数值的均值为 4.32。这表明人均资本存量对要素收入份额的影响目前大体上仍然为正,是起到了提高资本收入份额、降低劳动收入份额的作用,但是正在接近拐点的位置。

表 5.4 解释变量滞后一期和工具变量估计结果一

变量	解释变量均滞后一期		I. tfp 作为工具变量		I. tfp、I. ln$k$、I. (ln$k$)^2 作为工具变量	
	(1) FE	(2) FE	(3) IV	(4) IV	(5) IV	(6) IV
ln tfp	0.859**	0.977***	1.242**	1.396**	1.259**	1.445**
	(0.34)	(0.34)	(0.58)	(0.58)	(0.58)	(0.58)
ln$k$	0.767***	0.941***	0.585***	0.793***	0.593***	0.804***
	(0.17)	(0.16)	(0.16)	(0.17)	(0.17)	(0.17)
(ln$k$)^2	−0.061***	−0.098***	−0.050**	−0.083***	−0.054**	−0.095***
	(0.02)	(0.02)	(0.02)	(0.02)	(0.02)	(0.03)
urban	−0.509***	−0.510***	−0.548***	−0.555***	−0.547***	−0.556***
	(0.11)	(0.11)	(0.11)	(0.11)	(0.11)	(0.11)
lngdp	0.318**	0.376***	0.471***	0.503***	0.490***	0.576***
	(0.13)	(0.13)	(0.15)	(0.15)	(0.16)	(0.16)
soestaff	−0.236	−0.111	−0.114	0.042	−0.118	0.043
	(0.25)	(0.25)	(0.24)	(0.24)	(0.24)	(0.25)
revenue	−0.046***	−0.041***	−0.050***	−0.050***	−0.049***	−0.047***
	(0.01)	(0.01)	(0.01)	(0.01)	(0.01)	(0.01)
expend	0.001	0.002	−0.003	−0.004	−0.003	−0.004
	(0.00)	(0.00)	(0.00)	(0.00)	(0.00)	(0.00)
fdi	0.011**		0.007		0.007	
	(0.00)		(0.01)		(0.01)	
imex		0.002***		0.002***		0.002***
		(0.00)		(0.00)		(0.00)
常数项	−3.984***	−4.712***	−4.687***	−5.358***	−4.816***	−5.830***
	(0.79)	(0.82)	(0.93)	(0.95)	(0.99)	(1.03)
N	331	334	338	340	338	340
R^2	0.703	0.706	0.701	0.704	0.700	0.702
F	76.687	78.547	11.390	12.060	11.370	12.030

注:被解释变量为 ln$S$。***表示 $p < 0.01$,**表示 $p < 0.05$,*表示 $p < 0.1$。括号中是稳健标准误。

当被解释变量为 lnrw 时，同样可能存在上述两种内生性问题：包含在残差项中的遗漏变量与主要解释变量相关；技术进步、人均资本存量与资本劳动收益之比存在双向因果关系。因此，我们以表5.3中的(1)、(2)列为基本模型，重复上述的处理内生性的过程，估计结果见表5.5。与表5.3进行比较，可以发现：技术进步仍显著为正且估计系数增大了；人均资本存量的一次项变得较为不显著且估计系数的绝对值有所减小；人均资本的二次项仍显著为负，估计系数的绝对值有微弱的增大。故而，在考虑了内生性问题之后，估计结果没有发生太大的变化，原先的结论基本成立。

表5.5　解释变量滞后一期和工具变量估计结果二

变量	解释变量均滞后一期		l. tfp 作为工具变量		l. tfp、l. ln k、l. (ln k)^2 作为工具变量	
	(1) FE	(2) FE	(3) IV	(4) IV	(5) IV	(6) IV
lntfp	0.877**	1.007***	1.242**	1.396**	1.259**	1.445**
	(0.34)	(0.34)	(0.58)	(0.58)	(0.58)	(0.58)
ln$k$	−0.257	−0.092	−0.415**	−0.207	−0.407**	−0.196
	(0.16)	(0.16)	(0.17)	(0.17)	(0.17)	(0.17)
(ln$k$)^2	−0.046**	−0.082***	−0.050**	−0.083***	−0.054**	−0.095***
	(0.02)	(0.02)	(0.02)	(0.02)	(0.02)	(0.03)
urban	−0.495***	−0.500***	−0.548***	−0.555***	−0.547***	−0.556***
	(0.11)	(0.11)	(0.11)	(0.11)	(0.11)	(0.11)
lngdp	0.150	0.214	0.471***	0.503***	0.490***	0.576***
	(0.13)	(0.13)	(0.15)	(0.15)	(0.16)	(0.16)
soestaff	−0.359	−0.250	−0.114	0.042	−0.118	0.043
	(0.25)	(0.25)	(0.24)	(0.24)	(0.24)	(0.25)
revenue	−0.045***	−0.040***	−0.050***	−0.050***	−0.049***	−0.047***
	(0.01)	(0.01)	(0.01)	(0.01)	(0.01)	(0.01)
expend	0.002	0.002	−0.003	−0.004	−0.003	−0.004
	(0.00)	(0.00)	(0.00)	(0.00)	(0.00)	(0.00)

续 表

变量	解释变量均滞后一期		I. tfp 作为工具变量		I. tfp、I. ln$k$、I. (ln$k$)^2 作为工具变量	
	(1)FE	(2)FE	(3)IV	(4)IV	(5)IV	(6)IV
fdi	0.008*		0.007		0.007	
	(0.00)		(0.01)		(0.01)	
imex		0.002***		0.002***		0.002***
		(0.00)		(0.00)		(0.00)
常数项	−2.842***	−3.588***	−4.687***	−5.358***	−4.816***	−5.830***
	(0.80)	(0.83)	(0.93)	(0.95)	(0.99)	(1.03)
N	331	334	338	340	338	340
R^2	0.686	0.695	0.693	0.701	0.693	0.700
F	71.023	74.670	11.390	12.060	11.370	12.030

注:被解释变量为 lnrw。***表示 $p<0.01$,**表示 $p<0.05$,*表示 $p<0.1$。括号中是稳健标准误。

本章根据前面的理论分析建立计量模型,利用1994—2007 年的省级面板数据进行计量分析。结果显示:①以全要素生产率度量的技术进步会提高要素收入份额以及资本劳动价格之比。②人均资本存量对要素收入份额的影响呈倒 U 形,在其值较低时,人均资本存量的提高会导致要素收入份额的提高,而在其值较高时,人均资本存量的提高会导致要素收入份额的降低,数据显示中国的人均资本存量仍在拐点左边但正在接近拐点。③人均资本存量对资本劳动相对价格的影响为负,且随着人均资本存量的提高,这种负向的影响会越来越大。④城市化率和财政收入占 GDP 比例均有助于降低要素收入份额和资本劳动相对价格。⑤进出口总额占 GDP 比例、出口总额占 GDP 比例、FDI 占 GDP 比例均对要素收入份额和资本劳动相对价格产生正向影响,即降低劳动收入份额,加剧收入不平等。

第六章　技能偏向型技术进步与工资不平等

劳动要素根据技能高低可分为技能劳动和非技能劳动,两类劳动之间的工资不平等即为技能溢价。本章理论分析表明,技能溢价同时取决于技术进步偏向、技能劳动与非技能劳动之间的替代弹性以及技能劳动的相对供给三个方面。利用1997—2010年的省级面板数据进行实证研究,本章发现以全要素生产率指数度量的技术进步对技能溢价的影响具有溢价逆转效应:①1997年—2002年,技术进步提高技能溢价,在全部样本区间技术进步对技能溢价的影响呈倒U形且样本数据大部分在转折点右边。2003—2010年,技术进步对技能溢价的影响呈正U形。②技能劳动相对供给对技能溢价的影响在全部样本时期为负但不显著,在1997—2002年显著为负,在2003—2010年为正但不显著。技能溢价反映了企业对技能劳动的需求与技能劳动供给之间的匹配情况,技能溢价的上升、下降由技能偏向型技术进步和劳动力技能结构的相对变化所决定。

第一节 引 言

中国近年来出现了经济高速增长与收入差距持续扩大并存的现象(邹薇和刘勇,2010;罗楚亮,2012)。对这一现象的探究应当置于中国快速工业化和城市化以及经济全球化、一体化的大背景之下。熊彼特(2012)指出工业化过程的重要特征之一是旧技术不断被新技术替代的"创造性毁灭",具体而言,在宏观上表现为产业结构依次升级和产业分布地区梯次转移的霍夫曼法则,在中观上表现为产业内部从低技术行业向高技术行业的转变,在微观上表现为企业更新先进的机器设备和雇佣与先进机器相匹配的高技能劳动力。因此,在全球化和工业化进程中,技术的快速进步与更新会引致企业对高技能劳动和低技能劳动相对需求的变化。而通过对近年来中国经济发展特征的考察可以发现:一方面,城乡二元分割和农村人口大量向城市转移,这种Lewis(1954)笔下典型的二元结构决定了中国劳动力"无限供给"的事实;另一方面,尽管城市工业部门的迅速发展能够吸纳大量转移劳动力,但农村人口所拥有的农业技能与城市工业部门所需要的工业技能之间存在匹配缺口（邹薇和刘勇，2010）。由于农村人口大多数受教育程度低，学习掌握新技能的能力较弱，他们被迫在城市进行非正规就业，工资水平普遍较低。

由于美国20世纪七八十年代以来工资不平等的持续加剧，一些学者从技术进步偏向的角度对其进行了深入研究。如 Acemoglu（2000、2002a、2003b）和 Aghion et al.（2002b）强调，技术进步的技能偏向性使不同类型劳动（高技能劳动和低技能劳动）报酬增长出现两极分化。国内学者受该系列文献的启发并取得了大量研究成果，但仍存在一些不足，国内文献大多只对"中国是否存在技能偏向型技术进步"（宋冬林等，2010）、"中国的技能溢价是否源于技能偏向型技术"（董直庆和王林辉，2011；董直庆等，2013）这类事实性问题进行了实证研究，而没有深入讨论劳动力技能结构对技能溢价和收入差距的影响。现有文献均假定劳动技能结构为外生给定，事实上，劳动技能结构内生于技能劳动的相对价格。

本章从技术进步的技能偏向性和劳动力供给的技能结构两个方面，探讨它们对技能溢价和收入差距影响的理论机制与实际效应。

第二节　技能劳动的供需及溢价机制

劳动力中各种技能劳动的构成比例即为劳动力的技能结构，本章仅简略地考虑技能与非技能两种劳动。技能劳动既可以胜任需要高技能的工作，也可以从事不需要太多技能的工作，而非技能劳动只能从事技能要求较低的工作。于是，技能劳动力市场和非技能劳动力市场成了两个相互分割的市场，非技能劳动的工资水平和技能劳动的工资水平分别由各自的供求机制决定，技能溢价即为两者之比。两个市场之间并非完全割裂，低技能劳动可通过一定途径转变为高技能劳动，如正规的学校教育、短期职业培训以及"干中学"等人力资本投资，进入高技能劳动力的竞争市场。

一、技能劳动的需求方面

对高技能劳动的需求主要来源于那些需要高技能才能胜任的工作岗位,而高技能的工作岗位则来自企业的技术更新。企业在决定是否更新技术时会权衡采用新技术和保留旧技术的生产率之差异以及由此带来的不同利润。因此,企业是否更新技术的决策在一定程度上内生于其生产成本(劳动、资本等要素的价格)和收益。如果技能劳动的工资成本太高,企业更新技术所需要花费的成本就会过高,追求利润最大化的企业就不会采用新技术,对技能劳动的额外需求就会较少,新技术的扩散也会较慢。Acemoglu(2002a)认为技能劳动与非技能劳动的工资差距可用 20 世纪七八十年代以来现代部门发生的技能偏向型技术进步来解释,而产生技能偏向型技术进步的原因是劳动力技能结构的突变。技能劳动供给短期内的大幅增长通过市场规模效应和要素价格效应最终在长期使得技术进步偏向于技能劳动。

不过对于当前的中国,技术的更新并不是缓慢的,而是类似于技术革命的冲击。新技术在发达国家已非常成熟,在中国通过 FDI 和机器设备的进口快速扩散,所以在中国,技术的更新并不完全内生于要素禀赋,而与国际前沿技术的性质有密切联系。由于技术进步并不是由本国研发部门根据要素禀赋的价格和比较优势自主创新所带来的,存在着外生的技术进步是否与本国的劳动力技能结构相匹配的问题。中国的技术进步是否存在技能偏向?若存在,其中又有多少是技能偏向的呢?随着时间的推移和经济转型的深入,技术进步的性质是否有所变化?Acemoglu(2002c)指出,与第三次产业革命中信息技术广泛应用相关的技术进步的特征普遍是技能偏向的,而工业革命初期技术进步的性质则更加可能是技能替代(也可称为非技能偏向)的。中国正处在剧烈的社会与经济转型过程中,既有工业化初期农村劳动力向工业大量转移、重工业蓬勃发展的现象,同时也有现代信息技术快速普及与深入生活方方面面的特征,因此中国技术进步方向比国外既有的经验更为复杂。

二、技能劳动的供给方面

一个时点上全部就业人口的技能水平和结构决定了当前的劳动力技能

结构。通过 Schultz（1961）的正规或非正规教育形式和 Arrow（1962）的"干中学"，低技能劳动可以转变为高技能劳动，由此形成技能劳动供给的动态变化。非技能劳动是否进行人力资本投资的决策取决于这项投资的收益（技能溢价的水平）和成本（获得技能所需的花费）。当非技能劳动者预期他获得技能后得到的工资高于人力资本投资成本时，他会选择做这项投资。中国技能劳动相对供给存在以下两个特点：第一，从传统农业部门转移到现代工业部门的农民工和产业工人大部分不具备城市大规模生产部门所需要的技能，只能从事低端服务等不需要技能的工作。一方面，他们的初始财富较少；另一方面，在正规资本借贷市场上他们很难取得融资贷款。于是，那些在当前技能溢价水平下有人力资本投资意愿的低技能劳动者由于缺乏资金而无法获得技能的提升。相对于最优状态，这时的非技能劳动供给过多。第二，1998 年大学扩招的政策导致大学毕业生数量持续扩大，大学毕业生的工资水平逐渐走低，甚至与农民工的工资相近。

三、均衡价格——技能溢价

将技能劳动的相对供给和需求两方面的作用结合起来考虑：在短期中劳动供给缺乏弹性，所以供给曲线为一条直线；技能劳动的相对需求和相对供给相互作用，由此形成技能溢价（见图 6.1、图 6.2）。

假定技术进步是外生的，从图 6.1 可以看出，若有一个外生技能偏向型的技术冲击，企业对技能劳动的需求就会提高，于是技能劳动需求曲线就会向外（向右）移动。技能劳动的形成需要一个人力资本投资和积累学习的过程，因此技能劳动供给在短期内缺乏弹性，结果使得技能溢价从 W_h^1/W_l^1 上升到 W_h^2/W_l^2。短期内技能溢价上升快慢与异质性企业的行为有关：经济体中单个企业选择全面更新其生产范式还是逐渐采用新技术；少数企业作为领导者先行而其他大部分企业紧随其后逐渐更新还是所有企业同时更新技术。但在长期中，技能劳动供给具有弹性，可以缓慢调整，提高之后的技能溢价对低技能劳动者有激励效应，使得非技能劳动者更愿意花费一部分成本学习技能成为技能劳动者，于是在长期中会有更多的非技能劳动者进行人力资本投资获得技能,进入技能劳动者的行列,这种现象表现在图上就是技能劳动供给曲线逐渐向右(向外)移动,技能溢价从 W_h^2/W_l^2 到 W_h^3/W_l^3(逐渐下降)。所以,在一个外生的技能偏向型技术冲击下,技能溢价先后经历了快速提高和逐渐降低的过程。但值得注意的是,W_h^1/W_l^1 与 W_h^3/W_l^3 孰高孰低仍是不确定的,取决于技能劳动供给和需求变动的相对幅度。

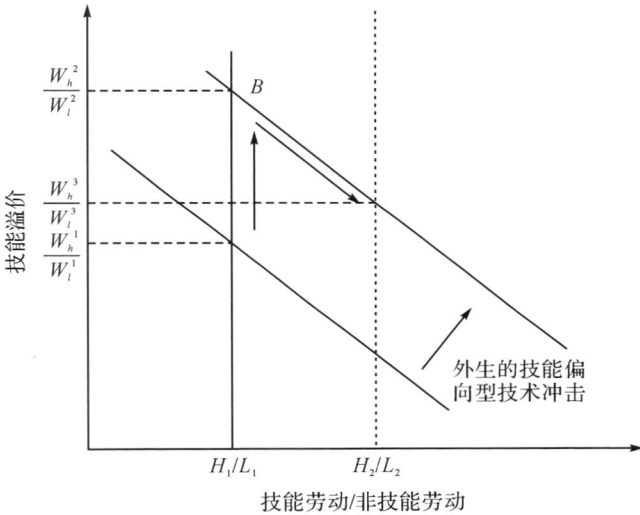

图 6.1 技能偏向型技术进步外生时的技能劳动市场供求关系

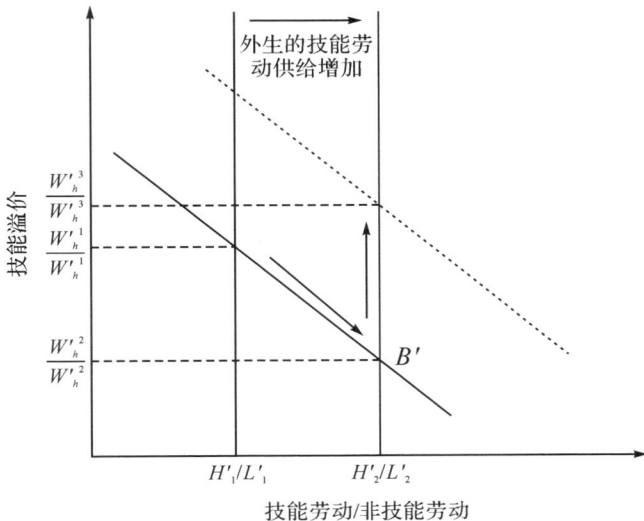

图 6.2 技能劳动供给外生时的技能劳动市场供求关系

同样的道理，从图 6.2 可以看出，假定技能劳动供给外生，技术进步内生，技能劳动供给的外生增加会使技能溢价在短期内大幅下降，从 W'^1_h/W'^1_l 下降到 W'^2_h/W'^2_l。而在长期，会引致研发部门更多地开发偏向于技能劳动的技术产品，最终产品生产部门也会更多地购买、应用需要技能劳动与之相匹配的机器设备，于是最终产品生产部门对高技能劳动的需求会进一步增加，最终又会使技能溢价从 W'^2_h/W'^2_l 上升到 W'^3_h/W'^3_l。同样地，W'^1_h/W'^1_l 与 W'^3_h/W'^3_l 孰高孰低取决于技能劳动相对供给和企业对高技能劳动需求的相对变动幅度。

四、技能溢价的数理表述

假定全部就业人数中非技能劳动数量为 L，技能劳动数量为 H，每个劳动者在一个时点上无弹性地提供 1 单位劳动，劳动力市场完全竞争。厂商同时使用两种劳动进行生产，如果忽略资本要素，可将厂商的生产函数设为如下的 CES 形式：

$$Y = \left[(A_l L)^\rho + (A_h H)^\rho \right]^{\frac{1}{\rho}} \tag{6-1}$$

其中：A_l、A_h 表示要素增强型技术进步项；$\sigma = \dfrac{1}{1-\rho}$，是技能劳动对非技能劳动的替代弹性，即技能劳动与非技能劳动的边际产出之比变动 1 个百分点，企业做出调整，技能与非技能劳动要素投入的比值（H/L）发生变化的程度（其中 $\rho \leqslant 1$）。当 $\sigma \to 0$，函数变成 Leontief 形式，技能劳动与非技能劳动在生产中完全互补；当 $\sigma \to \infty$，技能劳动与非技能劳动完全替代，就不存在技能溢价；当 $\sigma \to 1$，函数变为 C-D 形式。技能劳动与非技能劳动在生产上的替代弹性的大小对于解释技能溢价非常重要，正是由于不容易被替代，技能劳动者才拥有主动权或谈判权来维持他们相对于非技能劳动者的高工资。替代弹性显示了技能劳动相对于非技能劳动的重要性和稀缺性。劳动力市场完全竞争时，劳动力的报酬等于其边际生产力，假设产品价格标准化为 1，则将产出分别对技能劳动和非技能劳动求一阶导数可得到在竞争性条件下各自的工资水平。技能劳动者工资与非技能劳动者工资分别为：

$$w_H = \frac{\partial Y}{\partial H} = A_h^\rho \left[A_l^\rho \left(\frac{H}{L} \right)^{-\rho} + A_h^\rho \right]^{\frac{1-\rho}{\rho}} \qquad (6\text{-}2)$$

$$w_L = \frac{\partial Y}{\partial L} = A_l^\rho \left[A_l^\rho + A_h^\rho \left(\frac{H}{L} \right)^{\rho} \right]^{\frac{1-\rho}{\rho}} \qquad (6\text{-}3)$$

技能劳动者工资比上非技能劳动者工资便是技能溢价：

$$w = \frac{w_H}{w_L} = \frac{A_h^\rho \left[A_l^\rho \left(\frac{H}{L} \right)^{-\rho} + A_h^\rho \right]^{\frac{1-\rho}{\rho}}}{A_l^\rho \left[A_l^\rho + A_h^\rho \left(\frac{H}{L} \right)^{\rho} \right]^{\frac{1-\rho}{\rho}}} = \left(\frac{A_h}{A_l} \right)^{\rho} \left(\frac{H}{L} \right)^{-(1-\rho)} = \left(\frac{A_h}{A_l} \right)^{\frac{\sigma-1}{\sigma}} \left(\frac{H}{L} \right)^{-\frac{1}{\sigma}}$$

$$(6\text{-}4)$$

式（6-4）两边取对数得：

$$\ln w = \frac{\sigma-1}{\sigma} \ln \left(\frac{A_h}{A_l} \right) - \frac{1}{\sigma} \ln \left(\frac{H}{L} \right) \qquad (6\text{-}5)$$

从式（6-5）可以看到，技能溢价取决于三个方面的因素：以 A_h 与 A_l 比值表示的技术进步偏向、以 H 与 L 的比值表示的技能劳动的相对供给情况、以参数 σ 表示的替代弹性。大多数文献将一国的劳动要素禀赋和劳动力技能结构 H/L 视为外生给定，而认为 A_h/A_l 表示的技术进步偏向内生于劳动要素禀赋的变化，所以最终的技能溢价就仅仅与劳动要素禀赋的变化及替代弹性等外生参数有关。我们认为技术进步偏向同样会引起劳动要素禀赋的变化，一定程度上外生的技能偏向型技术冲击会导致劳动力市场上技能劳动者与非技能劳动者相对工资的变化，使得劳动者的人力资本投资决策发生改变，进而要素禀赋结构也发生改变。

第三节　计量模型和变量

宋冬林等（2010）的模型设定以技能溢价的对数为因变量，解释变量包括技术进步、人力资本、物质资本、对外贸易等，数据为全国层面时间序列。另外，邵敏和刘重力（2010）也以技能溢价对数为因变量，利用行业面板数据将研发投入（R&D）、行业技能劳动力相对供给、行业出口贸易密集度等作为解释变量进行了计量分析。本章则采用基于 1997—2010 年的 29 个省份的面板数据对技能溢价进行分析，设定计量模型：

$$\mathrm{wgap}_{it} = \beta_0 + \beta_1 \mathrm{tech}_{it} + \beta_2 \left(\frac{H}{L}\right)_{it} + \gamma X_{it} + a_i + \varepsilon_{it} \qquad (6\text{-}6)$$

其中，wgap 表示技能溢价，tech 表示技术进步，H/L 表示技能劳动相对供给。X 表示一组对技能溢价有较大影响的控制变量，下标 i、t 分别表示省份和年份，a_i 为省份非观测效应，ε_{it} 是误差项。最终的数据包含 29 个省份（西藏和重庆由于数据缺失过多将其剔除），时间跨度为 14 年。数据来源于《中国人口与就业统计年鉴》（2006—2011 年）、《中国人口统计年鉴》（1997—2005年）、《中国统计年鉴》（1997—2011 年）、《新中国六十年统计资料汇编》以及中国经济信息网。

　　度量技能溢价比较合适的指标是大学毕业生的工资与高中毕业生的工资之比，但由于缺乏数据，本章不得不采用其他的度量方式。低技能劳动者工资用技术工人较少的行业的平均工资来替代，高技能劳动者工资则用技术工人较多的行业的平均工资来替代，两者之比就可作为真实技能溢价的一个近似代理指标。Liu（2009）用科学技术业的平均工资比上制造业平均工资来度量技能溢价。同样衡量技能溢价，宋冬林等（2010）的度量方法却完全不同，其用制造业平均工资比上农林牧渔业平均工资来度量技能溢价。借助于 2003 年的《中国劳动统计年鉴》比较 2002 年 16 个行业大类的技术工人占总就业人数的比例高低，笔者发现技术工人占该行业总就业人数比例最低的行业依次是农林牧渔业、批发零售业和建筑业，而技术工人占比最高的行业依次是教育、卫生、社会保障和福利业、科学研究、技术服务和地质勘查业，制造业由低到高排在第 5 的位置上。考虑到教育行业以及卫生行业仍是计划体制，其工资水平不能反映市场价格。本书度量技能溢价的指标采用科学研究和技术服务行业平均工资与农林牧渔业平均工资之比，以及上述两篇文献中的技能溢价度量指标。

　　技术进步的度量一直是学界的一个难题，现有通常做法是用全要素生产率（TFP）代替，而 TFP 是剔除资本和劳动等投入对经济增长的贡献后的残余,它既包含了技术进步对经济增长的贡献,也包含了许多其他没有体现在生产函数中但对经济增长有实质贡献的因素(如企业规模的优化、管理效率的改善等)。较为先进的计算 TFP 的方法是 DEA 数据包络法,可将技术配置效率与纯技术进步分解开来。邵敏和刘重力(2010)则用本国自主研发投入与出口贸易密集度来表示技术进步。本章采用 DEA 数据包络法中的 Malmquist 指数方法计算的 TFP 来度量技术进步,所用数据包括两种投入(各地区资本存量、劳动投入)和一种产出(实际 GDP)。资本存量的计算采用张军等(2004)的方法,劳动数量用从业人员来度量。

技能劳动相对供给的度量指标应反映一个时点上新增劳动力的技能结构。本书拟用三个指标来度量技能劳动的相对供给状况:①大专及以上学历人数占总抽样人数的比例;②大专及以上学历人数与高中学历人数之比;③人均受教育年限。数据来源于 1990—2005 年的《中国人口统计年鉴》以及 2006—2012 年的《中国人口与就业统计年鉴》。人均受教育年限的近似计算方法为:大专及以上比重×15 + 高中比重×12 + 初中比重×9 + 小学比重×6 + 文盲比重×0。在过去的 20 多年里,人均受教育年限平稳上升,1990 年为 6.24 年,到 2011 年上升为 8.75 年。

第四节 回归结果

一、全国时间序列数据

图 6.3 反映了 1978—2011 年全国数据的技能溢价三个度量指标的变化趋势,可以清楚地看到:①科学技术业与农林牧渔业的平均工资之比从最低时的 1.30(1982 年)上升到最高时的 3.62(2008 年),上升趋势非常明显,之后又呈现出轻微下降的趋势。②科学技术业平均工资与制造业平均工资之比以及制造业平均工资与农林牧渔业平均工资之比同样也有一定程度的上升。

在 1992 年之前,技能溢价较为平稳。1992 年之后,技能溢价开始逐步上升。技能溢价的上升与中国的市场化进程同步,反映了劳动力市场的逐步自由竞争化和分配制度从按劳分配到按各种生产要素分配的过程。不同技能水平的劳动者理应存在适当的工资差距以补偿其人力资本的投资成本,在自由竞争的劳动力市场上,均衡时的技能溢价应满足:技能劳动者的高工资扣除其获得技能所需付出的成本后的终生贴现值与非技能劳动者的低工资的终生贴现值应该相等。否则,劳动力市场上"看不见的手"就会通过技能溢价的信息作用和激励作用引导劳动供给的个人和劳动需求的企业,使之趋向均衡。而中国在经济转轨的过程中,劳动力市场从原先的压抑状态逐渐走向自由,技能溢价的变动反映了劳动力市场的真实供需状况,也包含了其他抑制劳动力流动的户籍制度、行业准入等制度的影响。

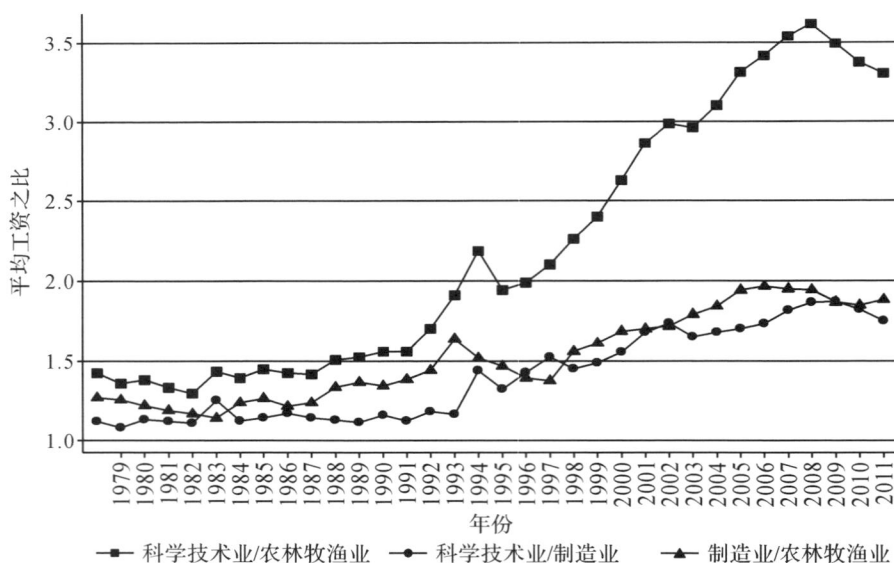

图 6.3 技能溢价变化趋势

从全国的时间序列数据中可以大致了解到中国的技能溢价自 1978 年以来一直处于不断上升的趋势,不过 2008 年以来有轻微的下降。技能溢价与技术进步以及技能劳动供给之间的关系较为复杂,技能溢价的变动可能由技术进步与技能劳动供给的相对变化率所决定。

二、省级面板数据

本书计量所需用到的各变量的含义说明和描述性统计见表 6.1。被解释变量包含三个度量技能溢价的指标:科学技术业与农林牧渔业平均工资之比 premium1、科学技术业与制造业平均工资之比 premium2、制造业与农林牧渔业平均工资之比 premium3。其中 premium1 作为技能溢价的主要度量指标,其他两个指标在稳健性检验时作为被解释变量。技术进步用 DEA 数据包络法计算出来的全要素生产率指数 tfp 来度量。技能劳动相对供给包含三个相关的指标:大专及以上学历人数占总抽样人数的比例 skill0、大专及以上学历人数与高中学历人数之比 skill1、人均受教育年限 edu。其中 skill0 作为技能劳动相对供给的主要衡量指标,其他两个指标在稳健性检验时作为解释变量。需要说明的是,后面的计量分析中,涉及技能劳动供给时,用的都是增长率的指标,即大专及以上学历人数占总抽样人数的比例的变化率 rskill0、大专及以上学历人数与高中学历人数之比的变化率 rskill1、人均受教育年限的变化率 redu。

表 6.1 主要变量描述性统计

变量		经济含义	观测数	均值	标准差	最小值	最大值
被解释变量 (技能溢价)	premium1	科学技术业平均工资/ 农林牧渔业平均工资	435	2.23	0.66	1.24	5.03
	premium2	科学技术业平均工资/ 制造业平均工资	435	1.49	0.27	0.99	2.35
	premium3	制造业平均工资/农林 牧渔业平均工资	435	1.51	0.38	0.67	3.41
主要解释 变量(技术 进步)	tfp	全要素生产率指数	406	1.06	0.06	0.86	1.28
主要解释 变量 (技能劳动 相对供给)	skill0	大专及以上学历人数 占总人数百分比	435	6.19	4.83	0.74	32.84
	skill1	大专及以上学历人数/ 高中学历人数	435	0.43	0.19	0.11	1.48
	edu	人均受教育年限(年)	435	7.82	1.02	4.67	11.15

续　表

变量		经济含义	观测数	均值	标准差	最小值	最大值
控制变量 (经济发展)	pergdp	实际人均 GDP(元)	435	4405	4628	625	36506
	perk	人均固定资本存量(元)	435	9970	13448	477	84020
控制变量 (经济结构 变迁)	urban	城市就业人口/总人口	435	11.24	6.29	4.91	37.52
	first_ind	第一产业产值/GDP(%)	435	15.78	8.32	0.66	51.85
	sec_ind	第二产业产值/GDP(%)	435	44.69	7.97	19.52	60.46
控制变量 (政府行为)	revenue	财政收入/GDP(%)	435	7.40	2.32	3.33	17.52
	expend	财政支出/GDP(%)	435	15.28	6.86	5.1	55.05
控制变量 (对外贸易 和全球化)	imex	进出口总额/GDP(%)	435	32.71	41.63	3.21	179.93
	im	进口总额/GDP(%)	435	16.24	24.71	0.77	141.88
控制变量 (市场化 进程)	soe	国企员工/就业人数(%)	435	65.97	15.00	24.38	103.39

此外,模型中加入的控制变量包括:控制经济发展水平的人均固定资本存量(perk)和实际人均 GDP(pergdp),表示产业结构变迁的第一产业产值占 GDP 比重(first_ind)、城市化率(urban)以及第二产业产值占 GDP 比重(sec_ind),控制体制转型的因素的国企员工占总就业人数比重(soe),反映政府行为影响的地方政府财政收入占比(revenue)和财政支出占比(expend),还有反映对外贸易和全球化的进出口总额占比(imex)以及进口总额占比(im)。

由于固定效应模型在估计系数的精确度上总是不差于随机效应模型,所以可以直接采用面板数据固定效应模型对全部样本时期数据进行回归估计,采用的策略是逐步加入控制变量,以检验主要解释变量的稳健性,基本的估计结果见表6.2。

表 6.2 基本估计结果

变量	(1)	(2)	(3)	(4)	(5)	(6)
tfp	− 0.579	8.762 ***	5.175 *	4.354 **	3.740 **	3.491 **
	(− 0.39)	(− 2.74)	(− 2.60)	(− 1.66)	(− 1.63)	(− 1.69)
tfp^2		− 4.452 ***	− 2.594 *	− 2.215 **	− 1.924 **	− 1.808 **
		(− 1.37)	(− 1.29)	(− 0.81)	(− 0.79)	(− 0.83)
rskill0	− 0.081	− 0.091	− 0.096	− 0.068	− 0.068	− 0.066
	(− 0.10)	(− 0.10)	(− 0.10)	(− 0.09)	(− 0.09)	(− 0.09)
lnpergdp	1.240 ***	1.225 ***	1.120 ***	1.275 ***	1.139 ***	1.106 ***
	(− 0.31)	(− 0.33)	(− 0.32)	(− 0.29)	(− 0.22)	(− 0.21)
lnperk	− 0.611 **	− 0.606 **	− 0.431 *	− 0.385	− 0.297	− 0.29
	(− 0.26)	(− 0.27)	(− 0.25)	(− 0.24)	(− 0.18)	(− 0.18)
urban	− 0.042 ***	− 0.041 ***	− 0.038 ***	− 0.047 ***	− 0.049 ***	− 0.050 ***
	(− 0.01)	(− 0.01)	(− 0.01)	(− 0.01)	(− 0.01)	(− 0.01)
first_ind			− 0.006 **	− 0.005	− 0.006	− 0.006
			(− 0.01)	(− 0.01)	(− 0.01)	(− 0.01)
sec_ind			− 0.024 ***	− 0.024 ***	− 0.025 ***	− 0.024 ***
			(− 0.01)	(− 0.01)	(− 0.01)	(− 0.01)
revenue				0.002	− 0.003	− 0.004
				(− 0.02)	(− 0.02)	(− 0.02)
expend				− 0.030 ***	− 0.028 ***	− 0.028 ***
				(− 0.01)	(− 0.01)	(− 0.01)
imex					0.006 **	0.006 **
im					− 0.007 **	− 0.007 **
soe						− 0.001
常数项	− 1.392	− 6.214 ***	− 4.017 **	− 4.719 ***	− 4.052 **	− 3.646 **
	(− 0.85)	(− 1.83)	(− 1.79)	(− 1.60)	(− 1.54)	(− 1.75)
N	406	406	406	406	406	406

续 表

变量	（1）	（2）	（3）	（4）	（5）	（6）
R^2	0.3609	0.3651	0.3907	0.4291	0.4342	0.4344
F	152.691	353.93	216.108	358.965	3562.95	2907.387

注：被解释变量为 premium1。***表示 $p<0.01$，**表示 $p<0.05$，*表示 $p<0.1$，括号里是标准误。

当模型中只加入技术进步的一次项，没有二次项时，技术进步对技能溢价的影响为负且不显著［见表6.2第（1）列］，而加入技术进步二次项后，技术进步的一次项和二次项均显著且一次项为正，二次项为负［见表6.2第（2）列］，说明技术进步对技能溢价的影响为倒 U 形曲线：在技术进步率较低时，技术进步提升技能溢价；而在技术进步率较高时，技术进步降低技能溢价。第（2）列至第（6）列不断加入控制变量，技术进步的显著性没有改变，说明技术进步对技能溢价的影响效应非常稳健。倒 U 形曲线的转折点范围是 0.972~0.997，而 tfp 的均值为 1.06，所以大部分样本点在转折点右边，也有部分样本点在转折点左边。全部样本区间内中国的技术进步总体来说会降低技能溢价，呈现出非技能偏向（或技能替代）的特征。另外，技能劳动相对供给的系数为负但不显著，可能是增加的大专及以上学历劳动者所拥有的技能可能与企业所需要的技能并不匹配，因此技能劳动的增加并不能满足企业对技能劳动的强烈需求，故而也不能使技能溢价下降。

其他控制变量中较为稳健的有：实际人均 GDP 显著提升技能溢价，随着经济发展水平的提高、分工的不断细化以及知识经济的到来，技能与知识在生产过程中发挥着越来越重要的作用，理应得到更多的回报。同时，知识的学习和积累也存在规模报酬递减效应，掌握更加前沿的技能所需要付出的成本也会增大，所以经济发展水平对技能溢价正向影响符合直觉。城市化率显著降低技能溢价，第二产业产值占 GDP 比重降低技能溢价。这两个变量代表中国社会人口结构的变迁和经济结构的变迁，城市就业增加的人口大部分是农村外出务工者，他们进入的行业主要是第二产业中的劳动密集型低技术行业,城市化率和第二产业产值占 GDP 比重的提高能降低技能溢价说明城市中的第二产业能够提供较多适合农村流动劳动力就业的岗位。财政支出占比降低技能溢价,这说明政府的干预措施,如对某些行业进行补贴能提高低技能劳动者的工资,但财政收入占比却对技能溢价影响不显著,说明通过税收来调节收入的效应几乎不存在。进口总额占比降低技能溢价,进出口总额占比提升技能溢价。通常认为中国的技术进步方式主要是向发达国家学习成熟技术而非自主研发,具体的途径就是购买先进机器设备,所以进口占比有时可作为技术进步的代理变量,进口占比降低技能溢价说明中国通过国际贸易购买的机器设备更多的是技能替代的,可以节约技能劳动力而多使用非技能劳动力。进出口总额占比反映了外贸依存度和参与全球化的水平,国际贸易理论中的赫克歇尔-俄林理论(H-O 定理)(Ohlin,1935)指出全球化使得国际劳动分工成为可能,欠发达国家的低技能劳动具有比较优势,其工资会随着国际贸易的发展而增长,计量结果符合这一定理。国企员工占比 soe 对技能溢价影响为负但不显著。

在之前基本模型设定的基础上,本书用不同的度量指标来进行稳健性检验,详见表 6.3 中第(1)列至第(4)列。其中第(1)列将被解释变量更换为科学技术业与制造业平均工资之比 premium2,第(2)列将被解释变量更换为制造业与农林牧渔业平均工资之比 premium3,第(3)列将度量技能劳动供给的大专及以上学历人数占总抽样人数的比例的变化率 rskill0 更换为大专及以上学历人数与高中学历人数之比的变化率 rskill1,第(4)列将 rskill0 更换为人均受教育年限的变化率 redu。对于技能劳动供给指标的变化,模型较为稳健,系数和显著性都没有太大的变化。不过模型对技能溢价的度量方法较为敏感:技能溢价度量指标为 premium1 和 premium2 时,技术进步系数相近且显著性水平很高;技能溢价度量指标为 premium3 时,技术进步的系数和显著性水平都不理想。

表6.3　稳健性检验及分时段回归

变量	(1) premium2	(2) premium3	(3) rskill1	(4) redu	(5) premium1 (1997—2002 年)	(6) premium1 (2003—2010 年)
tfp	3.593*** (−1.18)	−0.427 (−1.58)	3.636** (−1.54)	3.472* (−1.99)	0.419** (−0.17)	−12.159*** (−3.72)
tfp^2	−1.859*** (−0.58)	0.297 (−0.77)	−1.833** (−0.74)	−1.753* (−0.94)		5.638*** (−1.73)
rskill0	−0.047 (−0.04)	0.002 (−0.02)			−0.076* (−0.04)	0.015 (−0.03)
rskill1			−0.085 (−0.12)			
redu				−0.628* (−0.33)		
N	406	406	406	406	174	232
R^2	0.2683	0.3015	0.4289	0.4305	0.6096	0.1471
F	381.275	151.742	83.143	123.331	80.551	610000000

注：控制变量进入模型，此处省略。***表示 $p < 0.01$，**表示 $p < 0.05$，*表示 $p < 0.1$，括号里是标准误。

由于中国统计年鉴中行业分类标准在 2003 年做过变更，科学技术行业在变更前后所涵盖的细分行业有所不同，所以本书以 2002 年为断点，将全部样本时期分为两段分别进行回归，详见表 6.3 中第（5）列和第（6）列。分段回归结果与全部样本时期的回归结果有很大差异，1997—2002 年的面板数据回归表明技术进步对技能溢价起显著提升作用，而 2003—2010 年的数据显示技术进步对技能溢价的影响呈正 U 形，转折点在 1.078，而这段时间 tfp 的均值为 1.072，两者非常接近，不能判定技术进步对技能溢价的影响，只能说在技术进步较快时，技术进步提高技能溢价，在技术进步较慢时，技术进步降低技能溢价。

第七章　劳动所得公平吗？劳动收入份额与劳动产出弹性的比较

本章首先明确劳动收入份额是否公平的判断依据，即是否与生产技术所决定的劳动产出弹性较为接近，其次考察企业层面劳动收入份额和工资的实际值，然后利用企业数据分别从 C-D 和 CES 生产函数中估算劳动产出弹性与要素边际生产率，最后将劳动收入份额实际值与劳动产出弹性进行比较，同时将工资与劳动边际生产率相比较，发现除个别特殊行业外，劳动收入份额均小于劳动产出弹性。

第一节　引　言

虽然古语有言"不患寡而患不均"，但是历史经验告诉我们，"寡"和"不均"同样需要避免，不能偏执一端。随着 40 多年来的 GDP 快速增长，如今对"寡"的忧虑已经大大缓解，同时对于"不均"的担忧日益增长。然而仔细推敲，"不患不均而患不公"可能更符合当下中国的现实。人们真正不能接受的是不公平，而非不均等。如果说不寡与均等（或者说效率与平等）存在一定程度的矛盾（奥肯，2013），那么不寡与公平则几乎不存在任何矛盾，在更多情况下是相互促进的。

大多数人期待的是得到公平的对待，取得公平的收入，而非完全平均。公平到底是什么？众说纷纭。柏拉图说，公平就是让每个人得到他应得的（Justice is to let everyone gets what he deserves）。然而什么才是应得的，应得的标准是什么呢？柏拉图认为是美德，亚里士多德认为是物尽其用、人尽其才。平等主义者如罗尔斯认为，一个公正的社会必须符合需要原则和差异原则；自由主义者如诺齐克认为，公正社会是政府的作用仅限于保障人们的基本权利；功利主义者如边沁、穆勒认为，公正的唯一判定标准就是是否提升了整体效用（罗尔斯，2001；诺齐克，1991，弗莱施哈克尔，2010）。对于怎样的社会是一个完全公正的社会，有众多不同的见解，并且在短期内看不到达成一致意见的可能。比起寻找一个理想中的公正社会，识别出明显的不公正并消除它于现实是更有裨益的（森，2006）。

　　公平正义是伦理学和政治哲学探讨的主要议题，其中源流复杂，本书仅将公平放在经济利益中看，以避免抽象的概念思辨。问题可以简化成：在市场经济中，什么是公平的收入？那就是按贡献所取得的收入，也即按要素投入所进行的分配：根据生产要素的投入和对产出的贡献，来决定分配的产出份额。这实际上就是自由主义者的公正观念。

　　劳动收入所应得的公平份额就是劳动投入对于产出的贡献，这与生产技术有关，是由生产函数所决定的劳动产出弹性。类似地，劳动者所应得的工资就是他的边际生产率，而劳动的边际生产率同样与生产函数以及劳动数量有关。那么将实际的劳动收入份额与生产技术所决定的劳动产出弹性相比较，或者将实际工资与劳动边际生产率相比较，就能判断劳动所得是否公平。

　　本书将技术进步偏向所导致的劳动产出弹性变化以及由此引起的劳动收入份额变化暂时视为是公平的，而将劳动收入份额对劳动产出弹性的背离视为不公平。前者是否公平需要细究技术进步的性质及其原因，在不考虑技术进步方向的内生性时暂且将其视为公平，而后者则明显是不公平的。故而将两者分开来考虑并且重点关注在中国现实背景下的后者显得格外重要。用不太严谨的语言可以表述为：前者是市场因素所导致的劳动收入份额水平及其变化，而后者是制度因素导致的劳动收入份额水平和变化。

　　本章余下部分首先从实际数据中观察劳动所得实际的数值和变化情况，然后从生产函数出发，通过投入产出的数据推算劳动产出弹性，再将两者对比从而得到实际值与公平值的差异。

第二节　实际值——劳动收入份额

　　本章利用中国工业企业数据库 1998—2007 年的数据来观察企业层面实际的劳动收入份额。中国工业企业数据库包含了所有国有企业和规模以上（年主营业务收入 500 万元以上）非国有工业企业，包含采矿业、制造业、电力燃气及水的生产和供应业,制造业中包含编码为 13 至 43 的 30 个行业大类。这是一个非平衡面板数据,每年有二三十万条观测数据,10 年总共有 264 万多条观测数据。

由于数据库的样本容量非常大,但数据质量不是特别高,为了提高数据质量,本章参考 Brandt(2012)的方法剔除异常值:首先去除明显不符合财务会计原则的数据样本,删去所有者权益加负债与资产的差额大于等于资产的 1% 的样本,删去流动资产大于总资产的样本,删去累计折旧小于本年折旧的样本,删去总资产小于固定资产合计的样本,删去实收资本、主营业务收入、工业总产值、中间投入、固定资产为负的样本。然后删去关键变量工资总额存在缺失值及小于等于 0 的样本。最后总共得到 224 万多条观测数据。

要得到劳动收入份额,就需要选择劳动者报酬和增加值的指标。本书第三章第一节已有说明,不再赘述。稍有不同的一点是这里多计算了一个劳动者报酬的指标 wl4(见表 7.1)。它比 wl3 的口径更宽,多加了间接税的一个比例,这个比例为 wl3/(wl3 + 折旧 + 营业利润 + 利息支出),这样处理的目的是把间接税按这个比例还原为劳动收入和资本收入,以得到劳动和资本按贡献应该得到的回报,而不必扣除政府部门的税收。资本存量可用企业的固定资产来表示,劳动数量用从业人数表示。以上基本变量的描述和简单统计见表 7.1。从表 7.1 中可以发现各变量的均值和中位数相差较大,这说明变量的分布不是正态分布形式,而是左偏右长尾的。大部分企业各变量的数值小于均值,在中位数附近,小部分企业的数值远远大于均值,拉高了均值。在这种分布形态下,中位数更能反映真实的情况。计算过程中一个值得注意的现象是,收入法计算的增加值明显小于生产法计算的增加值。对分行业的两种增加值的中位数进行比较发现,只有烟草制品业和电力、燃气及水的生产和供应业大类下的三个行业的收入法增加值大于生产法增加值,其他行业均是生产法增加值大于收入法增加值。可能的原因是那三个行业的企业低报了产值而其他行业的企业高报了产值,所以以收入法计算的增加值更接近真实情况。

表 7.1　基本变量描述性统计

变量	变量描述	单位	观测数	均值	中位数
wl1	工资 + 福利费	千元	1785763	4544.32	1297.00
wl2	工资 + 福利费 + 失业保险费	千元	1498844	4916.28	1368.00
wl3	工资 + 福利费 + 失业保险费 + 养老和医疗保险 + 住房公积金和补贴	千元	1030754	5774.47	1493.00
wl4	工资 + 福利费 + 失业保险费 + 养老和医疗保险 + 住房公积金和补贴 + 间接税 × 比例	千元	1030729	7376.92	1907.14
y0	工业总产值 − 中间投入 + 增值税	千元	1542720	24270.90	5257.00
y1	wl1 + 折旧 + 营业利润 + 利息支出 + 间接税	千元	1785762	17565.16	3401.00
y2	wl2 + 折旧 + 营业利润 + 利息支出 + 间接税	千元	1498843	18488.25	3603.00
y3	wl3 + 折旧 + 营业利润 + 利息支出 + 间接税	千元	1030754	20655.74	3914.00
k	固定资产合计	千元	1785763	31339.74	3819.00
l	从业人数	人	1678035	271.59	107.00

　　有了这些基本变量，就可以计算劳动收入份额、工资、资本回报率了。劳动者报酬的不同度量除以增加值的不同度量就得到劳动收入份额；劳动者报酬除以劳动投入就得到工资；增加值减去劳动收入得到总资本收入，除以资本存量就得到总资本回报；利息支出除以负债就得到借贷资本的回报，也即企业面临的资金成本或贷款利率；总资本收入减去利息支出得到自有资本的收入，除以所有者权益就是自有资本的回报率，相当于每股收益率。生成的新变量的具体含义、计算方法和简单统计见表 7.2。

　　劳动收入份额的八个度量指标均值为 0.39 ~ 0.58，中位数为 0.25 ~ 0.54。实际拿到的工资均值为 15 ~ 27 千元/年，中位数为 12 ~ 20 千元/年。企业固定资本的回报率与宏观中的总资本回报率应该是可比的，使用生产法增加值计算得到的资本回报率比使用收入法增加值计算的资本回报率高很多，后者与第三章中宏观数据的计算结果较为接近。用收入法增加值计算的固定资本回报率 r11（剔除间接税）中位数为 0.28，r43（包含部分间接税）中位数为 0.42。借贷资本的回报率也就是企业面临的贷款利率，中位数为 3.23%。贷款利率很可能是被低估了，因为计算时分母中包含了除应付账款外的所有负债，涵盖的范围太广了，企业负债中除了外部融资还有其他很多应付款项，而这些应付款项是不需要支付利息的。虽然它被低估了，但是它在一定程度上仍然能反映企业在融资成本上的差异。自有资本的回报率反映了企业从每单位所有者权益中得到的投资回报，是企业资本所有者最终真正收到的税前息后回报，这个回报率直接对企业的投资行为产生激励效应。同样地，使用生产法增加值计算的自有资本回报率比用收入法增加值计算的结果高很多，更加可信的是 re11 和 re43，中位数为 0.18 和 0.28。

表 7.2 劳动收入份额、工资、资本回报率计算结果

变量	变量描述	变量计算方法	观测数	均值	中位数
ls_{10}		wl1/y0	1541783	0.4521	0.2568
ls_{20}		wl2/y0	1255292	0.3924	0.2573
ls_{30}		wl3/y0	787356	0.3920	0.2682
ls_{40}	劳动收入份额	wl4/y0	787339	0.4497	0.3438
ls_{11}		wl1/y1	1785708	0.4355	0.3936
ls_{22}		wl2/y2	1498812	0.4370	0.3954
ls_{33}		wl3/y3	1030732	0.4373	0.4106
ls_{43}		wl4/y3	1030711	0.5736	0.5304
w1		wl1/l	1670790	15.99	12.06
w2	工资 （千元/年）	wl2/l	1383871	17.29	13.00
w3		wl3/l	1030753	20.38	15.20
w4		wl4/l	1030728	26.47	19.58
r10		（y0−wl1−间接税）/k	1542719	5.0007	0.6536
r20		（y0−wl2−间接税）/k	1255800	4.7020	0.6918
r30	固定资本回报率	（y0−wl3−间接税）/k	787713	4.5626	0.7854
r11		（y1−wl1−间接税）/k	1785762	1.4953	0.2834
r40		（y0−wl4）/k	787696	4.9660	0.9042
r43		（y3−wl4）/k	1030729	1.8183	0.4246
rf	借贷资本回报率	利息/（负债−应付账款）	598725	0.3303	0.0323

续 表

变量	变量描述	变量计算方法	观测数	均值	中位数
re10		（y0 − wl1 − 间接税 − 利息）/ 所有者权益	1538392	2.9928	0.4364
re20		（y0 − wl2 − 间接税 − 利息）/ 所有者权益	786078	3.0527	0.4926
re30	自有资本 回报率	（y0 − wl3 − 间接税 − 利息）/ 所有者权益	786078	3.0527	0.4926
re11		（y1 − wl1 − 间接税 − 利息）/ 所有者权益	1780861	1.0351	0.1820
re40		（y0 − wl4 − 利息）/所有者权益	786061	3.6043	0.5728
re43		（y3 − wl4 − 利息）/所有者权益	1028520	1.9393	0.2768

第三节 公平值——劳动产出弹性

一、C–D 函数设定下的劳动产出弹性

不同行业的生产技术差异较大，要素产出弹性应当存在着差异，所以不同行业需要分开估计。生产函数设为 C–D 形式：

$$Y = AK^{\alpha}L^{\beta},$$

取对数可得计量方程：

$$\ln Y_{it} = \ln A + \alpha \ln K_{it} + \beta \ln L_{it} + \varepsilon_{it}。$$

其中，α 和 β 就是需要估计的产出弹性。当 $\alpha + \beta = 1$ 时，规模报酬不变，简化后的计量方程为：

$$\ln(Y_{it}/L_{it}) = \ln A + \alpha \ln(K_{it}/L_{it}) + \varepsilon_{it}。$$

用固定效应面板数据分行业进行估计，可以得到 α 和 β 的估计值，结果见表7.3。在不限定 $\alpha + \beta = 1$ 时，大部分行业的 $\alpha + \beta < 1$，呈现规模报酬递减的特征，劳动产出弹性估计值在限定 $\alpha + \beta = 1$ 时较高。

表7.3 C-D函数设定下的要素产出弹性

代码	行业	不限定 $\alpha + \beta = 1$		限定 $\alpha + \beta = 1$	
		β	α	β	α
6	煤炭开采和洗选业	0.305	0.474	0.352	0.648
7	石油和天然气开采业	0.344	0.550	0.357	0.643
8	黑色金属矿采选业	0.371	0.518	0.393	0.607
9	有色金属矿采选业	0.369	0.376	0.394	0.606
10	非金属矿采选业	0.26	0.362	0.352	0.648
13	农副食品加工业	0.274	0.470	0.346	0.654
14	食品制造业	0.272	0.469	0.343	0.657
15	酒、饮料和精制茶制造业	0.221	0.447	0.313	0.687
16	烟草制品业	0.404	0.190	0.502	0.498
17	纺织业	0.241	0.469	0.314	0.686
18	纺织服装、服饰业	0.185	0.512	0.263	0.737
19	皮革、毛皮、羽毛及其制品和制鞋业	0.183	0.522	0.260	0.740
20	木材加工和木、竹、藤、棕、草制品业	0.232	0.482	0.318	0.682
21	家具制造业	0.23	0.604	0.272	0.728
22	造纸和纸制品业	0.256	0.481	0.312	0.688
23	印刷和记录媒介复制业	0.224	0.481	0.286	0.714
24	文教、工美、体育和娱乐用品制造业	0.186	0.513	0.260	0.740
25	石油加工、炼焦和核燃料加工业	0.318	0.494	0.350	0.650
26	化学原料和化学制品制造业	0.258	0.469	0.322	0.678
27	医药制造业	0.254	0.526	0.289	0.711
28	化学纤维制造业	0.287	0.478	0.307	0.693
29	橡胶和塑料制品业	0.243	0.513	0.301	0.699
30	非金属矿物制品业	0.219	0.511	0.295	0.705
31	黑色金属冶炼和压延加工业	0.225	0.455	0.291	0.709
32	有色金属冶炼和压延加工业	0.283	0.520	0.329	0.671
33	金属制品业	0.278	0.597	0.324	0.676
34	通用设备制造业	0.204	0.517	0.274	0.726
35	专用设备制造业	0.258	0.513	0.308	0.692

续　表

代码	行业	不限定 $\alpha + \beta = 1$		限定 $\alpha + \beta = 1$	
		β	α	β	α
36	汽车制造业	0.245	0.520	0.293	0.707
37	铁路、船舶、航空、航天和其他运输设备制造业	0.237	0.591	0.275	0.725
39	计算机、通信和其他电子设备制造业	0.236	0.575	0.275	0.725
40	仪器仪表制造业	0.203	0.639	0.238	0.762
41	其他制造业	0.184	0.526	0.240	0.760
42	废弃资源综合利用业	0.182	0.435	0.280	0.720
43	金属制品、机械和设备修理业	0.215	0.525	0.334	0.666
44	电力、热力生产和供应业	0.346	0.285	0.402	0.598
45	燃气生产和供应业	0.282	0.428	0.274	0.726
46	水的生产和供应业	0.272	0.384	0.287	0.713

二、CES 函数设定下的劳动产出弹性

设定生产函数为如下 CES 形式：

$$Y = A\left(aK^{\frac{\sigma-1}{\sigma}} + bL^{\frac{\sigma-1}{\sigma}} \right)^{\frac{\sigma}{\sigma-1}} \tag{7-1}$$

其中，替代弹性 σ 由定义可知，取值为 0 到无穷大。将其在 $\sigma = 1$ 处进行泰勒二阶展开，得到如下可供回归估计的线性形式：

$$\ln Y_{it} = \ln A + a\ln K_{it} + b\ln L_{it} + \frac{1}{2}\frac{\sigma-1}{\sigma}ab\ln(K_{it}/L_{it})^2 + \varepsilon_{it} \tag{7-2}$$

若设定 $a + b = 1$，则式（7-2）可化为：

$$\ln(Y_{it}/L_{it}) = \ln A + a\ln(K_{it}/L_{it}) + \frac{1}{2}\frac{\sigma-1}{\sigma}a(1-a)\ln(K_{it}/L_{it})^2 + \varepsilon_{it} \tag{7-3}$$

资本产出弹性为：

$$\alpha = \frac{d\ln Y_{it}}{d\ln K_{it}} = a + \frac{\sigma-1}{\sigma}ab\ln(K_{it}/L_{it}) \tag{7-4}$$

劳动产出弹性为：

$$\beta = \frac{\mathrm{d}\ln Y_{it}}{\mathrm{d}\ln L_{it}} = b - \frac{\sigma - 1}{\sigma} ab\ln(K_{it}/L_{it}) \qquad (7\text{-}5)$$

对式(7-2)和式(7-3)同样分行业用固定效应面板数据进行估计，并根据式(7-4)和式(7-5)计算要素产出弹性，结果见表7.4，计算产出弹性时需要用到的 $\ln(K/L)$ 使用该变量的行业均值。

表7.4　CES函数设定下的要素产出弹性

代码	行业	不限定 $\alpha + \beta = 1$					限定 $\alpha + \beta = 1$			
		a	b	$\frac{\sigma-1}{2\sigma}ab$	α	β	a	$\frac{\sigma-1}{2\sigma}ab$	α	β
6	煤炭开采和洗选业	0.067	0.827	0.044	0.371	0.523	0.073	0.047	0.393	0.607
7	石油和天然气开采业	0.200	0.727	0.014	0.352	0.574	0.192	0.015	0.359	0.641
8	黑色金属矿采选业	0.046	0.931	0.050	0.431	0.545	0.046	0.050	0.437	0.563
9	有色金属矿采选业	0.052	0.769	0.047	0.396	0.424	0.054	0.051	0.428	0.572
10	非金属矿采选业	0.118	0.583	0.026	0.298	0.403	0.153	0.033	0.381	0.619
13	农副食品加工业	0.064	0.818	0.038	0.361	0.522	0.064	0.043	0.393	0.607
14	食品制造业	0.113	0.727	0.029	0.331	0.509	0.110	0.036	0.378	0.622
15	酒、饮料和精制茶制造业	0.077	0.676	0.025	0.283	0.469	0.059	0.037	0.363	0.637
16	烟草制品业	0.092	0.595	0.040	0.485	0.202	0.031	0.058	0.594	0.406
17	纺织业	0.093	0.742	0.032	0.316	0.519	0.092	0.039	0.362	0.638
18	纺织服装、服饰业	0.077	0.707	0.031	0.234	0.550	0.084	0.040	0.291	0.709
19	皮革、毛皮、羽毛及其制品和制鞋业	0.100	0.708	0.025	0.235	0.573	0.110	0.033	0.289	0.711
20	木材加工和木、竹、藤、棕、草制品业	0.120	0.731	0.029	0.311	0.540	0.120	0.035	0.350	0.650
21	家具制造业	0.079	0.857	0.031	0.278	0.658	0.081	0.033	0.294	0.706
22	造纸和纸制品业	0.067	0.781	0.035	0.324	0.525	0.074	0.039	0.359	0.641
23	印刷和记录媒介复制业	0.018	0.766	0.032	0.274	0.511	0.017	0.039	0.327	0.673

续　表

代码	行业	不限定 $\alpha + \beta = 1$					限定 $\alpha + \beta = 1$			
		a	b	$\frac{\sigma-1}{2\sigma}ab$	α	β	a	$\frac{\sigma-1}{2\sigma}ab$	α	β
24	文教、工美、体育和娱乐用品制造业	0.102	0.662	0.022	0.226	0.538	0.113	0.032	0.291	0.709
25	石油加工、炼焦和核燃料加工业	0.044	0.914	0.042	0.408	0.549	0.045	0.043	0.417	0.583
26	化学原料和化学制品制造业	0.115	0.716	0.026	0.318	0.513	0.122	0.031	0.357	0.643
27	医药制造业	0.031	0.827	0.031	0.288	0.571	0.016	0.037	0.317	0.683
28	化学纤维制造业	0.151	0.848	0.024	0.361	0.638	0.151	0.024	0.361	0.639
29	橡胶和塑料制品业	0.026	0.855	0.043	0.318	0.562	0.030	0.046	0.346	0.654
30	非金属矿物制品业	0.075	0.750	0.028	0.275	0.550	0.080	0.034	0.327	0.673
31	黑色金属冶炼和压延加工业	0.054	0.736	0.033	0.296	0.494	0.054	0.040	0.349	0.651
32	有色金属冶炼和压延加工业	0.095	0.873	0.034	0.358	0.609	0.093	0.035	0.366	0.634
33	金属制品业	0.149	0.852	0.027	0.352	0.649	0.149	0.027	0.352	0.648
34	通用设备制造业	0.089	0.743	0.026	0.265	0.567	0.095	0.032	0.307	0.693
35	专用设备制造业	0.067	0.806	0.036	0.317	0.556	0.065	0.040	0.342	0.658
36	汽车制造业	0.062	0.800	0.033	0.297	0.565	0.059	0.038	0.326	0.674
37	铁路、船舶、航空航天和其他运输设备制造业	0.087	0.812	0.028	0.284	0.615	0.085	0.031	0.307	0.693
39	计算机、通信和其他电子设备制造业	0.079	0.816	0.030	0.282	0.614	0.081	0.033	0.305	0.695
40	仪器仪表制造业	0.081	0.842	0.025	0.258	0.665	0.082	0.028	0.279	0.721
41	其他制造业	0.059	0.721	0.026	0.224	0.555	0.060	0.033	0.273	0.727
42	废弃资源综合利用业	0.118	0.579	0.020	0.228	0.469	0.151	0.029	0.313	0.687
43	金属制品、机械和设备修理业	0.001	0.864	0.051	0.352	0.513	0.027	0.053	0.391	0.609

续　表

代码	行业	不限定 $\alpha+\beta=1$					限定 $\alpha+\beta=1$			
		a	b	$\frac{\sigma-1}{2\sigma}ab$	α	β	a	$\frac{\sigma-1}{2\sigma}ab$	α	β
44	电力、热力生产和供应业	-0.030	0.777	0.041	0.430	0.320	-0.060	0.049	0.478	0.522
45	燃气生产和供应业	-0.030	0.810	0.039	0.380	0.397	-0.060	0.046	0.425	0.575
46	水的生产和供应业	0.014	0.727	0.029	0.308	0.433	0.001	0.033	0.335	0.665

第四节　实际值与理论值的偏离

将现实中的劳动收入份额数据与从生产函数估算出来的劳动产出弹性相比较,就可以得到劳动收入份额的实际值与理论上的公平份额之间的偏离。表 7.5 的第 2 列至第 5 列是在不同生产函数设定以及不同限定条件下估计出来的劳动产出弹性,第 6 列至第 9 列是两种劳动收入份额实际值的度量指标的均值和中位数。由于 ls43 是将增加值全部分割为劳动收入和资本收入,与生产函数限定系数之和为 1 相对应,ls33 分子中未包含而分母中包含了生产税净额,增加值未完全分割为劳动收入和资本收入,与生产函数对系数不做限定相对应。所以将 ls33 的均值、中位数与 C-D 函数和 CES 函数系数不做限定时的劳动产出弹性估计值相比较,将 ls43 的均值、中位数与 C-D 函数和 CES 函数系数之和为 1 时的劳动产出弹性估计值相比较。

比较可以发现:第一,全部样本在不同生产函数设定下的劳动产出弹性估计值均大于劳动收入份额实际值的不同度量。第二,在系数之和限定为 1 时除了纺织服装、服饰业(行业代码为 18)CES 函数设定下的劳动产出弹性 0.709 略小于 ls43 的中位数 0.713,其他行业的劳动产出弹性估计值全部大于劳动收入份额的实际值,并且纺织服装、服饰业 C-D 函数设定下的劳动产出弹性仍然大于 ls43。第三,在系数不做限定时有少数行业劳动产出弹性小于 ls33,这些行业包括烟草制品业(16)、电力热力生产和供应业(44)、水的生产和供应业（46）、纺织服装、服饰业（18）、皮革毛皮羽毛及其制品和制鞋业（19）、文教工美体育和娱乐用品制造业（24）、废弃资源综合利用业（42）。前 3 个行业是典型的行政垄断行业，实际得到的劳动收入份额大于劳动应得的贡献不足为奇，后 4 个行业可能是因为行业竞争性比较充分，没有进入壁垒，需要的劳动技能水平相对较低，这些因素共同作用使得劳动收入份额接近劳动产出弹性。除了这 7 个行业，其他 31 个行业的劳动产出弹性均大于 ls33 均值或中位数。

表 7.5　劳动产出弹性与劳动收入份额

行业	不同生产函数设定下的劳动产出弹性 β				劳动收入份额实际值			
	C-D	C-D ($\alpha+\beta=1$)	CES	CES ($\alpha+\beta=1$)	ls33 均值	ls33 中位数	ls43 均值	ls43 中位数
全部	0.536	0.690	0.527	0.654	0.396	0.382	0.498	0.496
6	0.474	0.648	0.523	0.607	0.360	0.342	0.487	0.481
7	0.550	0.643	0.574	0.641	0.228	0.132	0.299	0.167
8	0.518	0.607	0.545	0.563	0.238	0.194	0.355	0.307
9	0.376	0.606	0.424	0.572	0.264	0.216	0.353	0.312
10	0.362	0.648	0.403	0.619	0.317	0.294	0.436	0.419
13	0.470	0.654	0.522	0.607	0.322	0.277	0.383	0.344
14	0.469	0.657	0.509	0.622	0.363	0.340	0.455	0.437
15	0.447	0.687	0.469	0.637	0.277	0.239	0.396	0.362
16	0.190	0.498	0.202	0.406	0.239	0.173	0.395	0.350
17	0.469	0.686	0.519	0.638	0.431	0.419	0.532	0.532
18	0.512	0.737	0.550	0.709	0.565	0.589	0.669	0.713
19	0.522	0.740	0.573	0.711	0.516	0.544	0.616	0.665
20	0.482	0.682	0.540	0.650	0.400	0.386	0.503	0.501
21	0.604	0.728	0.658	0.706	0.462	0.458	0.555	0.568
22	0.481	0.688	0.525	0.641	0.370	0.352	0.480	0.473
23	0.481	0.714	0.511	0.673	0.408	0.399	0.506	0.504
24	0.513	0.740	0.538	0.709	0.533	0.542	0.626	0.655
25	0.494	0.650	0.549	0.583	0.248	0.199	0.367	0.320

行业	不同生产函数设定下的劳动产出弹性 β				劳动收入份额实际值			
	C–D	C–D ($\alpha+\beta=1$)	CES	CES ($\alpha+\beta=1$)	ls33 均值	ls33 中位数	ls43 均值	ls43 中位数
26	0.469	0.678	0.513	0.643	0.326	0.299	0.427	0.404
27	0.526	0.711	0.571	0.683	0.324	0.298	0.418	0.391
28	0.478	0.693	0.638	0.639	0.323	0.292	0.408	0.374
29	0.513	0.699	0.562	0.654	0.402	0.390	0.498	0.498
30	0.511	0.705	0.550	0.673	0.409	0.398	0.506	0.508
31	0.455	0.709	0.494	0.651	0.355	0.332	0.464	0.449
32	0.520	0.671	0.609	0.634	0.312	0.283	0.429	0.405
33	0.597	0.676	0.649	0.648	0.307	0.279	0.420	0.399
34	0.517	0.726	0.567	0.693	0.429	0.428	0.535	0.548
35	0.513	0.692	0.556	0.658	0.403	0.400	0.515	0.523
36	0.520	0.707	0.565	0.674	0.404	0.397	0.507	0.510
37	0.591	0.725	0.615	0.693	0.421	0.418	0.527	0.534
39	0.575	0.725	0.614	0.695	0.419	0.413	0.523	0.534
40	0.639	0.762	0.665	0.721	0.462	0.459	0.540	0.552
41	0.526	0.760	0.555	0.727	0.451	0.454	0.551	0.572
42	0.435	0.720	0.469	0.687	0.490	0.495	0.595	0.623
43	0.525	0.666	0.513	0.609	0.311	0.273	0.410	0.381
44	0.285	0.598	0.320	0.522	0.317	0.295	0.400	0.375
45	0.428	0.726	0.397	0.575	0.308	0.267	0.377	0.327
46	0.384	0.713	0.433	0.665	0.438	0.434	0.506	0.502

用相同的方法对全部样本时间序列上的劳动产出弹性和劳动收入份额进行比较,估计劳动产出弹性时对每年的数据分别进行稳健标准误的 OLS 回归,劳动收入份额的数据取 ls10、ls11、ls33、ls43 各年份的均值。由于劳动收入份额数据的分布具有左偏特征,均值大于中位数,如果劳动产出弹性大于劳动收入份额的均值,那么它也大于劳动收入份额的中位数。同时取 ls10 和 ls11 来做比较是由于 ls33 和 ls43 的数据只有 2004—2007 年,之前的

数据由于缺少医疗保险和养老保险、住房公积金和住房补贴而缺失。结果显示在图7.9中，四条虚线表示不同生产函数设定下回归估计得到的劳动产出弹性，四条实线表示四种不同的劳动收入份额度量指标。劳动产出弹性均高于劳动收入份额。而且，劳动产出弹性有微弱上升趋势，劳动收入份额有下降趋势。

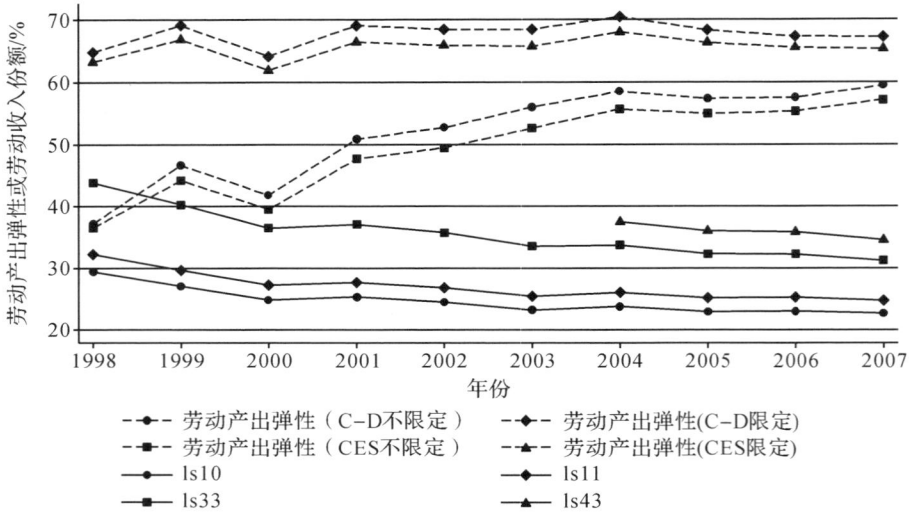

图7.9 劳动产出弹性与劳动收入份额变化趋势

数据来源：中国工业企业数据库。

劳动产出弹性的估计值结合劳均产出的数据就可以得到劳动边际生产率，同样地，资本产出弹性结合资本产出比数据就可以得到资本边际生产率。将劳动边际生产率与工资做比较，资本边际生产率与资本回报率做比较，从表7.6的数据比较中可以得到初步的结论：工资小于劳动的边际生产率，也就是小于劳动者应得的收入份额，同时资本回报率大于资本的边际生产率。

表 7.6　要素实际价格与要素边际生产率

年份	mpk1 资本边际产出 1	mpk2 资本边际产出 2	r_nom 名义资本回报率	r 实际资本回报率	mpl1 劳动边际产出 1	mpl2 劳动边际产出 2	w_nom 名义工资	w 实际工资
1998	0.22	0.23	0.27	0.27	7.3	12.7	9.7	9.7
1999	0.21	0.21	0.26	0.27	9.3	13.9	10.2	10.3
2000	0.24	0.25	0.27	0.28	9.4	14.4	11.7	11.7
2001	0.22	0.22	0.26	0.27	12.6	14.3	11.6	11.6
2002	0.22	0.22	0.27	0.28	14.1	15.9	12.5	12.6
2003	0.25	0.26	0.32	0.32	14.6	18.0	13.8	13.8
2004	0.25	0.26	0.32	0.28	15.2	17.3	15.1	14.5
2005	0.29	0.30	0.40	0.34	18.0	21.7	16.8	15.9
2006	0.31	0.32	0.43	0.36	20.3	24.3	19.1	17.8
2007	0.34	0.34	0.49	0.37	23.6	27.5	22.3	19.9
平均	0.20	0.26	0.35	0.31	14.1	19.6	15.3	14.7

接下去的问题就是:劳动收入份额为何为小于劳动应得的份额,工资为何小于劳动生产率？技术对劳动收入份额的影响会反映在劳动产出弹性上,技术偏向与劳动产出弹性可以说是一一对应的关系,那么要找寻劳动收入份额偏离劳动产出弹性的原因,就是要在技术偏向之外寻找其他因素。

第八章　产品市场势力与劳动收入份额

本章以及后两章从企业增加值分配的视角来看待劳动收入份额的形成过程,可用图8.1来说明。企业的增加值按收入法核算,由劳动者报酬、营业利润、资金成本、固定资产折旧、生产税这几个部分构成,其中劳动者报酬属于劳动收入,而营业利润、资金成本、固定资产折旧属于资本收入,生产税为政府收入。由于生产税、固定资产折旧相对来说较为固定,要找到资本收入和劳动收入相对大小的原因,要从劳动者报酬、营业利润和资金成本的决定入手。

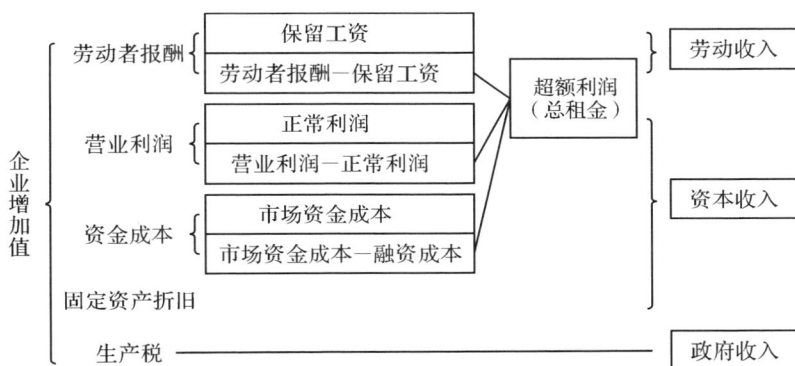

图8.1 企业增加值的分配

在完全竞争市场中,所有企业的工资率、利润率和单位资金成本都应相同,但是现实中这三个方面的企业间差异都很大。根据理想中完全竞争市场和现实情况的差异,企业的劳动者报酬可以拆分成保留工资和超出保留工资的那部分工资,同样地,营业利润可拆分为正常利润和超出正常利润的那部分利润,资金成本可拆分为市场资金成本、现实融资成本与市场资金成本的差异。如果市场是完全竞争的,每个企业的劳动者报酬就等于保留工资总额,营业利润均为正常利润,资金成本也都等于市场价格的资金成本。所以无市场扭曲时劳动者报酬占企业增加值的比例只与生产函数中的劳动产出弹性(它表示劳动要素在生产中的贡献)有关,而影响劳动产出弹性的是技术进步的偏向。

然而现实世界存在不完全竞争,"营业利润－正常利润"、"劳动者报酬－保留工资"以及"市场资金成本－融资成本"三者之和是企业的超额利润。

超额利润的规模与企业在产品市场上的垄断势力、资本市场中的融资环境以及其他要素市场（如土地市场）中的企业间差异有关，而超额利润在劳动收入和资本收入之间的分配则取决于劳动力市场中的劳资相对议价能力。

为了更加深入清晰地理解制度因素对劳动收入份额的影响机制，本书接下来三章将逐一考察产品市场垄断、融资环境和劳动力市场制度如何影响劳动收入份额。

第一节　机制分析

一、价格加成对劳动收入份额的影响机制

本章关注产品市场势力对企业劳动收入份额的影响，在理论分析时暂时假设企业在要素市场上面临相同的市场条件。具体地，假设产品市场垄断竞争，要素市场完全竞争，企业面临的工资和资金成本是最低的保留价格，则企业最大化问题为：

$$\max_{K,L,P} \pi = P(Y)Y - wL - rK$$
$$\text{s.t. } Y = F(A,K,L) \tag{8-1}$$

其中，产品市场势力体现在 $P(Y)$ 上：产品市场完全竞争时，企业是产品价格的接受者，产品价格与企业产量无关；产品市场不完全竞争时，企业有能力影响产品市场价格，产量较低时价格较高，产量较高时价格较低。一阶条件为：

$$\frac{\partial \pi}{\partial L} = P(Y)\frac{\partial Y}{\partial L} + Y\frac{\partial P(Y)}{\partial Y}\frac{\partial Y}{\partial L} - w = 0 \tag{8-2}$$

$$\frac{\partial \pi}{\partial K} = P(Y)\frac{\partial Y}{\partial K} + Y\frac{\partial P(Y)}{\partial Y}\frac{\partial Y}{\partial K} - r = 0 \tag{8-3}$$

式（8-2）和式（8-3）化为：

$$w = \frac{\partial Y}{\partial L}P(Y)\left[1 + \frac{Y}{P(Y)}\frac{\partial P(Y)}{\partial Y}\right] = \text{MPV}_L(1 - 1/\varepsilon) \tag{8-4}$$

$$r = \frac{\partial Y}{\partial K}P(Y)\left[1 + \frac{Y}{P(Y)}\frac{\partial P(Y)}{\partial Y}\right] = \mathrm{MPV}_K(1 - 1/\varepsilon) \qquad (8\text{-}5)$$

其中：$\mathrm{MPV}_L = \frac{\partial Y}{\partial L}P(Y)$，$\mathrm{MPV}_K = \frac{\partial Y}{\partial K}P(Y)$，分别表示劳动和资本的边际产出

价值；$\varepsilon = -\frac{P(Y)}{Y}\frac{\partial Y}{\partial P(Y)}$，为需求价格弹性。价格与需求成反比，并且具有

垄断势力的企业在有需求弹性的地方进行生产，所以 $\varepsilon > 1$，完全竞争情况

下 $\varepsilon \to \infty$。$\frac{\varepsilon}{\varepsilon-1}$ 就是价格加成，表示产品定价与产品生产成本之比。移项

可得：

$$\mathrm{MPV}_L = \frac{\varepsilon}{\varepsilon-1}w \qquad (8\text{-}6)$$

$$\mathrm{MPV}_K = \frac{\varepsilon}{\varepsilon-1}r \qquad (8\text{-}7)$$

如果要素价格对企业来说是外生给定的，那么式（8-6）和式（8-7）就是
企业的产品市场定价策略。企业选择投入要素 K 和 L 的数量以使得要素的
边际产出价值等于要素价格的一个加成。相比于没有价格加成的情况，存
在价格加成时企业的要素投入减少了，从而产量也减少了，总福利减少。

生产函数为规模报酬不变时，欧拉定理成立：

$$PY = \mathrm{MPV}_K K + \mathrm{MPV}_L L = \frac{\varepsilon}{\varepsilon-1}rK + \frac{\varepsilon}{\varepsilon-1}wL$$

$$= \frac{\varepsilon}{\varepsilon-1}(rK + wL) \qquad (8\text{-}8)$$

具有定价势力的企业能够得到正利润：

$$\pi = PY - wL - rK = \frac{\varepsilon}{\varepsilon-1}(rK + wL) - (rK + wL) = \frac{1}{\varepsilon}PY \qquad (8\text{-}9)$$

劳动者所能得到的报酬为：

$$wL = \frac{\varepsilon-1}{\varepsilon}\mathrm{MPV}_L L = \frac{\varepsilon-1}{\varepsilon}\frac{L}{Y}\frac{\partial Y}{\partial L}PY = \frac{\varepsilon-1}{\varepsilon}\beta PY \qquad (8\text{-}10)$$

资本要素所能得到的总回报为：

$$rK = \frac{\varepsilon-1}{\varepsilon}\mathrm{MPV}_K K = \frac{\varepsilon-1}{\varepsilon}\frac{K}{Y}\frac{\partial Y}{\partial K}PY = \frac{\varepsilon-1}{\varepsilon}\alpha PY \qquad (8\text{-}11)$$

劳动收入份额(不考虑超额利润的分配)为:

$$\text{ls} = \frac{wL}{PY} = \frac{\varepsilon - 1}{\varepsilon}\beta \tag{8-12}$$

资本收入份额为:

$$\text{cs} = \frac{rK}{PY} = \frac{\varepsilon - 1}{\varepsilon}\alpha \tag{8-13}$$

超额利润份额为:

$$\text{ps} = \frac{\pi}{PY} = 1 - \frac{\varepsilon - 1}{\varepsilon}\alpha - \frac{\varepsilon - 1}{\varepsilon}\beta = 1 - \frac{\varepsilon - 1}{\varepsilon}(\alpha + \beta) \tag{8-14}$$

当生产函数规模报酬不变,即 $\alpha + \beta = 1$ 时:

$$\text{ps} = 1 - \frac{\varepsilon - 1}{\varepsilon} = \frac{1}{\varepsilon} \tag{8-15}$$

总产值 PY 分成了三个部分:劳动者报酬、资本收入以及企业超额利润。若不考虑企业超额利润在劳动和资本之间的分配,劳动收入占总产值仅与劳动产出弹性 β 和价格加成 $\frac{\varepsilon}{\varepsilon - 1}$ 有关,其与劳动产出弹性成正比,与价格加成成反比。也就是说,产品市场上需求价格弹性越小,即需求对价格的变化越不敏感,则企业的定价势力越大,价格加成越大,此时劳动收入份额越小。

将 C-D 函数和 CES 生产函数的具体形式代入以检验上述结论。将生产函数 $Y = AK^{\alpha}L^{1-\alpha}$ 代入可得:

$$wL = (1 - \alpha)\left(1 - \frac{1}{\varepsilon}\right)PY \tag{8-16}$$

$$rK = \alpha\left(1 - \frac{1}{\varepsilon}\right)PY \tag{8-17}$$

$$\pi = \frac{1}{\varepsilon}PY \tag{8-18}$$

将 CES 生产函数具体形式 $Y = A[aK^{\frac{\sigma-1}{\sigma}} + bL^{\frac{\sigma-1}{\sigma}}]^{\frac{\sigma}{\sigma-1}}$ 代入可得:

$$wL = b\left(\frac{AL}{Y}\right)^{\frac{\sigma-1}{\sigma}}\left(1 - \frac{1}{\varepsilon}\right)PY \tag{8-19}$$

$$rK = a\left(\frac{AK}{Y}\right)^{\frac{\sigma-1}{\sigma}}\left(1 - \frac{1}{\varepsilon}\right)PY \qquad (8\text{-}20)$$

$$\pi = \frac{1}{\varepsilon}PY \qquad (8\text{-}21)$$

可以发现,两种生产函数形式的利润份额完全相同。不同的是,要素产出弹性在 C-D 函数中是恒定的参数 α 和 $1-\alpha$,而在 CES 函数中要素产出弹性与要素比例、替代弹性以及技术进步有关。两类生产函数得到的结果在价格加成方面则完全一样。

前面假设企业同质,价格加成对劳动收入份额的影响是所有企业价格加成同时提高时劳动收入份额的变化,单个企业劳动收入份额的变化与总体劳动收入份额的变动相同。现在假设企业在价格加成上存在异质。比如,存在两类企业,由于市场准入条件的不同,两类企业在产品市场上面临的需求价格弹性不同,从而它们的定价能力不同。假定第一类企业(可以理解为国有企业)有较强的定价能力,它面临的需求价格弹性设为 ε_1,对应地,第二类企业(可以理解为民营企业)定价能力较弱,需求价格弹性设为 ε_2,$\varepsilon_1 < \varepsilon_2$,价格加成分别为 $\frac{\varepsilon_1}{\varepsilon_1 - 1}$ 和 $\frac{\varepsilon_2}{\varepsilon_2 - 1}$,$\frac{\varepsilon_1}{\varepsilon_1 - 1} > \frac{\varepsilon_2}{\varepsilon_2 - 1}$。暂时假设两类企业在劳动力市场和资本市场上面临的条件相同,工资和资本回报率外生给定,并且两类企业生产技术相同。则在不考虑超额利润分配时,第一类企业的劳动收入份额为 $ls_1 = \frac{\varepsilon_1 - 1}{\varepsilon_1}\beta$,第二类企业的劳动收入份额为 $ls_2 = \frac{\varepsilon_2 - 1}{\varepsilon_2}\beta$。如果经济体中两类企业的产出各占一半,则加权的劳动收入份额为:

$$ls = \frac{1}{2}ls_1 + \frac{1}{2}ls_2 = \frac{\beta}{2}\left(\frac{\varepsilon_1 - 1}{\varepsilon_1} + \frac{\varepsilon_2 - 1}{\varepsilon_2}\right) = \beta\left(1 - \frac{\varepsilon_1 + \varepsilon_2}{2\varepsilon_1\varepsilon_2}\right) \quad (8\text{-}22)$$

设加权需求价格弹性为 $\varepsilon = \frac{1}{2}(\varepsilon_1 + \varepsilon_2)$,则式(8-22)化为:

$$ls = \beta\left(1 - \frac{1}{2\varepsilon_1 - \frac{\varepsilon_1^2}{\varepsilon}}\right) \qquad (8\text{-}23)$$

若加权需求价格弹性为 ε 保持不变,加权劳动收入份额对第一类企业需求价格弹性的一阶导数为:

$$\frac{\partial \mathrm{ls}}{\partial \varepsilon_1} = 2\beta\left(2\varepsilon_1 - \frac{\varepsilon_1^2}{\varepsilon}\right)^{-2}\left(1 - \frac{\varepsilon_1}{\varepsilon}\right) = \beta\left(2\varepsilon_1 - \frac{\varepsilon_1^2}{\varepsilon}\right)^{-2}\left(\frac{\varepsilon_2 - \varepsilon_1}{\varepsilon}\right) > 0 \ (8\text{-}24)$$

由于价格需求弹性越小,价格加成越大,若定价势力较大的第一类企业所面临的需求价格弹性 ε_1 变小而总体价格弹性 ε 不变时,也就表示两类企业的价格弹性差距变大了,此时两类企业的垄断程度差异也扩大了。由于总体劳动收入份额对 ε_1 的一阶导数为正,劳动收入份额随着两类企业的价格弹性差距和价格加成差距的扩大而减小。从经济学直觉上解释,这是由于在产品市场定价能力上具有异质性的企业所面临的要素市场是相同的,两类企业需要支付的劳动成本和资金成本的价格是相同的,而产出的价格由于产品市场势力的不同而不同。具有较强定价能力的企业在支付完必要的劳动和资金成本后,相对于低定价能力的企业有更高的总利润。

二、超额利润如何分配?

现在考虑企业超额利润的分配问题。从结果上看,企业所产生的增加值必然等于各项分配之和,超额利润最终也会归为劳动收入或资本收入。超额利润的分配与超额利润的来源、劳动力市场状况、企业性质等有关。

企业能够采用价格加成定价的必要条件是产品需求价格弹性较小,即消费者对价格不敏感。产生这种现象的原因可以有很多,如自然垄断、进入壁垒、行政垄断、掌握关键资源、产品创新、效率提升等。不管形成垄断势力的原因是什么,垄断势力一定能带来超额利润。而超额利润的分配则与这些原因有关,并可作为判断分配是否公正的一个依据。根据"贡献多少,收益多少"的原则,如果企业的市场势力是由产品创新活动带来的,那么利润就是对企业家才能、企业 R & D 投入的回报和激励,没有不公正。即使创新产生的市场势力会降低劳动收入份额,也不能简单地为了提高劳动收入份额而限制此类市场势力。事实上,其他企业和潜在进入者的竞相模仿与追赶,会使得创新产生的市场势力自动控制在一定范围之内。如果市场势力的来源是企业员工人力资本提高而带来的效率提升,很可能超额利润的很大一部分将归于劳动收入。如果市场势力是行政垄断设置进入壁垒所催生的,产生的超额利润就有失公平。行政垄断行业尽管生产效率较低,但受益于市场准入条件而得到巨额超额利润,这些利润的分配与其国有性质有较大关联,超额利润的大部分可能归于全体员工以及管理人员。

超额利润的分配与劳动力市场状况密切相关。假设超额利润中既有资本的贡献又有劳动的贡献,如果劳动者相对于企业的谈判能力较弱,劳动者在超额利润的分配中可能只能得到一小部分,小于劳动所应得的贡献,而大部分归于资本。从经济基本背景来看,中国劳动力市场呈现典型的城乡二元结构,大量农业劳动力的存在使得现代部门劳动力的保留工资增长缓慢,同时大部分在制造业就业的劳动力属于低技能劳动者,可替代性较强。这些劳动力市场的特征导致劳动者的工资议价能力较弱。从制度层面看,劳动力市场存在制度性的分割,国有和民营、编制和无编制,形成了不同待遇的劳动力市场,国有和有编制的劳动力市场存在进入的壁垒。另外,投资驱动的经济增长和"为增长和竞争"的制度环境使得地方政府重资本,轻劳动。在企业与劳动者的工资议价中,政府更偏向于企业。

超额利润的分配也与企业性质有关。非国有企业的目标一般均为利润最大化,利润即总产值扣除中间投入、劳动成本、资金成本、生产税后的剩余。企业与劳动者在工资谈判过程中会尽量最大化自己的利益。而国有企业的目标并不是利润最大化,因为国有企业的利润需要上缴,国企管理者不是企业所有者,并不能从利润最大化目标中获得个人的最大收益。管理者自身利益最大化的选择是尽量让利润留在企业内部,所以对员工的工资就会比较慷慨。所以可能可以观察到,民营企业和外资企业中具有垄断势力的企业,或经营良好、产品具有独特性、具有品牌效应的企业劳动收入份额较低,而行政垄断行业中具有垄断势力的国企,垄断利润高的同时可能劳动收入份额也较高。

若超额利润全部归于资本,则劳动收入份额与前述结论相同:$\mathrm{ls} = \dfrac{wL}{PY}$

$= \beta\left(1 - \dfrac{1}{\varepsilon}\right) < \beta$。由于存在产品市场垄断，劳动收入份额低于 β，且垄断程度越大，劳动收入份额越低。若超额利润全部归于劳动，则劳动收入份额为：

$$\mathrm{ls} = \frac{wL + \pi}{PY} = \frac{\varepsilon - 1}{\varepsilon}\beta + \frac{1}{\varepsilon} = \beta + \frac{1}{\varepsilon}(1 - \beta) > \beta \qquad (8\text{-}25)$$

此时，垄断程度越大，劳动收入份额越高。因此价格加成对劳动收入份额的影响依赖于超额利润如何分配，后者与劳动力市场环境、企业目标、超额利润来源等因素有关。而现实中超额利润在资本和劳动之间是如何分配的，这是一个实证问题，本章第二节将用数据对其进行实证检验。

第二节　实证检验

本章用企业层面的数据来检验以上的理论分析，数据来源主要是世界银行 2012 年的中国企业调查数据（China-Enterprise Survey 2012）[①]和中国工业企业数据库 1998—2007 年的数据。

本章用世界银行中国企业调查数据考察产品市场定价势力对劳动收入份额的影响，以及这种影响是否与其他因素相关。本章采用企业主要产品的销售市场在本市、国内还是国际来度量企业在产品市场上的定价势力。如果在本市销售其主要产品，一方面它面临的竞争对手相对较少，市场本身的竞争程度不高，另一方面企业与当地政府及本地其他企业关系较好，可以采取更多竞争手段，所以可以认为在本市销售其主要产品的企业所面临的产品市场竞争程度较小，企业的定价能力较强。相反地，在国际市场上销售其主要产品的企业面对大量竞争对手，并且必须遵行通行的商业规范，故而这类企业所面临的市场竞争程度较大，定价能力较弱。在国内市场销售主要产品的企业居于这两类企业之间。

---

① 世界银行 2012 年的中国企业调查数据反映的是企业 2011 年的状况。

如表8.1所示,以本市为主要销售市场的企业与销售市场在全国的企业相比,竞争对手数量前者小于后者。并且在回答竞争对手数量这一问题时,以本市为主要销售市场的企业对竞争对手更为了解,做出确定性回答的比例较大。相反地,以国内为主要销售市场的企业以更大的比例认为竞争对手太多而无法给出确切数目。本书利用这一指标构建三个虚拟变量:若企业的主要销售市场是本市,定义 local = 1,否则 local = 0;若企业的主要销售市场是国内,定义 national = 1,否则 national = 0;若企业的主要销售市场是国际,定义 internation = 1,否则 internation = 0。这三个变量作为本章主要关注的解释变量分别进入回归方程。

表8.1 企业主要销售市场分类描述

企业主要产品的主要销售市场	企业数/家	竞争对手数量平均值/家	给出竞争对手数量的企业占比/%	竞争对手太多无法给出具体数量的企业占比/%	不知道竞争对手数量的企业占比/%
本市	320	14.68116	21.56	67.81	10.63
国内	1246	15.58553	12.20	73.27	14.53
国际	160				
总计	1728				

结合理论分析和数据可得性,计量模型设定为:

$$ls_i = \alpha_0 + \alpha_1 ky_i + \alpha_2 kl_i + \alpha_3 marketpower_i + \beta X_i + \varepsilon_i \quad (8\text{-}26)$$

其中,ls 即劳动收入份额,它的度量方式为企业当年劳动成本(包含工资、薪水、奖金、社会保障支付)除以企业年增加值,增加值用总销售额扣除原材料、中间产品、燃料成本、电力成本以及其他生产成本来近似度量。ky_i 是资本产出比,是机器设备和土地建筑的重置成本与增加值的比值。kl_i 表示劳均资本,用机器设备和土地建筑的重置成本除以总雇佣人数来计算。$marketpower_i$ 表示企业在产品市场上的定价能力,具体进行回归时用前述的三个主要解释变量,主要销售市场在本市则市场势力较大,相反地主要销售市场为国际则市场势力较小。另外,控制变量 X 包含企业所有制性质、企业规模 size、所在地是否省会城市 provcap、是否商业城市 busicity 等企业特征

变量以及体现企业劳动力情况、融资环境方面的变量。劳动力状况方面的
变量包括：技能生产工人占总生产工人百分比 skill、临时工占总员工人数百
分比 temp、生产工人的平均受教育年份 edu、生产工人占总员工的比例
production。反映融资环境的变量是 financons，用企业选择不贷款的原因来
间接度量。如果不贷款的原因是企业有充足的资金而不需要贷款，则不存
在融资约束，financons=0；如果不贷款的原因是手续过于复杂、利率不合意、
抵押要求过高、认为贷款申请不会被批准等，则视为存在融资约束，financons
=1。各变量含义简明表述和描述性统计可见表8.2。

表8.2　主要变量描述性统计

变量名	变量含义	企业数	均值	标准差	最小值	最大值
ls	劳动收入份额(%)	1144	33.23	20.52	0.33	94.34
ky	资本产出比	950	1.97	3.21	0.00	32.69
kl	劳均资本(千元)	942	58.17	1043.33	0	32008
local	主要销售市场为本市	1144	0.18	0.39	0	1
national	主要销售市场为国内	1144	0.71	0.45	0	1
internation	主要销售市场为国际	1144	0.11	0.31	0	1
financons	是否有融资约束	1131	0.63	0.48	0	1
skill	技能劳动占比(%)	1139	47.50	28.50	0.00	100.00
temp	临时工占比(%)	1132	5.76	12.72	0.00	86.96
production	生产工人占比(%)	1143	75.61	11.41	10.00	96.67
edu	生产工人平均受教育年份(年)	1133	10.10	1.96	1	18

　　由于数据仅为2011年一年的截面数据，只能采用简单OLS回归，估计
时采用稳健标准误以减小异方差带来的估计偏误。因为三个主要解释变量
local、national、internation 存在高度共线性，所以将它们分别加入模型以表示
市场势力 marketpower。本章采用逐步回归法，首先将劳动收入份额对主要
解释变量资本产出比、劳均资本、市场势力以及企业特征变量做回归，然后
加入反映劳动力结构和融资环境的变量，以检验市场势力对劳动收入份额
的影响是否稳健。

回归结果见表8.3,第(1)列是劳动收入份额对主要解释变量 local 以及资本产出比、人均资本和其他企业特征变量的回归,第(2)列在第(1)列的基础上加入劳动力结构和融资约束方面的变量。以此类推,第(3)列和第(4)列的关键解释变量是 national,第(5)列和第(6)列的关键解释变量是 internation。估计结果表明:主要销售市场为本市 local 对劳动收入份额的影响显著为负;主要销售市场为国内 national 对劳动收入份额的影响为正,但不显著;主要销售市场为国际 internation 对劳动收入份额的影响显著为正。从系数数值上看,主要销售市场为本市的企业与其他企业相比劳动收入份额平均低3.79个百分点,主要销售市场为国际的企业相对于其他企业劳动收入份额平均高4.50个百分点。如果将主要销售市场为本市视作企业具有垄断势力和较强的产品市场定价能力,而将主要销售市场为国际视作企业是价格接受者,面临的产品市场竞争程度较大,企业没有定价能力,则估计结果就可以解读为具有产品市场垄断势力的企业劳动收入份额较低,而面临竞争性市场的企业劳动收入份额较高。

表8.3 产品市场势力对劳动收入份额的影响回归结果

变量	被解释变量为劳动收入份额 ls					
	(1)	(2)	(3)	(4)	(5)	(6)
ky	1.642***	1.577***	1.631***	1.568***	1.652***	1.592***
	(0.309)	(0.277)	(0.307)	(0.276)	(0.306)	(0.275)
kl	−0.0029***	−0.0029***	−0.0028***	−0.0029***	−0.0028***	−0.0029***
	(0.000405)	(0.000368)	(0.000403)	(0.000368)	(0.000401)	(0.000367)
local	−3.430**	−3.794**				
	(1.587)	(1.574)				
national			0.257	0.483		
			(1.436)	(1.415)		
internation					4.338*	4.477**
					(2.305)	(2.210)
skill		0.0673***		0.0658***		0.0642***
		(0.0237)		(0.0237)		(0.0236)

续　表

变量	被解释变量为劳动收入份额 ls					
	（1）	（2）	（3）	（4）	（5）	（6）
temp		− 0.0927 **		− 0.0904 *		− 0.0973 **
		（0.0458）		（0.0468）		（0.0466）
edu		− 1.486 ***		− 1.484 ***		− 1.524 ***
		（0.336）		（0.336）		（0.337）
production		0.223 ***		0.225 ***		0.218 ***
		（0.0588）		（0.0590）		（0.0592）
financons		− 3.132 **		− 3.237 **		− 3.079 **
		（1.322）		（1.327）		（1.324）
size	− 0.856	− 1.108	− 0.285	− 0.517	− 0.462	− 0.667
	（0.961）	（0.973）	（0.954）	（0.972）	（0.936）	（0.955）
soe	0.636	1.773	− 0.034	0.987	0.082	1.088
	（7.338）	（7.208）	（7.112）	（6.977）	（7.008）	（6.750）
foreign	− 1.770	− 2.637	− 1.983	− 2.797	− 3.310	− 4.326
	（6.764）	（6.701）	（6.615）	（6.554）	（6.512）	（6.324）
private	0.490	0.314	0.098	− 0.070	− 0.465	− 0.758
	（7.010）	（6.899）	（6.864）	（6.745）	（6.747）	（6.509）
sharehold	− 6.539	− 5.986	− 6.516	− 5.921	− 7.140	− 6.627
	（5.452）	（5.411）	（5.352）	（5.314）	（5.147）	（5.009）
provcap	0.693	2.692 **	0.443	2.397 *	0.842	2.813 **
	（1.327）	（1.323）	（1.331）	（1.329）	（1.334）	（1.333）
busicity	− 3.167 *	− 3.633 **	− 3.179 *	− 3.622 **	− 3.431 *	− 3.879 **
	（1.746）	（1.743）	（1.758）	（1.752）	（1.749）	（1.742）
常数项	34.65 ***	32.75 ***	33.03 ***	30.78 ***	33.78 ***	32.71 ***
	（7.593）	（9.983）	（7.513）	（10.02）	（7.333）	（9.802）
观测数	939	923	939	923	939	923
R^2	0.083	0.142	0.080	0.138	0.084	0.142

注：*** 表示 $p < 0.01$，** 表示 $p < 0.05$，* 表示 $p < 0.1$，括号中是稳健标准误。

另外,劳动力结构和融资环境方面的变量估计结果值得关注。技能劳动占比 skill 对劳动收入份额的影响显著为正,但系数值不高,在 0.065 左右,也就是说技能劳动占比增加 1 个百分点,劳动收入份额提高 0.065 个百分点,影响微弱。临时工占比 temp 对劳动收入份额的影响显著为负,即临时工比重越高劳动收入份额越低,不过其影响系数不高,在 −0.090 左右,影响作用较弱。生产工人平均受教育年份的系数显著为负,且受教育年份每增加 1 年,劳动收入份额下降约 1.5 个百分点。这与理论直觉相反,一般认为受教育年份越长,则人力资本越高,劳动者谈判能力越强,越能得到更高的工资和更多的产出份额。这里有两种可能的解释:一是影响生产工人生产效率的主要因素不是教育年份而是经验,教育年份可能与经验成反比,经验越少则劳动所得份额越少;二是受教育年份的确能提高生产效率,但教育年份增加所带来的产出增加中劳动者只得到了更少的一块。生产工人占比 production 的系数显著为正,生产工人比重提高 1 个百分点,劳动收入份额上升 0.2 个百分点左右。表示融资约束的虚拟变量 financons 的系数显著为负,有融资约束的企业相对于没有融资约束的企业,其劳动收入份额平均低约 3.0 个百分点。下两章将会对融资环境和劳动力市场制度如何影响劳动收入份额做更多理论与实证分析。

本章前面的理论部分阐明了产品市场势力对劳动收入份额的影响会受到其他因素如企业性质的影响。在表 8.3 基准模型的基础上,加入市场势力与企业性质的交互项来考察两者对劳动收入份额的交互影响,计量模型设为:

$$\mathrm{ls}_i = \alpha_0 + \alpha_1 \mathrm{ky}_i + \alpha_2 \mathrm{kl}_i + \alpha_3 \mathrm{marketpower}_i + \alpha_4 \mathrm{marketpower}_i \times \mathrm{type}_i + \beta X_i + \varepsilon_i$$

$$(8\text{-}27)$$

其中,type_i 表示企业类型,用国有企业虚拟变量 soe 和外资企业虚拟变量 foreign 来表示,估计结果显示在表 8.4 中。第(1)列的关键解释变量是 local 和 local 与国有企业虚拟变量 soe 的交互项 local_soe,第(2)列是 local 和 local 与外资企业虚拟变量 foreign 的交互项 local_foreign。第(3)列的关键解释变量是 national 和 national 与国有企业虚拟变量 soe 的交互项 national_ soe，第（4）列是 national 和 national 与外资企业虚拟变量 foreign 的交互项 national_foreign。第（5）列是 internation 和 internation 与外资企业虚拟变量 foreign 的交互项 internation_foreign。由于样本中没有以国际为主要销售市场的国有企业，所以没有 internation 与国有企业虚拟变量 soe 的交互项。

从第（1）列中发现 local 系数显著为负，但是 local 与国有企业虚拟变量 soe 的交互项 local_soe 的系数显著为正，并且交互项系数值 16.06 大于 local 系数的绝对值 4.13。这说明，是否为国有企业会对市场势力与劳动收入份额的关系产生影响。如果企业为国有企业，local 对劳动收入份额的综合影响由负变为正，即企业若为国有，则垄断势力越大，劳动收入份额越高。第（2）列与第（1）列形成对比，local 与外资企业虚拟变量 foreign 的交互项 local_foreign 的系数仍然为负且不显著，说明企业若为外资企业，则垄断势力越大，劳动收入份额越低。第（3）列和第（4）列中，national、national_soe、national_foreign 均不显著。第（5）列中，internation 系数仍然为正，交互项系数为负但不显著。这些说明，竞争程度越大，劳动收入份额越高仍然成立，并不受企业是否为外资企业的影响。

以上实证部分基本证实了理论部分的阐述，垄断势力在其他条件不变情况下降低劳动收入份额，并且这种负向影响受到企业性质的影响，可能的原因是超额利润分配状况在不同性质企业中不同。

表8.4　市场势力与企业性质交互项对劳动收入份额影响回归结果

变量	（1）	（2）	（3）	（4）	（5）
ky	1.574***	1.556***	1.553***	1.569***	1.589***
	(0.273)	(0.271)	(0.271)	(0.275)	(0.271)
kl	-0.00289***	-0.00288***	-0.00287***	-0.00289***	-0.00289***
	(0.000365)	(0.000365)	(0.000365)	(0.000369)	(0.000364)
local	-4.130***	-3.364**			
	(1.579)	(1.615)			
local_soe	16.060**				
	(7.417)				

续　表

变量	（1）	（2）	（3）	（4）	（5）
local_foreign		−5.073			
		(5.954)			
national			0.697	0.815	
			(1.409)	(1.421)	
national_soe			−2.196		
			(4.903)		
national_foreign				−2.503	
				(2.497)	
internation					5.422**
					(2.492)
internation_foreign					−7.249
					(4.416)
skill	0.0657***	0.0662***	0.0653***	0.0655***	0.0646***
	(0.0235)	(0.0236)	(0.0237)	(0.0237)	(0.0236)
temp	−0.0903**	−0.0923**	−0.0887*	−0.0884*	−0.0994**
	(0.0456)	(0.0458)	(0.0466)	(0.0467)	(0.0464)
edu	−1.481***	−1.498***	−1.482***	−1.477***	−1.548***
	(0.333)	(0.333)	(0.334)	(0.335)	(0.336)
production	0.227***	0.226***	0.230***	0.228***	0.225***
	(0.0586)	(0.0588)	(0.0589)	(0.0591)	(0.0586)
financons	−2.941**	−2.983**	−3.147**	−3.186**	−2.918**
	(1.324)	(1.329)	(1.328)	(1.330)	(1.330)
size	−1.509	−1.277	−0.741	−0.707	−0.898
	(0.952)	(0.956)	(0.946)	(0.951)	(0.931)
provcap	2.662**	2.709**	2.413*	2.413*	2.787**
	(1.323)	(1.323)	(1.328)	(1.328)	(1.333)
busicity	−3.665**	−3.725**	−3.757**	−3.780**	−3.886**
	(1.722)	(1.736)	(1.747)	(1.747)	(1.730)

续　表

变量	（1）	（2）	（3）	（4）	（5）
常数项	33.26***	33.03***	30.49***	30.50***	31.74***
	（6.809）	（6.816）	（6.895）	（6.925）	（6.845）
观测数	923	923	923	923	923
R^2	0.141	0.139	0.135	0.135	0.140

注：被解释变量为劳动收入份额 ls。***表示 $p < 0.01$，**表示 $p < 0.05$，*表示 $p < 0.1$，括号中是稳健标准误。

　　本章继续考察现实中企业超额利润在资本和劳动之间如何分配。要得到超额利润（或总租金）的具体数值，首先需要知道保留工资和正常利润，然后根据图 8.1 的企业增加值分配过程，可以得到总租金 =（劳动者报酬 - 保留工资）+（营业利润 - 正常利润），总租金在资本与劳动之间的分配比例就是（营业利润 - 正常利润）/（劳动者报酬 - 保留工资）。要得到企业保留工资总额和企业正常利润，需要确定保留工资率和正常利润率。保留工资率和正常利润率是理论上的概念，并没有对应的实际数据，本章利用现实数据中工资率和利润率的分布形态，确定某个百分位上的数值为保留工资率和正常利润率。

　　本章使用 1998—2007 年中国工业企业数据库的数据，用工资率（工资总额/从业人数）的中位数作为保留工资率，具体数值为 11.134 千元/年。用总资本回报率的中位数作为正常利润率，数值为 22.702%。总资本回报率的计算方法为：

$$总资本回报率 = \frac{营业利润 + 折旧/消费者物价指数}{企业固定资产/投入平减指数} \times 100\%。$$

　　确定了保留工资率和正常利润率之后，将它们乘以企业劳动数量和资本存量，就可以得到企业需要支付的保留工资总额和应得的正常利润总额，然后就可以计算出总租金以及总租金在劳动和资本之间的分配比例，计算结果见表 8.5。（wl - wl_norm）/rent 表示工资总额扣除保留工资总额后占总租金的比例，也就是总租金中劳动收入得到的比例，其中 wl_norm 表示保留工资总额。这一比例的均值为 32.65% ,中位数为 23.19% 。不同类型企业的这个指标存在明显差异,国有企业均值为 37.31% ,中位数为 30.00% ,明显高于民营企业和外资企业。这个统计上的差异基本可以佐证国有企业垄断利润的分配相对于其他企业更偏向于劳动的猜测。其他几行数据都是劳动收入占总收入的百分比,是排除了生产税的实际劳动收入份额。它们之间的不同在于劳动收入包含的内容,wl 仅包含工资,wl1 包含工资和福利费,wl2 多了劳动失业保险,wl3 多了住房公积金和养老保险。将不考虑税收的实际劳动收入份额与总租金中劳动收入占比相比较,发现后者明显小于前者。这说明,超额利润的分配大部分归于资本收入,小部分归于劳动收入。

表 8.5 超额利润的分配

单位:%

变量	国有		民营		外资		全部	
	均值	中位数	均值	中位数	均值	中位数	均值	中位数
(wl − wl_norm)/rent	37.31	30.00	31.84	22.35	31.73	21.58	32.65	23.19
wl/(wl + rk)	43.74	39.40	39.90	35.61	36.97	29.47	39.24	33.59
wl1/(wl1 + rk)	45.58	42.13	41.45	38.43	38.03	30.44	40.68	35.60
wl2/(w2l + rk)	46.12	42.59	41.66	38.59	38.20	30.95	40.91	35.84
wl3/(wl3 + rk)	47.67	44.77	42.49	39.70	39.26	33.06	41.87	37.37

第九章　融资约束与劳动收入份额

本章讨论融资约束对企业劳动收入份额的影响及其机制。本章首先阐述融资约束影响劳动收入份额的两条机制——价格机制和数量机制。价格机制中融资约束体现在资本价格高于市场价格,数量机制中融资约束体现为信贷额度限制。然后从两条机制的理论分析中推出五个可供实证检验的推论,最后用企业层面的数据构建计量模型分别验证之。

第一节 机制分析

一、价格机制

融资约束影响企业劳动收入份额的第一条机制是通过融资成本起作用,可以称之为价格机制。这里假设融资约束的表现形式是价格而不是数量,也就是说,存在融资约束时企业面临的贷款利率比市场竞争性利率高,但在贷款数量上没有限制。与市场势力的作用机制类似,企业面临的融资环境差异同样可以转化为超额利润的差异,然后通过超额利润的分配来对劳动收入份额产生影响。不同的是前者是产品市场上的"开源增收",后者是资本要素市场上的"节流减支"。假设不同企业面临的产品市场和劳动力市场均为竞争性市场,产品价格 P 和劳动工资 w 外生给定,异质性仅体现在不同的资本价格上。如果没有融资约束也没有融资优惠时的资本价格为 r,则存在融资约束时企业的资本价格就可以表示为 θr,其中 $\theta > 1$,所以 $\theta r > r$。相对地,享受融资优惠条件的企业的资本价格可以表示为 $\frac{r}{\theta}$,$\frac{r}{\theta} < r$。三类企业所能获得的利润可分别表示为:

$$\pi_{\text{constraint}} = PY_i - (wL_i + \theta r K_i) \tag{9-1}$$

$$\pi_{\text{non}} = PY_i - (wL_i + r K_i) \tag{9-2}$$

$$\pi_{\text{favorable}} = PY_i - \left(wL_i + \frac{r}{\theta}K_i\right) \tag{9-3}$$

如果假设受到最严重融资约束的企业的产出收益正好抵消成本，即 $\pi_{\text{constraint}} = 0$，那么享有融资优惠的企业和既没有融资约束也没有融资优惠（融资中性）的企业将会得到正的利润 π_{non} 和 $\pi_{\text{favorable}}$：

$$\pi_{\text{non}} = PY_i - (wL_i + \theta rK_i) + (\theta - 1)rK_i = (\theta - 1)rK_i > 0 \quad (9\text{-}4)$$

$$\pi_{\text{favorable}} = PY_i - (wL_i + \theta rK_i) + \left(\theta - \frac{1}{\theta}\right)rK_i = \left(\theta - \frac{1}{\theta}\right)rK_i > 0$$

$$(9\text{-}5)$$

利润的来源是相对于存在融资约束的企业，享受融资优惠以及融资中性的企业在资金成本上的优势，节省的资金成本完全转变成了企业利润。这个机制类似于级差地租的思想，质量最差区位最差的土地的地租是正好满足市场参与约束的最低基准地租，越肥沃区位越好的土地的地租在基准地租的基础上逐级增加。简单地比较可以发现 $\pi_{\text{favorable}} > \pi_{\text{non}} > \pi_{\text{constraint}} = 0$，并且反映融资约束或优惠程度的 θ 越大，三类企业之间的利润差异越大，可以总结为资本要素市场上的待遇不平等最终导致以利润衡量的企业绩效上的不平等。这一机制不仅适用于资本要素市场，也同样适用于土地、能源、原材料等要素市场。在这些要素市场上，不同企业受到不一致的对待，获得最差待遇的企业要么由于利润为负而退出市场，要么只能得到零利润，获得更好待遇的企业则利润更高，企业在要素市场上的不平等转变为利润的不平等。

$\pi_{\text{constraint}} = 0$ 时，$PY_i = wL_i + \theta rK_i$，面临融资约束的企业的劳动收入份额 $\dfrac{wL_i}{PY_i} = \dfrac{\text{MPV}_L L_i}{PY_i} = \dfrac{L_i}{Y_i}\dfrac{\partial Y_i}{\partial L_i} = \beta$（$\beta$ 为劳动产出弹性），资本份额为 $\dfrac{\theta rK_i}{PY_i} = \alpha$（$\alpha$ 为资本产出弹性），$\alpha + \beta = 1$。如果超额利润根据劳资谈判能力在劳动者和企业之间分配，则三类企业各自的劳动收入份额可表示为：

$$\text{ls}_{\text{constraint}} = \frac{wL_i}{PY_i} = \beta \quad (9\text{-}6)$$

$$\text{ls}_{\text{non}} = \frac{wL_i + \varphi(\theta - 1)rK_i}{PY_i} = \beta + \varphi\left(1 - \frac{1}{\theta}\right)\alpha \quad (9\text{-}7)$$

$$\text{ls}_{\text{favorable}} = \frac{wL_i + \varphi\left(\theta - \frac{1}{\theta}\right)rK_i}{PY_i} = \beta + \varphi\left(1 - \frac{1}{\theta^2}\right)\alpha \qquad (9\text{-}8)$$

其中,φ 表示劳动者相对于企业的谈判能力,表示企业的利润中劳动者所能分到的比例,$0 \leqslant \varphi \leqslant 1$。满足 $\varphi \neq 0$,显然可以得到 $\text{ls}_{\text{favorable}} > \text{ls}_{\text{non}} > \text{ls}_{\text{constraint}}$,享有融资优惠的企业劳动收入份额最高,受到融资约束的企业劳动收入份额最低。并且如果 θ 越大,也就是不同企业所面临的融资环境差异越大,三类企业之间的劳动收入份额差异也越大。

以上已经说明了从三类企业面临的资本价格差异到劳动收入份额差异的逻辑。有的研究将表示融资约束的 θ 乘在总成本($wL_i + rK_i$)之前来体现融资约束的作用(汪伟等,2013),其中暗含的假设是资本价格的差异也会对劳动成本产生影响。这个假设对应到现实中,就是企业运作所需支付的劳动者报酬和所做的固定资产投资都需要事先用贷款来支付。所以劳动成本在原来的工资率乘以劳动数量的基础上,还需要考虑这部分资金的贷款成本。在这种假设下,三类企业的利润为:

$$\pi'_{\text{constraint}} = PY_i - \theta(wL_i + rK_i) \qquad (9\text{-}9)$$

$$\pi'_{\text{non}} = PY_i - (wL_i + rK_i) \qquad (9\text{-}10)$$

$$\pi'_{\text{favorable}} = PY_i - \frac{1}{\theta}(wL_i + rK_i) \qquad (9\text{-}11)$$

同样地,受到最差待遇且还留在市场中的企业利润为 0,$\pi'_{\text{constraint}} = 0$。其他两类企业有正利润,并且融资条件越有利,利润越高。这与之前的情况完全相同。

$$\pi'_{\text{non}} = PY_i - \theta(wL_i + rK_i) + (\theta - 1)(wL_i + rK_i)$$
$$= (\theta - 1)(wL_i + rK_i) > 0 \qquad (9\text{-}12)$$

$$\pi'_{\text{favorable}} = \left(\theta - \frac{1}{\theta}\right)(wL_i + rK_i) > 0 \qquad (9\text{-}13)$$

与之前不同的地方在于,受到融资约束的企业的劳动收入仍为 wL_i,但是由于劳动成本需要用贷款来支付,所以多了一部分基于劳动成本总额的利息支出 $(\theta - 1)wL_i$,而利息支出是属于资本收入的,并且这部分利息支出

的大小与融资约束 θ 有关。

$$PY_i = \theta(wL_i + rK_i) = \underbrace{wL_i}_{\text{劳动收入}} + \underbrace{(\theta - 1)wL_i + \theta rK_j}_{\text{资本收入}} \quad (9\text{-}14)$$

通过求解受到融资约束的企业最大化利润的一阶条件，可得到它的劳动收入份额：

$$\frac{\partial \pi'_{\text{constraint}}}{\partial L_i} = P\frac{\partial Y_i}{\partial L_i} - \theta w = 0 \Rightarrow \frac{wL_i}{PY_i} = \frac{1}{\theta}\frac{L_i}{Y_i}\frac{\partial Y_i}{\partial L_i} = \frac{\beta}{\theta} \quad (9\text{-}15)$$

$$\text{ls}'_{\text{constraint}} = \frac{wL_i}{PY_i} = \frac{\beta}{\theta} \quad (9\text{-}16)$$

此时，受融资约束的企业的劳动收入份额不再完全等于劳动产出弹性 β。由于 θ 的存在，劳动收入份额小于劳动产出弹性，并且融资约束程度越大，劳动收入份额越低。另外两类企业的超额利润同样根据劳资谈判能力 φ 在劳动和资本之间分配，从而可以得到它们的劳动收入份额：

$$\text{ls}'_{\text{non}} = \frac{wL_i + \varphi(\theta - 1)(wL_i + rK_i)}{PY_i} = \frac{\beta}{\theta} + \varphi\left(1 - \frac{1}{\theta}\right) \quad (9\text{-}17)$$

$$\text{ls}'_{\text{favorable}} = \frac{wL_i + \varphi\left(\theta - \frac{1}{\theta}\right)(wL_i + rK_i)}{PY_i} = \frac{\beta}{\theta} + \varphi\left(1 - \frac{1}{\theta^2}\right) \quad (9\text{-}18)$$

同样，$\text{ls}'_{\text{favorable}} > \text{ls}'_{\text{non}} > \text{ls}'_{\text{constraint}}$。另外两类企业的劳动收入份额在受融资约束的企业的劳动收入份额 $\frac{\beta}{\theta}$ 的基础上再加上了利润中劳动所得到的部分。

以上说明，在两种不同假设下，受到融资约束企业的劳动收入份额均更低，享受融资优惠的企业的劳动收入份额更高。现在考虑融资环境差异对于加总层面的超额利润和劳动收入份额的影响。假设三类企业的数量相同，增加值相同，则加权平均劳动收入份额 $\text{lsw}' = \frac{\beta}{\theta} + \frac{1}{3}\varphi\left(1 - \frac{1}{\theta}\right)\left(2 + \frac{1}{\theta}\right)$，将其对融资约束 θ 求一阶导数：

$$\frac{\partial \text{lsw}'}{\partial \theta} = \frac{\varphi\left(\frac{1}{3} + \frac{2}{3\theta}\right) - \beta}{\theta^2} < 0（\text{如果 } \varphi < \beta） \quad (9\text{-}19)$$

由于 $\theta > 1$，可以得到 $\left(\dfrac{1}{3} + \dfrac{2}{3\theta}\right) < 1$，那么 $\varphi\left(\dfrac{1}{3} + \dfrac{2}{3\theta}\right)$ 就小于 φ。而劳动者相对于企业的谈判能力 φ 通常小于劳动产出弹性。如果 $\varphi < \beta$ 成立，则式（9-19）小于 0，说明从整体经济来看，不同企业面临的融资环境差异会带来整体加权劳动收入份额的下降。同样的方法可以得到加权平均超额利润份额：

$$\frac{\pi'}{PY_i} = \frac{(\theta - 1)(wL_i + rK_i) + \left(\theta - \dfrac{1}{\theta}\right)(wL_i + rK_i)}{PY_i} = 2 - \frac{1}{\theta} - \frac{1}{\theta^2} \tag{9-20}$$

对式（9-20）求一阶导数得到：

$$\frac{\partial \dfrac{\pi'}{PY_i}}{\partial \theta} = \frac{1}{\theta^2} + \frac{1}{\theta^3} > 0 \tag{9-21}$$

不同企业面临的融资环境差异越大，经济体加总的超额利润份额就越高。正是由于超额利润份额提高，并且劳动在其中分得较少的一杯羹，两者同时导致了整体劳动收入份额下降。

简单总结一下融资约束影响劳动收入份额的价格机制的逻辑推演结论：

第一，体现融资约束的资本价格不管是只作用于企业的投资还是同时也作用于劳动成本，也就是说企业的贷款不管是仅用于固定资产投资还是也用作日常的营运资金，只要不同企业存在融资环境上的差异，就会有劳动收入份额的差异，受到融资约束的企业劳动收入份额较低，享有融资优惠的企业劳动收入份额较高。第二，如果贷款的用途包括支付劳动报酬，则融资约束会同时降低各类企业的基准劳动收入份额，使之低于劳动产出弹性。第三，从总体加总层面上看，企业融资环境差异扩大会导致加总超额利润占比提高，以及加总劳动收入份额降低。

可供实证检验的推论有：

推论 1：受到融资约束的企业超额利润较低，有融资优惠的企业超额利润份额较高,即融资环境与超额利润份额相关。

推论 2：某个地区或行业内部不同企业间融资环境差异较大,则这个地区或行业相对于其他地区或行业的超额利润占比更高,并且这个地区或行业的劳动收入份额较低。

推论 3：对于营运资本的来源中贷款比例较高的企业,融资约束对劳动收入份额的影响更大。

二、数量机制

融资约束影响劳动收入份额的第二种机制着眼于企业的资金配置行为,是通过贷款数量限制起作用的,可以称之为数量机制。这里假设融资约束的表现形式是贷款额度限制而不是价格。存在融资约束的企业由于预期到下一期很难得到贷款,所以会在本期尽量压低劳动成本,使更多的超额利润作为未分配利润或留存收益保留在企业内部,以作为下一期的投资资金。所以面临融资约束的企业相对于没有融资约束的企业,有更强的激励去压低劳动成本,而能否压低劳动成本还取决于劳动力市场的状况。

融资约束影响劳动收入份额的数量机制可以分两个方面来讨论。

第一,在其他条件不变情况下,融资环境的变化会使得劳资相对谈判能力发生变化。企业融资如果变得更加困难,也就意味着信贷额度与企业最优贷款数量的差距扩大,企业就不得不从其他渠道来尽量弥补这个差距。当然,其他渠道的融资方式也是有成本的,民间借贷、股权融资的成本可能比银行贷款的成本更高,成本最低的方式就是内源融资,而扩大内源融资的方式就是尽量将利润留在企业内部,少分红或不分红,减少对劳动的额外支付,如奖金、津贴、社保等。外部融资环境的这种改变会直接导致企业融资行为的改变,从而导致在劳动力市场的工资谈判中,企业一方的相对谈判能力提高,因此超额利润的分配自然会更加偏向于资本,劳动收入份额下降。

第二,融资环境对劳动收入份额是否有影响取决于劳动力技能水平。技能劳动者的努力程度很难被监督,因此下面的讨论与效率工资有关。如果劳动者的努力程度与产出绩效有关而劳动者的努力难以监督,企业通常会采用效率工资来激励员工。当企业存在融资约束时,可支配的资金小于最优的投资数量,企业就面临一个选择,是将有限的超额利润用于下一期投资还是用于效率工资。前者通过投资扩大企业资本存量从而提高产出,后者由于劳动者努力程度提高,劳动效率提高,从而产出提高。企业需要在这两者之间做出一个选择,选择的依据是额外 1 单位超额利润用于两种不同的用途能够带来的边际产出孰高孰低。也可以用简单的数理模型来表述,设生产函数为 $Y_t = F(A_t, K_t, e(w_t)L_t)$,其中 $e(w_t)$ 表示劳动者的努力程度,它是工资的单调递增函数。1 单位超额利润用于投资转变为资本存量所能带来的边际产出为 $\dfrac{\partial Y_t}{\partial K_t} = \dfrac{\partial F(A_t, K_t, e_t L_t)}{\partial K_t} = F_K$;1 单位超额利润用于支付劳动者效率工资能带来的边际产出为 $\dfrac{\partial Y_t}{\partial w_t} = \dfrac{\partial F(A_t, K_t, e_t L_t)}{\partial e(w_t)L_t} \dfrac{\partial e(w_t)L_t}{\partial e(w_t)} \dfrac{\partial e(w_t)}{\partial w_t} = \dfrac{\partial e(w_t)}{\partial w_t} L_t F_{eL}$,其中 $\dfrac{\partial e(w_t)}{\partial w_t} L_t$ 为 1 单位工资提高能带来的有效劳动的增加数量。当 $F_K > \dfrac{\partial e(w_t)}{\partial w_t} L_t F_{eL}$ 时,超额利润用于下一期投资效率更高,企业就不会用超额利润支付效率工资。相反地,当 $\dfrac{\partial e(w_t)}{\partial w_t} L_t F_{eL} > F_K$ 时,效率工资使得劳动者努力程度提高带来的产出增加超过了用于投资带来的回报,企业就会选择提高劳动者的报酬。这两者的大小与以下两个因素密切相关:生产技术中有效劳动和资本的相对重要性(即 F_K 和 F_{eL})、工资与努力程度之间的关联程度 $\dfrac{\partial e(w_t)}{\partial w_t}$。如果工资与努力程度之间没有关系或关系很弱,也就是效率工资的提高并不能有效激励员工的工作热情,也就无法显著提高产出,此时 $F_K > \dfrac{\partial e(w_t)}{\partial w_t} L_t F_{eL}$ 的情况更可能出现;如果资本要素相对于劳动要素在企业的生产中是更加重要的,这可能是由于资本太过于稀缺,也可能是行业性质和生产工艺技术性质所决定的,同样也更可能出现 $F_K > \dfrac{\partial e(w_t)}{\partial w_t} L_t F_{eL}$ 的情况。信贷额度收紧,会导致企业更加缺少资金,每单位资本的边际产出 F_K

更大,那么更大比例的企业会满足 $F_K > \dfrac{\partial e(w_t)}{\partial w_t} L_t F_{eL}$,原来支付效率工资的企业可能由于融资环境的变化而将这部分资金储蓄起来用作下一期投资。

以上理论分析所能导出的可供实证检验的推论有:

推论 4:受到融资约束的企业的投资应该更多地依赖于内源融资,而内源融资比例高的企业在劳动力市场上的相对谈判能力较强,劳动收入份额较低。

推论 5:融资约束对劳动收入份额的负向效应在技能劳动占比较高的企业中应该更小。

第二节　实证检验

本章使用企业数据来验证融资约束影响劳动收入份额的两条机制——价格机制和数量机制。数据来源主要是 1998—2007 年的中国工业企业数据库、世界银行 2005 年中国投资环境调查(China-Investment Climate Survey 2005)和世界银行 2012 年中国企业调查(China-Enterprise Survey 2012)。

第一个待检验的推论是,有融资约束的企业超额利润份额较低,企业层面融资约束与超额利润负相关。只需要简单的统计即能清晰地看到融资约束与企业超额利润之间的关系。超额利润通常与总利润是正相关的,本章采用三个指标来度量利润:第一个是 $\dfrac{营业利润}{净固定资本} \times 100\%$;第二个是 $\dfrac{营业利润}{企业增加值} \times 100\%$;第三个是超额利润占增加值的百分比,其中超额利润 =(劳动者报酬 − 正常工资率 × 劳动数量)+(资本收入 − 正常资本回报率 × 资本存量),其中资本收入 = 营业利润 + 利息支出 + 折旧,折旧设为资本存量的 10%。计算中需要用到的劳动者报酬、劳动数量、资本存量、营业利润、利息支出在数据集中均有直接度量指标,需要进一步确定的是正常工资率和正常资本回报率。本章从企业平均工资(劳动者报酬/劳动数量)和资本回报率(资本收入/资本存量)的密度分布图中来确定它们。本章利用世界银行 2005 年中国投资环境调查的企业数据绘制出资本回报率和工资的密度分布图。如图 9.1 所示,资本回报率在 15% 左右时的密度最高,说明大部分企业的资本回报率在 15% 左右,就将它作为正常资本回报率。同样地,从图 9.2 可以看到工资在 9000 元左右的密度最高,就将 9000 元作为正常的工资。然后用前面所述的方法就能计算得到超额利润份额。

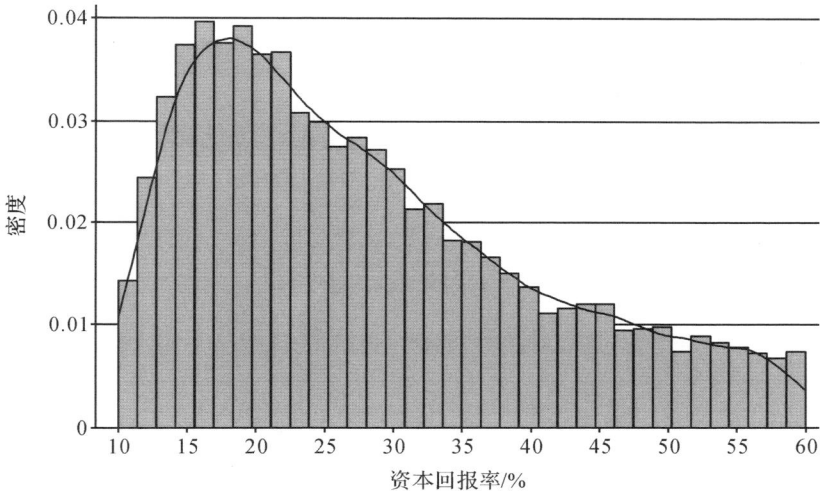

图 9.1 资本回报率分布

数据来源:世界银行 2005 年中国投资环境调查。

对于融资环境的度量,本章从调查问卷中选取四个相关的问题:①与 2003 年相比,企业从合法的银行和金融机构申请贷款变得更难了还是更容易了?②企业是否享受有利的信用透支条款?③最近的一项贷款是否需要抵押品?④是否需要支付非正式费用给银行或贷款提供机构的工作人员?表 9.1 列示了不同融资环境下三个利润指标的观测数、均值和中位数。比较发现,融资环境越困难的企业组别利润率的均值和中位数都越低。表 9.1 的统计结果基本能够证实融资约束与超额利润份额负相关的关系。

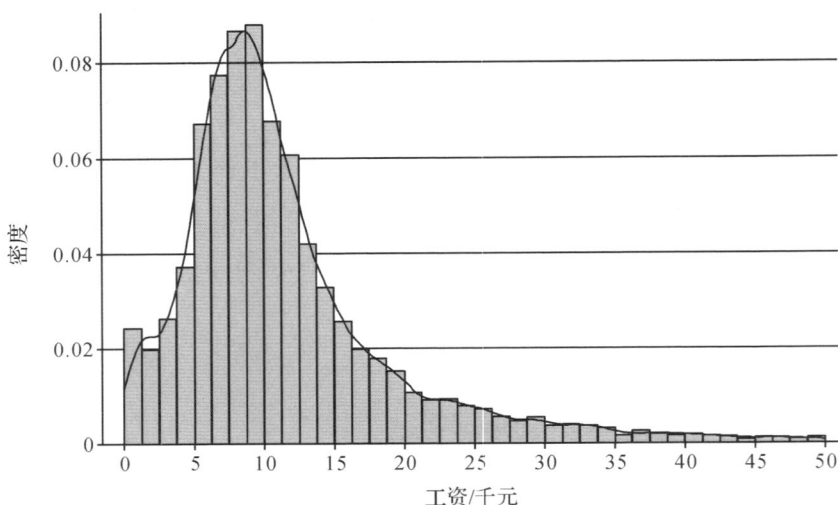

图9.2　工资分布

数据来源：世界银行2005年中国投资环境调查。

表9.1　不同融资环境下的利润率和超额利润份额

融资环境		单位固定资本利润/%			单位增加值利润/%			超额利润份额/%		
		观测数	均值	中位数	观测数	均值	中位数	观测数	均值	中位数
贷款比去年更容易还是更难了？	1 更容易了	846	31.1	17.6	858	25.6	27.2	332	48.2	49.1
	2 没有变化	3047	26.2	12.6	3114	20.4	19.4	1034	43.9	43.8
	3 难了一点	2938	22.0	10.5	2938	19.4	19.2	1187	42.0	41.3
	4 难了很多	2401	14.9	5.0	2350	12.8	11.4	793	38.6	37.2
	5 根本得不到贷款	1481	11.2	1.2	1434	4.5	3.8	220	36.7	33.1
是否享受信用有利条款？	0 享受	3266	22.8	12.3	3241	21.9	22.2	1608	43.8	43.3
	1 不享受	7879	20.5	7.0	7903	14.6	12.9	2009	40.5	39.7
是否需要抵押品？	0 否	1990	23.6	10.7	2009	18.0	18.1	687	44.8	45.1
	1 是	5766	20.2	8.7	5709	17.7	17.0	2364	41.4	40.5

融资环境		单位固定资本利润/%			单位增加值利润/%			超额利润份额/%		
		观测数	均值	中位数	观测数	均值	中位数	观测数	均值	中位数
是否需要支付非正式费用给银行或贷款提供机构的工作人员？	0 否	9479	21.4	8.9	9466	17.2	16.3	3295	42.1	41.4
	1 是	726	18.6	6.9	713	16.2	15.4	193	42.0	41.2

数据来源：世界银行 2005 年中国投资环境调查。

推论 2 是融资环境差异越大的地区和行业，超额利润占比越高，劳动收入份额越低。本章利用中国工业企业数据库数据计算企业负债率的基尼系数和资金成本［（利息支出/负债）×100%］的基尼系数，来反映地区和行业内部融资环境不平等。首先计算每个省份内企业间的负债率基尼系数和资金成本基尼系数，并按前述方法计算劳动收入份额和超额利润份额，劳动收入份额 =（工资总额/增加值）×100%，其中增加值 = 工资总额 + 营业利润 + 折旧 + 利息 + 生产税。超额利润 =（实际工资总额 − 9000 × 从业人数）+（实际资本收入 − 15% × 资本存量），其中资本收入 = 营业利润 + 折旧 + 利息，超额利润份额 =（超额利润/增加值）×100%。然后统计每个省份的超额利润份额中位数和劳动收入份额中位数。最后根据融资环境不平等和劳动收入份额两方面的信息绘制二维散点图以及拟合线。图 9.3 是分省份的负债率基尼系数与超额利润份额的散点图和拟合线，显示两者正相关，融资环境不平等程度较高的地区超额利润份额较高。图 9.4 和图 9.5 分别是两个融资环境不平等的指标与劳动收入份额的散点图和拟合线。两幅图均显示，融资环境越不平等的地区，劳动收入份额的中位数越低。本章将同样的方法用于分行业的计算，发现在两位数行业大类中也显示相同的规律。如图 9.6 所示，融资环境不平等程度越高的行业，劳动收入份额中位数越低。这些统计结果基本可以证实推论 2。

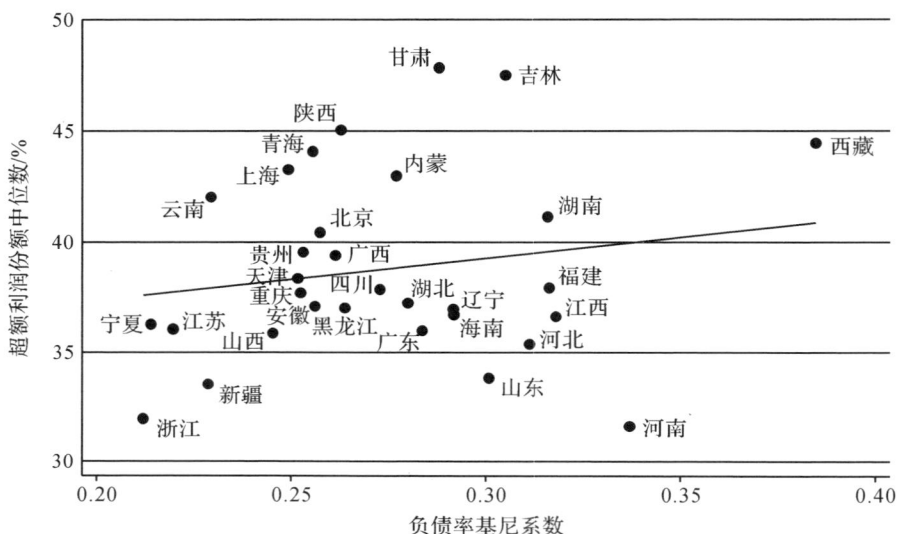

图 9.3　负债率不平等与超额利润份额

数据来源：中国工业企业数据库。

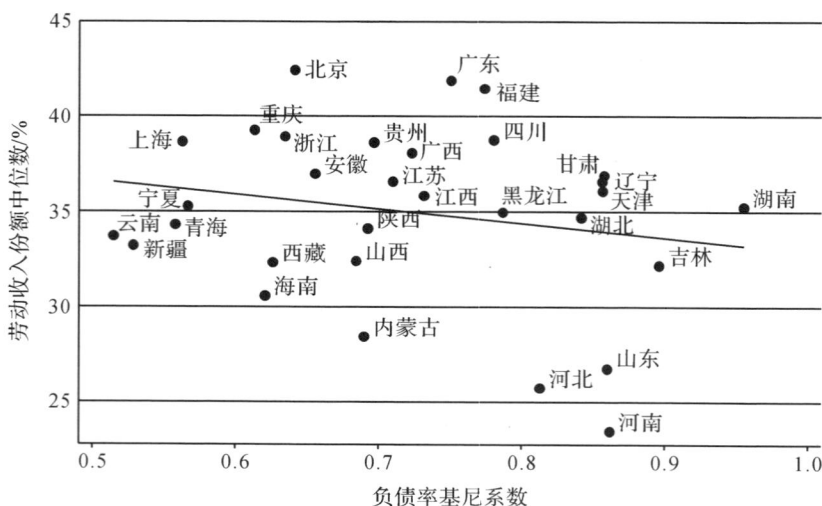

图 9.4　负债率不平等与劳动收入份额

数据来源：中国工业企业数据库。

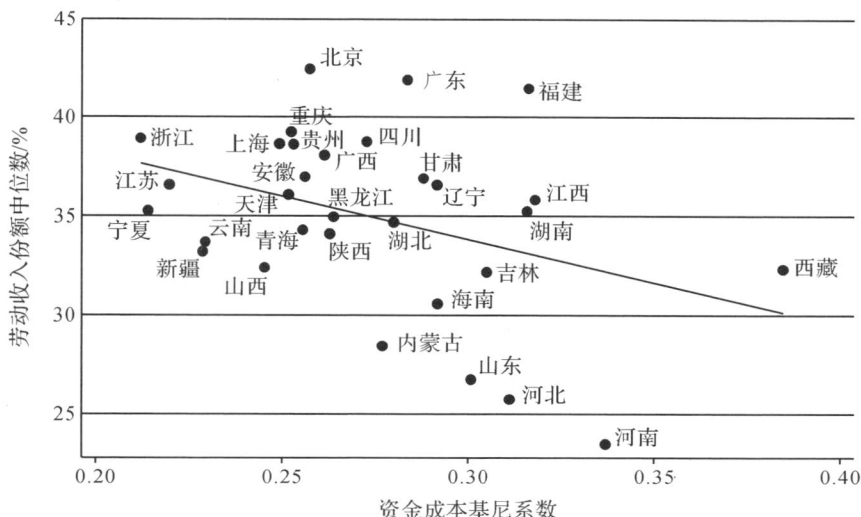

图 9.5　资金成本不平等与劳动收入份额

数据来源：中国工业企业数据库。

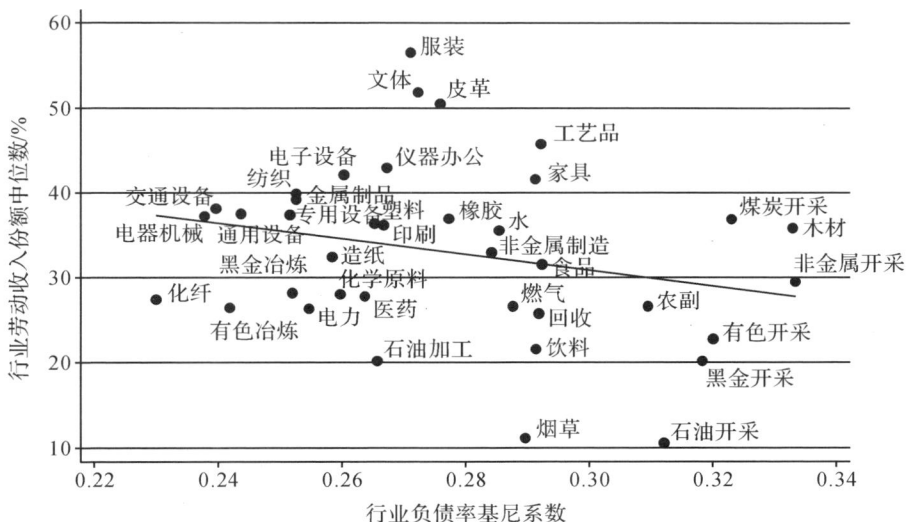

图 9.6　行业负债率不平等与劳动收入份额

数据来源：中国工业企业数据库。

推论 3 是营运资本中来源于贷款的比例越高的企业，融资约束对劳动收入份额的负向影响作用越大。本章使用世界银行 2012 年中国企业调查的数据来检验这一交互作用。计量模型设为：

$$\text{ls}_i = \alpha_0' + \alpha_1 \text{financons}_i + \alpha_2 \text{financons}_i \times \text{bank}_i + \beta X_i + \varepsilon_i \quad (9\text{-}22)$$

其中,financons 表示融资约束,用企业不申请贷款的原因来度量。若原因为不需要贷款,则 financons = 0;若为其他原因,则 financons = 1。bank 表示企业营运资本的来源中贷款所占的比例,用两个指标来度量它,一个是银行贷款(包括私有和国有银行)的比例,另一个是银行贷款比例与其他金融机构贷款(包括小额信贷机构、信用社、金融公司等)比例之和。在这样的设定下,融资约束上升 1 个单位对劳动收入份额的影响为 $\alpha_1 + \alpha_2 \text{bank}$,预期 α_1 和 α_2 均为负,表明融资约束对劳动收入份额的影响为负,且营运资本中来源于银行贷款的比例越高,这种负向影响越大。

本章运用加入稳健标准误的简单 OLS 方法对上述计量方程进行回归,估计结果见表 9.2。α_1 和 α_2 的符号符合预期。第(1)列的解释变量仅包含融资约束和部分控制变量,第(2)列和第(4)列在第(1)列的基础上加入融资约束与企业营运资本来源中贷款比例的两个指标的交互项,第(3)列和第(5)列分别在第(2)列和第(4)列的基础上加入更多的产品市场和劳动力结构方面的控制变量。结果显示交互项的系数均显著为负,数值范围为 $-0.128 \sim -0.090$,所表示的含义是,营运资本来源中贷款比例上升 1 个百分点,则融资约束对劳动收入份额的负向作用增加 $-0.128 \sim -0.09$。推论 3 由此得到了经验证明。

表 9.2　融资约束与劳动收入份额的回归结果

变量名	变量含义及单位	(1)	(2)	(3)	(4)	(5)
ky	资本产出比	1.592*** (0.290)	1.666*** (0.281)	1.595*** (0.266)	1.663*** (0.279)	1.598*** (0.264)
kl	劳均资本(万元)	-0.0028*** (0.00039)	-0.0029*** (0.00038)	-0.0028*** (0.00037)	-0.0028*** (0.00038)	-0.0028*** (0.00036)
financons	融资约束	-3.081** (1.363)	-1.995 (1.439)	-2.584* (1.423)	-1.690 (1.457)	-2.125 (1.439)
financons × bank1	融资约束与贷款比例交互项1		-0.1190** (0.0584)	-0.0946* (0.0570)		

续　表

变量名	变量含义及单位	（1）	（2）	（3）	（4）	（5）
financons ×bank2	融资约束与贷款比例交互项2				−0.128** (0.0516)	−0.121** (0.0510)
local	本地为主要销售市场			−3.467** (1.682)		−3.507** (1.679)
skill	技能生产工人占比（%）			0.0764*** (0.0246)		0.0781*** (0.0245)
temp	临时工占比（%）			−0.107** (0.0469)		−0.114** (0.0471)
edu	平均受教育年份（年）			−0.870** (0.384)		−0.849** (0.382)
production	生产工人占比（%）			0.188*** (0.0608)		0.189*** (0.0606)
size	企业规模	−0.370 (0.929)	0.207 (0.928)	−0.595 (1.016)	0.209 (0.921)	−0.554 (1.008)
provcap	企业所在地是否为省会城市	1.661 (1.457)	1.755 (1.439)	3.527** (1.447)	1.732 (1.439)	3.536** (1.443)
busicity	所在地是否为主要商业城市	−3.143* (1.778)	−3.372* (1.794)	−3.104* (1.822)	−3.392* (1.792)	−3.191* (1.819)
Constant	常数项	38.99** (16.86)	8.40 (13.28)	25.22 (17.21)	39.47** (17.16)	39.72** (16.79)
Observations	观测数	931	927	919	926	918
R^2	拟合优度	0.161	0.168	0.200	0.170	0.203

注：被解释变量为劳动收入份额 ls。企业所有制性质、行业虚拟变量、省份虚拟变量进入模型，此处省略。***表示 $p<0.01$，**表示 $p<0.05$，*表示 $p<0.1$，括号中是稳健标准误。

推论4是融资约束企业的投资更多依赖于内源融资，而内源融资比例高的企业劳动收入份额较低。本章用固定资产投资中来源于内部资金或留存收益的比例来表示内源融资，若这个指标较大，则说明企业的投资资金主要来源于自身积累，而非外部融资。利用世界银行2012年中国企业调查的数据,将相应内源融资指标依据融资约束指标分类统计,可以得到表9.3。从表9.3中大致可以得到,融资约束越大的企业,内源融资的这个指标越大。

表9.3 不同融资环境下的内源融资比重

融资环境		观测数	均值/%
是否存在融资约束?	否	787	84.53
	是	555	96.27
融资在多大程度上是企业发展的阻碍?	没有阻碍	545	89.87
	有一点阻碍	485	91.17

对于内源融资比例与劳动收入份额的关系,本章利用中国工业企业数据库的面板数据来进行混合 OLS 和固定效应(FE)回归。鉴于数据的可得性,内源融资的指标采用(本年投资/上年增加值)×100% 来计算。投资采用两年之间资本存量的差值加上折旧。估计结果显示在表9.4中,第(1)列和第(2)列为混合 OLS 回归,第(3)列和第(4)列为面板固定效应。第(1)列和第(3)列的解释变量仅包含资本产出比和内源融资指标 internal,以及行业虚拟变量和省份虚拟变量。第(2)列和第(4)列则包含更多的控制变量。观察 internal 的系数和显著性,发现它显著为负,且在不同的模型设定和计量方法下结果非常稳健。这一结果证实了推论4。

表9.4 内源融资与劳动收入份额的回归结果

变量名	变量含义及单位	混合 OLS		FE	
		(1)	(2)	(3)	(4)
ky	资本产出比	6.274*** (0.00596)	3.325*** (0.00515)	2.825*** (0.00449)	2.800*** (0.00460)
internal	内源融资	−0.00106*** (0.000252)	−0.000545*** (0.000206)	−0.00220*** (0.000154)	−0.00337*** (0.000204)
monopoly	行政垄断行业虚拟变量		−14.800 (18.78)		4.159 (86.03)

变量名	变量含义及单位	混合 OLS		FE	
		(1)	(2)	(3)	(4)
tfp	全要素生产率		-7.151^{***}		-6.417^{***}
			(0.433)		(0.561)
debtrate	负债率		0.167^{***}		0.174^{***}
			(0.0167)		(0.0257)
statecapitalr	实收资本中国有资本比例(%)		0.0557^{*}		-0.0329
			(0.0321)		(0.0373)
totalprofitrate	总利润率(%)		-0.243^{***}		-0.328^{***}
			(0.0185)		(0.0223)
citycap	省会城市虚拟变量		1.245		2.293
			(1.150)		(6.691)
Constant	常数项	46.44	436.00^{***}	47.29	48.69
		(866,364)	(19.05)	(92.50)	(72.98)
Observations	观测数	865569	817733	865569	817733
R^2	拟合优度	0.561	0.339	0.423	0.425

注:被解释变量为劳动收入份额 ls。行业虚拟变量和省份虚拟变量进入全部模型,企业规模虚拟变量和企业所有制虚拟变量进入模型(2)、(4)。***表示 $p<0.01$,**表示 $p<0.05$,*表示 $p<0.1$,括号中是稳健标准误。

推论 5 是融资约束对劳动收入份额的负向影响在技能劳动占比较高的企业中更小。所要检验的是融资约束与技能劳动的交互项对于劳动收入份额的影响。国家统计局 2004 年企业普查数据提供了劳动力结构相关的变量,本章采用 2004 年企业普查的截面数据来验证这一交互作用,计量模型设定为:

$$\ln ls_i = \alpha_0 + \alpha_1 financcons_i + \alpha_2 financcons_i \times skill_i + \beta X_i + \varepsilon_i \quad (9\text{-}23)$$

其中,$skill_i$ 表示企业劳动力中技能劳动的比例,用三个指标来度量它:①企业劳动力中大专及以上教育程度人数占比,edu =(研究生人数 + 本科人数 + 大专人数)/雇佣人数;②企业劳动力中具有专业技术职称的人数占比,

skilltitle = (高级技术职称 + 中级技术职称 + 初级技术职称)/雇佣人数;③企业劳动力中具有技术等级人数占比,skilllevel = (高级技师 + 技师 + 高级工 + 中级工)/雇佣人数。由前述可知负债率可以反映企业融资环境,负债率较低表示融资约束较大。为了更直观地反映融资约束,用 debtinverse = (100% − 负债率)来度量融资约束,两者应是正向关联。在上述计量模型设定下,融资约束提高 1 个百分点对劳动收入份额的影响为 $\alpha_1 + \alpha_2 skill_i$。如果推论 5 成立,技能劳动占比高的企业融资约束对劳动收入份额的负向影响会弱一些,则预期 α_1 为负,α_2 为正。

估计结果见表 9.5,第(1)列是基准模型,仅包含融资约束和控制变量,第(2)列到第(4)列分别在第(1)列的基础上加入三个技能劳动占比指标与融资约束的交互项。融资约束的系数均显著为负,交互项的系数均显著为正,并且经计算在技能劳动的取值范围之内,交互项的正向作用在大部分样本中都小于融资约束非交互项的负向作用,所以总效应仍是负的。推论 5 由此得到证实。

表9.5　融资约束与技能劳动的交互项对劳动收入份额的影响

变量名	变量含义及单位	(1)	(2)	(3)	(4)
lnky	资本产出比	0.694 ***	0.708 ***	0.679 ***	0.694 ***
		(0.00866)	(0.00838)	(0.00346)	(0.00862)
lnkl	劳均资本	− 0.709 ***	− 0.724 ***	− 0.699 ***	− 0.709 ***
		(0.00530)	(0.00530)	(0.00254)	(0.00530)
debtinverse	100% − 负债率	− 0.00089 ***	− 0.00169 ***	− 0.00091 ***	− 0.00099 ***
		(0.00011)	(0.00012)	(5.98e − 05)	(0.00011)
debtinv × edu	融资约束与受教育劳动占比交互项		0.00686 ***		
			(0.00021)		
debtinv × skilltitle	融资约束与专业职称劳动占比交互项			0.00255 ***	
				(0.00016)	

续　表

变量名	变量含义及单位	（1）	（2）	（3）	（4）
debtinv × skillevel	融资约束与技术等级劳动占比交互项				0.00153 ***
					（0.00013）
female	女性劳动占比（%）	− 0.00060 ***	− 0.00039 ***	− 0.00074 ***	− 0.00059 ***
		（4.78e − 05）	（4.80e − 05）	（4.65e − 05）	（5.98e − 05）
totalprofitrate	总利润率（%）	− 0.00274 ***	− 0.00255 ***	− 0.00485 ***	− 0.00272 ***
		（0.000849）	（0.000793）	（0.000292）	（0.000844）
monopoly	行政垄断行业虚拟变量	0.0927	0.0697	0.2570	0.0818
		（0.149）	（0.165）	（427.400）	（0.148）
compete	竞争性行业虚拟变量	− 0.1120	− 0.1100	− 0.0065	− 0.1170
		（0.141）	（0.158）	（443.600）	（0.141）
citycap	省会城市虚拟变量	0.0730 ***	0.0571 ***	0.0771 ***	0.0728 ***
		（0.00243）	（0.00242）	（0.00296）	（0.00243）
size	企业规模	0.136 ***	0.142 ***	0.126 ***	0.131 ***
		（0.00971）	（0.00955）	（0.00930）	（0.00961）
Constant	常数项	6.169 ***	6.196 ***	6.361	6.171 ***
		（0.142）	（0.160）	（397.800）	（0.142）
Observations	观测数	239475	239475	147035	239475
R^2	拟合优度	0.745	0.749	0.752	0.745

注：被解释变量为劳动收入份额 lnls。两位数行业虚拟变量、省份虚拟变量、企业所有制虚拟变量均进入模型。*** 表示 $p < 0.01$，** 表示 $p < 0.05$，* 表示 $p < 0.1$，括号中是稳健标准误。

第十章　劳动力市场制度与劳动收入份额

　　本章第一节首先从微观个体角度利用 2012 年中国劳动力动态调查（China Labor-force Dynamics Survey,简称 CLDS）的劳动力个体数据研究工会组织对劳动者工资的影响,回归结果显示所在企业有工会的劳动者工资显著高于所在企业没有工会的劳动者工资,并且这种工会对工资的正向作用在教育水平较低的样本中更高,也即工会有缩小工资差距的作用,并且这种正向作用在国有企业中较强,在民营企业中较弱。其次从微观企业角度利用 2004 年企业普查数据中的"工会经费"指标进一步来检验工会对于劳动收入份额以及工资、就业的影响,回归分析发现工会对劳动收入份额、工资、就业均存在正向影响。最后验证了工会对劳动收入份额的影响是通过提高劳动者的谈判能力,使得超额利润的分配更倾向于劳动者而实现的。

　　本章第二节运用双重差分方法研究了最低工资调整对劳动收入份额、工资、就业、生产效率的因果效应。本章利用 2006 年最低工资标准调整的外生政策构造实验组和控制组研究发现:最低工资提高对于劳动收入份额和工资,不管在短期还是长期,都具有显著的正向作用;最低工资制度对于就业人数在短期中没有明显影响,而在长期有显著的负向作用,不过工资的提高幅度大于就业人数的降低幅度;最低工资制度对生产效率在短期和长期都没有明显的影响。

第一节　工会组织与劳动收入份额

　　由第八章的图 8.1 可知,劳资谈判能力决定了超额利润的分配,进而影响劳动总收入占增加值的比例。劳资谈判能力的形成和强弱现状可能受长期而深层的经济力量影响,而最终劳资谈判能力的实现需要依靠特定的组织和制度,具体形式是工会。工会相关的理论问题涉及谈判策略等博弈论,不过中国的工会与西方国家工会的运作模式相去甚远,用基于西方工会发展出来的工会理论是否可以直接来解释和理解中国工会的运作机制呢？首先需要弄清楚中国的工会是否代表劳动者群体的利益,是否对劳动者的工资、福利和就业产生促进的作用,作用有多大? 这完全是一个实证问题。也有相关文献讨论过这一议题,如姚洋和钟宁桦(2008)利用 2006 年 12 个城市 1268 家企业的调研数据证实,工会对劳动者的工资和福利确有增进作用,但没有考虑工会对劳动收入份额的影响。魏下海等(2013b)利用 2010年民营企业调查数据进行回归分析,发现工会对工资有正向作用,同时对劳动生产率也有正向作用,且后者大于前者,所以工会对劳动收入份额有降低的作用。但是魏下海等(2013b)用的是截面数据,不能说明工会对劳动生产率的因果关系,只能说明有工会的企业一般劳动生产率较高,而对这一现象的解释更加可能的因果方向是劳动生产率高的企业才会成立工会,而非工会的成立能提高劳动生产率。在考虑工会对劳动收入份额的影响时,应当是在劳动生产率相同的企业中比较有或没有工会的情况下劳动收入份额的高低,也就是要将劳动生产率作为控制变量。本章采用与魏下海等(2013b)不同的数据和方法对这一问题进行实证检验,得到了不同的结果。

我们预期工会对劳动者的工资会有一定的提升作用,对劳动收入份额也有一定的正向影响,但是其作用有多大则是不确定的,并且工会是否发挥作用以及作用程度与其他因素相关,如劳动力结构、企业性质等。在技能劳动占比较高的企业,工会的作用可能会较大,这是因为技能劳动相对于非技能劳动可替代性较低,所以谈判能力较强。不同所有制企业中,工会的作用应该也会存在差异。

本章使用 2012 年中国劳动力动态调查的劳动力个体数据来检验劳动者所在企业是否有工会对劳动者工资的影响,也即工会工人与非工会工人之间的工资差异。本章根据问卷中"您的单位/企业现在有没有工会?"这一问题来构建工会虚拟变量。该数据集同时提供了劳动者 2011 年的工资性收入(包括所有的工资、各种奖金、补贴,扣除个人所得税)和一周工作小时数。根据这两个变量可以计算劳动者的每小时工资收入:年工资性收入/(50 周×每周工作时数)。这样就有了关键解释变量和被解释变量:工资和工会虚拟变量。年工资和小时工资按所在企业是否有的工会的简单分类统计见表 10.1。

表10.1 工会企业员工和非工会企业员工的工资收入

工资收入	所在企业是否有工会	观测数	均值	5%分位点	10%分位点	25%分位点	50%分位点	75%分位点	90%分位点	95%分位点
2011 年工资总收入/万元	否	2242	2.34	0.45	0.70	1.10	2.00	3.00	4.00	6.00
	是	1637	3.80	1.00	1.30	2.00	3.00	4.50	7.00	10.00
2011 年小时工资收入/元	否	2230	10.92	1.67	2.40	4.29	7.14	11.84	20.00	30.00
	是	1630	20.31	4.00	5.36	8.57	14.29	20.83	35.00	50.00

数据来源:2012 年中国劳动力动态调查。

从表10.1 中可以发现,所在企业有工会的劳动者的年工资和小时工资的均值以及不同分位点上的数值均大于所在企业没有工会的劳动者的对应工资。两者的差距在不同分位点上存在差异,工会劳动者比非工会劳动者工资高出的百分数在低分位点上更大,在高分位点上更小。如在 5% 分位点上,工会劳动者的年工资比非工会劳动者高出 122.2% ,而在 95% 分位点上工会劳动者的年工资比非工会劳动者高出 66.7% 。这初步说明工会对于低收入的劳动者作用更大。

上述简单统计比较可能产生比较大的误差,劳动者个体的收入与其个体的特征,如年龄、性别、受教育水平等具有密切关系,这些因素同时可能影响到劳动者是否进入有工会的企业。也就是说,上面观察到的工会工人工资更高可能并不是由于工会身份,而是由于正好工会企业中的劳动者受教育水平更高或者能力更强。这会导致遗漏变量偏误,缓解偏误的方法之一是控制住更多影响劳动者个体工资的变量来进行计量回归。将计量模型设定为:

$$\ln w_i = \alpha_0 + \alpha_1 \text{union}_i + \beta X_i + \varepsilon_i \tag{10-1}$$

其中,下标 i 表示劳动个体, w_i 表示劳动者小时工资收入,union_i 表示劳动者 i 所在企业是否有工会,1 为有,0 为无。X_i 是其他控制变量,包括劳动者受教育程度(小学 =1,初中 =2,高中 =3,职高/技校 =4,中专 =5,以此类推)、年龄、性别(男为 1,女为 0)、父母受教育程度、是否党员(是为 1,否为 0)、是否非农户口（是为 1，否为 0）以及劳动者所在省份、所从事行业及所在单位类型的虚拟变量。

本章采用添加稳健标准误的简单 OLS 回归，估计结果见表 10.2。第（1）列是全部样本的回归，第（2）列和第（3）列是按受教育程度分样本回归，第（2）列是劳动者受教育程度大专以下的样本，第（3）列是大专及以上的样本。第（4）列和第（5）列是按劳动者所在单位类型分样本回归，第（4）列是劳动者所在企业为事业单位、国有企业、集体企业的样本，第（5）列是劳动者所在企业为民营、私营企业，外资、合资企业，个体工商业的样本。五个回归的估计结果均显示工会的系数显著为正，说明工会确实对工资起到了提升作用。但系数值的大小有所不同，全部样本回归结果中工会的系数为0.209，说明在控制了影响工资收入的个体特征和企业差异之后，总体而言所在企业有工会的劳动者比所在企业没有工会的劳动者小时工资仍然高出23.24%（$e^{0.209} - 1$）。从按受教育程度分样本的回归中可以发现，低教育程度样本中工会的回归系数较大，而高教育程度样本中工会的回归系数较小，这说明工会提升工资的作用对于低技能劳动的作用更大，可以佐证如下想法：技能劳动本身由于具有某种程度的不可替代性而拥有一定的谈判能力，所以工会对其谈判能力的提高作用有限，而低技能劳动本来谈判能力很弱，有组织的工会对其谈判能力的增强作用较大。从按单位类型分样本的回归中可以发现，国有性质单位的样本其工会的回归系数较大，而民营和外资性质的样本其工会的回归系数较小，说明工会在国有性质单位中的作用比在民营和外资企业中更大。

控制变量中教育程度、性别、户口的系数均显著为正，也符合通常的直觉。值得注意的是性别的影响在高教育程度的样本中系数较小，说明受教育程度越高，性别的差异对于工资收入的影响越小。是否党员和父亲受教育程度均不显著，说明政治身份与工资收入的关系不大，父亲的受教育水平对子女的工资收入也没有显著影响，但母亲的受教育水平的系数在低教育程度的样本中是显著为正的，说明母亲的文化水平对于子女工资收入的影响还取决于子女本身的受教育程度。若子女本身受教育程度较高，则母亲的受教育程度无影响;若子女本身受教育程度较低,则母亲的受教育程度会对子女的工资收入产生正向的影响。

表 10.2 工会对劳动者工资的影响回归结果

变量名	变量含义	全部样本	按受教育程度分样本		按单位类型分样本	
		（1）	（2）	（3）	（4）	（5）
union	是否有工会	0.209 ***	0.224 ***	0.147 **	0.276 ***	0.145 ***
		（0.0336）	（0.0405）	（0.0592）	（0.0577）	（0.0432）
edu	受教育程度	0.0966 ***	0.1120 ***	0.1310 ***	0.1060 ***	0.0940 ***
		（0.00739）	（0.0145）	（0.0206）	（0.00969）	（0.0110）
age	年龄	0.00174	− 0.00264	0.02580 ***	0.00794 ***	− 0.00059
		（0.00150）	（0.00170）	（0.00324）	（0.00236）	（0.00196）
gender	性别	0.296 ***	0.332 ***	0.178 ***	0.202 ***	0.341 ***
		（0.0269）	（0.0326）	（0.0471）	（0.0409）	（0.0361）
fatheredu	父亲受教育程度	0.00740	0.00506	− 0.00350	0.00096	0.01100
		（0.00757）	（0.01060）	（0.01070）	（0.00984）	（0.01300）
montheredu	母亲受教育程度	0.0107	0.0381 **	− 0.0079	0.0233	0.0031
		（0.0109）	（0.0154）	（0.0151）	（0.0145）	（0.0180）
status	是否党员	0.0611	0.0184	0.0126	0.1520 ***	− 0.0268
		（0.0395）	（0.0582）	（0.0542）	（0.0454）	（0.0823）
hukou	是否非农户口	0.261 ***	0.231 ***	0.334 ***	0.326 ***	0.213 ***
		（0.0381）	（0.0443）	（0.0797）	（0.0593）	（0.0521）
Constant	常数项	1.407 **	1.547 ***	1.706 ***	0.685 **	2.683 ***
		（0.567）	（0.576）	（0.467）	（0.284）	（0.402）
Observations	观测数	3241	2319	922	1218	1838
R^2	拟合优度	0.355	0.254	0.367	0.389	0.304

注:被解释变量为小时工资收入的对数 lnwhour。同时进入模型的控制变量还包括劳动者所在省份、所从事行业以及所在单位类型的虚拟变量。*** 表示 $p < 0.01$,** 表示 $p < 0.05$,* 表示 $p < 0.1$,括号中是稳健标准误。

以上分析从微观个体数据验证了工会对个体劳动者工资收入确有正向

作用，但仍然不知道工会对劳动收入份额及雇佣人数是否有影响，以及影响多大。接下来利用 2004 年企业普查数据来考察工会对于企业劳动收入份额和雇佣人数的影响。数据集中提供了"工会经费"这一指标，利用它可以构建工会的相关指标。数据中共有 276411 家企业，工会经费有数据的样本有 276322 家企业，其中 2 个样本工会经费为负，160854 家企业的工会经费为 0，其他企业的工会经费大于 0。我们将工会经费为 0 的企业视作没有工会组织，将工会经费大于 0 的企业视作有工会组织，从而得到二值虚拟变量 union。另外，对于工会经费大于 0 的企业，可以直接用工会经费支出 unionexp 来直接度量工会的活跃程度。被解释变量为企业的劳动收入份额对数、平均工资对数、从业人数对数，其中平均工资为企业工资总额除以从业人数。

表 10.3 的第（1）列和第（2）列的被解释变量均为劳动收入份额对数，主要解释变量分别为是否有工会 union 和工会经费 unionexp，第（3）列的被解释变量是工资对数，第（4）列的被解释变量是从业人数对数。四个回归模型的具体方程如下：

$$\text{lnls}_i = \alpha_0 + \alpha_1 \text{union}_i + \beta X_i + \varepsilon_i \tag{10-2}$$

$$\text{lnls}_i = \alpha_0 + \alpha_1 \text{unionexp}_i + \beta X_i + \varepsilon_i \tag{10-3}$$

$$\text{ln}w_i = \alpha_0 + \alpha_1 \text{union}_i + \beta X_i + \varepsilon_i \tag{10-4}$$

$$\text{ln}l_i = \alpha_0 + \alpha_1 \text{union}_i + \beta X_i + \varepsilon_i \tag{10-5}$$

其中，下标 i 表示的是企业。估计结果显示，用是否有工会或工会经费两个指标来表示的工会变量均对劳动收入份额有显著的正向影响。从具体的数值来看：有工会的企业相对于没有工会的企业，劳动收入份额高出 4.74%（$e^{0.0463} - 1$）；工会经费支出增加 1 个百分点，劳动收入份额会提高 0.0455 个百分点。工会对工资的正向作用也在第（3）列中再一次得到验证，不过这里有工会组织的企业相对于没有工会组织的企业其平均工资仅高了 5.16%（$e^{0.0503} - 1$）。工会对于就业同样有显著的正向作用，不过这里可能存在较大的内生性问题，从业人数较多、规模较大的企业有工会的可能性较大，而从业人数较少的小规模企业一般没有工会。

表 10.3　工会对劳动收入份额、工资、就业的影响回归结果

变量	变量含义及单位	(1) lnls	(2) lnls	(3) lnw	(4) lnl
union	是否有工会	0.0463 *** (0.00235)		0.0503 *** (0.00216)	0.2460 *** (0.00282)
lnunionexp	工会经费支出(千元)		0.0455 *** (0.00100)		
lnkl	劳均资本对数	− 0.0398 *** (0.00377)	− 0.0541 *** (0.00156)	− 0.0175 *** (0.00263)	− 0.0290 *** (0.00148)
lnyl	劳均产出对数	− 0.632 *** (0.01040)	− 0.616 *** (0.00370)	0.289 *** (0.00756)	− 0.166 *** (0.00290)
profitrate	总利润率(%)	− 0.00297 *** (0.000890)	− 0.00536 *** (0.000259)	− 0.00265 *** (0.000762)	0.000703 *** (0.000237)
debtrate	负债率(%)	0.000409 *** (7.46e − 05)	2.07e − 05 (5.26e − 05)	0.000487 *** (6.93e − 05)	0.000239 *** (5.79e − 05)
female	女性劳动力占比(%)	− 0.000196 *** (4.62e − 05)	− 0.000326 *** (6.90e − 05)	− 0.000473 *** (4.55e − 05)	
edu	大专及以上劳动力占比(%)	0.00318 *** (0.000127)	0.00318 *** (0.000112)	0.00422 *** (0.000105)	
skill	技能劳动占比(%)	0.000383 *** (6.01e − 05)	0.000441 *** (7.43e − 05)	0.000373 *** (6.00e − 05)	
monopoly	垄断行业虚拟变量	0.243 *** (0.0291)	0.196 *** (0.0509)	0.308 (1.1050)	0.495 *** (0.0392)
Constant	常数项	5.640 *** (0.0333)	5.685 *** (0.0527)	1.172 (1.1170)	3.355 *** (0.0421)
Observations	观测数	247838	104486	262958	263260
R^2	拟合优度	0.704	0.723	0.459	0.667

注：企业所在行业、省份、区域、是否省会以及企业所有制、企业规模虚拟变量均进入模型。*** 表示 $p < 0.01$，** 表示 $p < 0.05$，* 表示 $p < 0.1$，括号中是稳健标准误。

确认了工会对于劳动收入份额的正向影响之后，可以进一步更细致地考察工会的这种作用的存在和大小是否与企业性质有关，是否与劳动力结构有关，只要在模型中加入工会变量与劳动力结构、企业性质的交互项即可达到这一目的。表10.4是加入了交互项的估计结果，第（1）列和第（2）列加入了劳动力结构分别与两个工会变量的交互项，其中劳动力结构用大专及以上学历劳动者占比和技能劳动者占比两个变量来度量。第（3）列和第（4）列加入了企业性质分别与两个工会变量的交互项，其中企业性质用国有企业虚拟变量和民营企业虚拟变量来表示。

估计结果显示，不管是使用是否有工会的虚拟变量还是工会经费，工会变量与大专及以上学历劳动者占比的交互项，以及工会变量与技能劳动者占比的交互项系数均显著为正，说明劳动力的受教育程度或技能水平越高，工会对劳动收入份额的正向影响越大，这是因为技能劳动者具有更强的谈判能力。工会与国有企业的交互项显著为正，而工会与民营企业的交互项显著为负，但与工会的一次项系数相加仍为正，说明工会对劳动收入份额的提升作用在国有企业较强，在民营企业较弱。

表10.4 工会与劳动力结构、企业性质的交互项对劳动收入份额的影响回归结果

变量名	变量含义及单位	劳动力结构与工会的交互		企业性质与工会的交互	
		（1）	（2）	（3）	（4）
union	是否有工会	0.0204 ***		0.0676 ***	
		(0.00248)		(0.00333)	
union × edu	工会与大专及以上劳动占比交互项	0.00161 ***			
		(0.000131)			
union × skill	工会与技能劳动占比交互项	0.000993 ***			
		(0.000110)			
lnunionexp	工会经费（千元）		0.0277 ***		0.0598 ***
			(0.00113)		(0.00150)
ln（unionexp × edu）	工会经费与大专及以上劳动占比交互项		0.00127 ***		
			(6.33e−05)		

续　表

变量名	变量含义及单位	劳动力结构与工会的交互		企业性质与工会的交互	
		(1)	(2)	(3)	(4)
$\ln(unionexp \times skill)$	工会经费与技能劳动占比交互项		0.000300*** (4.74e-05)		
$union \times soe$	工会与国有企业交互项			0.0870*** (0.00816)	
$union \times priv$	工会与民营企业交互项			-0.0483*** (0.00342)	
$\ln(unionexp \times soe)$	工会经费与国有企业交互项				0.0151*** (0.00264)
$\ln(unionexp \times priv)$	工会经费与民营企业交互项				-0.0310*** (0.00174)
edu	大专及以上劳动占比(%)	0.00255*** (0.000134)	-0.00062*** (0.000217)	0.00318*** (0.000127)	0.00320*** (0.000111)
skill	技能劳动占比(%)	-0.000140 (8.56e-05)	-0.000512*** (0.000166)	0.000369*** (5.99e-05)	0.000426*** (7.41e-05)
Observations	观测数	247838	104486	247838	104486
R^2	拟合优度	0.705	0.725	0.705	0.725

注:企业层面控制变量和企业所在行业、省份、区域、是否省会以及企业所有制、企业规模虚拟变量均进入模型。***表示 $p < 0.01$,**表示 $p < 0.05$,*表示 $p < 0.1$,括号中是稳健标准误。

　　前面的理论分析中论述了超额利润的分配由劳资谈判能力决定。工会是一种能够提高劳动者谈判能力的制度安排,它对劳动收入份额有正向作用应该是由于在超额利润的分配中,有工会的企业相对于没有工会的企业更加偏向于劳动者。现实中是否如此呢?这里将被解释变量换成超额利润中劳动收入的分配比例重新来进行回归检验。超额利润的计算与前面相同,首先根据工资和资本回报率的密度分布图确定正常的工资为 9000 元/年,正常资本回报率为 13%(资本回报包括折旧和利息),然后超额利润 rent 就等于 $(w - 9000) \times l + (r - 13\%) \times k/100$,其中 w 为工资,

r 为资本回报率，l 为雇佣人数，k 为资本存量。超额利润中劳动收入的分配比例 rentls 就等于 $[(w-9000)l/\text{rent}] \times 100$。估计结果见表 10.5，第（1）、（2）、（3）列的主要解释变量分别是单个工会虚拟变量、工会虚拟变量和工会与劳动力结构的交互项、工会虚拟变量和工会与企业性质的交互项。第（4）、（5）、（6）列的主要解释变量分别是单个工会经费变量、工会经费和工会经费与劳动力结构的交互项、工会经费和工会经费与企业性质的交互项。工会虚拟变量的系数在第（1）、（3）列中显著为正，工会虚拟变量与劳动力结构的交互项系数也显著为正，与国有企业虚拟变量的交互性显著为正，而与民营企业的交互项显著为负。这个结果与被解释变量为劳动收入份额时大致相似，说明工会对于超额利润中劳动分配比例和劳动收入份额有着相似的正向影响，可以解读为工会通过提高劳动者的谈判能力来提升超额利润中劳动收入的分配比例，从而使得劳动收入份额得以提高。不同的是，在第（2）列中工会虚拟变量的系数不显著且数值相当小，可能的解释是只有在劳动力有一定技能或教育程度时，工会才能提高劳动者的谈判能力，而当企业劳动力构成中普遍都是非技能劳动者或受教育水平较低的劳动力时，工会也很难提高劳动者的谈判能力。工会经费及其交互项对超额利润中劳动分配比例的影响基本与被解释变量是劳动收入份额时基本一致。

表 10.5　工会及工会与劳动力结构、企业性质的交互项对超额利润分配比例的回归结果

变量名	主要解释变量为工会虚拟变量及交互项			主要解释变量为工会经费及交互项		
	（1）	（2）	（3）	（4）	（5）	（6）
union	0.059000*** (0.00760)	0.000213 (0.00840)	0.134000*** (0.01080)			
union × edu		0.00336*** (0.000340)				
union × skill		0.00248*** (0.000384)				

变量名	主要解释变量为工会 虚拟变量及交互项			主要解释变量为 工会经费及交互项		
	（1）	（2）	（3）	（4）	（5）	（6）
union × soe			0.0707** （0.0301）			
union × priv			−0.140*** （0.0120）			
lnunionexp				0.0815*** （0.00338）	0.0479*** （0.00390）	0.1170*** （0.00467）
ln(unionexp ×edu)					0.00224*** （0.000157）	
ln(unionexp ×skill)					0.000763*** （0.000160）	
ln(unionexp ×soe)						0.0269*** （0.00912）
ln(unionexp ×priv)						−0.0711*** （0.00576）
edu	0.00669*** （0.000448）	0.00530*** （0.000453）	0.00669*** （0.000447）	0.00596*** （0.000311）	−0.00109* （0.000611）	0.00604*** （0.000310）
skill	0.001490*** （0.000206）	0.000125 （0.000299）	0.001480*** （0.000206）	0.001730*** （0.000261）	−0.000882 （0.000632）	0.001720*** （0.000260）
Observations	122718	122718	122718	55026	55026	55026
R^2	0.271	0.272	0.272	0.304	0.307	0.306

注:被解释变量均为超额利润中劳动收入分配比例（%）的对数值。企业层面控制变量和企业所在行业、省份、区域、是否省会以及企业所有制、企业规模虚拟变量均进入模型。***表示 $p < 0.01$，**表示 $p < 0.05$，*表示 $p < 0.1$，括号中是稳健标准误。

第二节　最低工资制度与劳动收入份额

最低工资制度是劳动力市场上的一项政府干预政策,它的目的是使得低收入的群体能够获得保证基本生活水平的工资收入。最低工资制度对于平均工资的正向作用通常为大家所接受,但是这项制度所带来的就业效应则充满争议(Card and Krueger,1994;Hau et al.,2020)。由于劳动雇佣决策的主动权在企业,面对最低工资的提高,企业可能会减少雇佣劳动力,减少的那部分劳动力就是工资收入小于最低工资的那部分劳动力。所以最低工资制度实施的结果有可能会与它的初衷背道而驰,有可能不但没有使得低收入者的工资提高,反而使得他们失业。有较多研究涉及最低工资制度对平均工资和就业的影响,但较少有最低工资制度对劳动收入份额影响的研究。赵秋运和张建武(2013)用省级面板数据检验了最低工资水平值对劳动收入份额的影响。但各省份最低工资的水平值具有较大的内生性,它与该地区的经济发展水平、平均工资、物价水平等高度相关,而这些因素同时也与各地的劳动收入份额有关,所以用最低工资水平值很难识别出最低工资对于劳动收入份额的因果效应。

最低工资的调整是较为外生的政策冲击,可以看作是一种准自然实验。本节用 DID(difference in difference,双重差分)方法来考察最低工资的调整是否对劳动收入份额有正向的影响,同时检验最低工资对工资、就业和劳均产出的影响。运用 DID 方法需要找到实验组和对照组,以及外生政策变化的时点。按照《最低工资规定》,最低工资标准每两年至少调整一次。事实上,有的省份每年都会调整,有的省份隔两年调整一次,在某个确定的年份,有部分省份调整,部分省份不调整,并且调整的幅度也不同。综合考虑最低工资数据的可得性和中国工业企业数据库的年份涵盖范围,本章选择 2006年作为外生政策冲击的时间点。2006 年省份之间最低工资调整的差异提供了划分实验组和对照组的依据。外生的政策变化时点必须有截断性,这个时点之前与之后的变化只受到这个时点的政策影响而不受到之前或之后的政策的影响。按照这样的要求,本章先从 31 个省份中筛选出 2005 年和 2007 年均没有调整最低工资的省份,这样就排除了所观察到的被解释变量变化是 2005 年或 2007 年的政策变化所导致的可能性。这些省份是西藏、内蒙古、河北、甘肃、云南、广东、青海、新疆、重庆、黑龙江。然后将这些省份按照 2006 年最低工资调整幅度排序,结果见表 10.6。西藏、新疆、内蒙古、甘肃、青海这些省份由于具有太多的特殊性可能会影响到估计结果的普遍性,所以将它们排除在外。最后在剩下的省份中根据 2006 年最低工资调整幅度的大小来选择实验组和对照组,将调整幅度较大的黑龙江和重庆(均在 33% 以上)作为实验组,将调整幅度较小的河北和云南(均在 20% 及以下)作为对照组。

表 10.6　各省份 2006 年最低工资调整幅度

单位:%

省份	最高一档调整幅度	省份	最低一档调整幅度
西藏	0	西藏	0
河北	11.54	内蒙古	4.68
广东	14.04	河北	4.76
云南	14.80	甘肃	6.31
青海	24.32	云南	20.00
甘肃	25.73	广东	27.84
内蒙古	32.31	青海	33.33
新疆	39.75	重庆	33.33
重庆	45.02	新疆	46.67
黑龙江	58.97	黑龙江	58.33

注:由于省份内部各县(市、区)仍然存在较大的发展差距,所以各省份的最低工资针对不同的县(市、区)有三到四档。

本章将计量模型设定为:

$$\ln ls_{it} = \alpha_0 + \alpha_1 t06_t + \alpha_2 treat_i + \alpha_3 t06_i \times treat_i + \beta X_{it} + \varepsilon_{it} \quad (10\text{-}6)$$

其中，$t06_t$ 是时间虚拟变量：若该数据的年份是 2006 年及之后，则为 1；若该数据的年份在 2006 年之前，则为 0。$treat_i$ 为识别样本为实验组或对照组的虚拟变量：若企业 i 所在地为黑龙江或重庆，则 $treat_i = 1$；若企业 i 所在地为河北或云南，则 $treat_i = 0$。$t06_t \times treat_i$ 是两者的交互项，X_{it} 表示一系列控制变量，ε_{it} 是误差项。如何来理解上式中各系数的含义？①若样本是 2005 年对照组企业，则 $E(\ln ls_i \mid t06_t = 0, treat_i = 0) = \alpha_0 + \beta X_i$；②若样本是 2006 年对照组企业，则 $E(\ln ls_i \mid t06_t = 1, treat_i = 0) = \alpha_0 + \alpha_1 + \beta X_i$；③若样本是 2005 年实验组企业，则 $E(\ln ls_i \mid t06_t = 0, treat_i = 1) = \alpha_0 + \alpha_2 + \beta X_i$；④若样本是 2006 年实验组企业，则 $E(\ln ls_i \mid t06_t = 1, treat_i = 1) = \alpha_0 + \alpha_1 + \alpha_2 + \alpha_3 + \beta X_i$。

α_1 是对照组企业排除了控制变量和外生政策冲击后从 2005 年到 2006 年被解释变量的变化，可以理解为时间趋势效应。$\alpha_1 = E(\ln ls_i \mid t06_t = 1, treat_i = 0) - E(\ln ls_i \mid t06_t = 0, treat_i = 0)$。$\alpha_2$ 是 2005 年外生政策冲击之前实验组企业与对照组企业被解释变量原来就有的差异，可以理解为两个组别之间的固定效应。$\alpha_2 = E(\ln ls_i \mid t06_t = 0, treat_i = 1) - E(\ln ls_i \mid t06_t = 0, treat_i = 0)$。$\alpha_3$ 是实验组企业从 2005 年到 2006 年的变化与对照组企业 2005 年到 2006 年的变化之间的差异，它是真正的外生政策冲击对被解释变量的影响。

本章观察到的实验组的变化趋势由两部分组成，一部分是外生政策冲击造成的，另一部分是本身就有的时间趋势。需要把这部分时间趋势去掉才能得到真正的政策冲击的影响。而这部分时间趋势在实验组企业是无法观察到的反事实，只能用对照组的时间趋势来替代。也正是因为如此，运用 DID 方法需要满足的一个重要前提假定就是实验组和对照组在政策冲击之前有相似的变化趋势，即平衡趋势假定。其中暗含的假设就是，如果没有外生政策冲击，实验组和对照组的变化趋势在这个时点之后仍然相似，可以用公式更清晰地表示为：

$$\alpha_3 = [E(\ln ls_i \mid t06_t = 1, treat_i = 1) - E(\ln ls_i \mid t06_t = 0, treat_i = 1)] -$$

$$[E(\text{lnls}_i \mid \text{t06}_t = 1, \text{treat}_i = 0) - E(\text{lnls}_i \mid \text{t06}_t = 0, \text{treat}_i = 0)] = \alpha_1 + \alpha_3 - \alpha_1$$

$$(10\text{-}7)$$

运用 DID 方法需要满足的条件就是平衡趋势假定。将被解释变量（包括劳动收入份额、平均工资、就业人数、劳均产出）分成实验组和对照组，分别统计样本企业 2000—2007 年每年的均值，将它们做成时间趋势图，见图 10.1、图 10.2、图 10.3、图 10.4。是否满足平衡趋势假定可以通过观察 2005 年之前虚线部分两个组别的变化趋势是否相似来判断。从图 10.1 劳动收入份额的平行趋势图中可以发现，2005 年之前，实验组和对照组的变化趋势基本相同，而 2006 年和 2007 年的数据则显示两者之间的变化趋势不再一致，初步验证了最低工资的大幅调整会对劳动收入份额产生明显的影响。图 10.2 平均工资的平行趋势图具有同样的特征，在 2005 年之前，两个组别的差异均稳定在一个较小的范围内，在 2005 年之后，两个组别的差异呈现快速扩大的趋势。图 10.3 从业人数的平行趋势图显示，2005 年之前两个组别有微微收敛的趋势，但大致趋势仍相同，2006 年两个组别没有显示出差异，2007 年两者的差异变小了，这有可能是政策的影响，也有可能本来就有趋于收敛的时间趋势，政策是否有统计显著的影响需要进一步的计量分析。图 10.4 劳均产出的平行趋势图显示，2005 年之前两个组别就有发散的趋势，2006 年和 2007 年的数据均显示两个组别之间的差异与 2005 年两个组别的差异几乎完全一致。但考虑到 2005 年之前就有发散的趋势，那么如果没有政策冲击，2005 年之后也应该发散，两者的差异应该扩大，但是观察到的差距没有扩大，可能是外生政策使得实验组的劳均产出有所提高，是否如此需要进一步的检验。

被解释变量劳动收入份额和平均工资基本符合平衡趋势假定。根据计量公式进行回归，估计结果见表 10.7。第（1）、（2）列的被解释变量是劳动收入份额对数，第（3）、（4）列的被解释变量是平均工资对数。第（1）、（3）列的解释变量仅包含政策冲击时间虚拟变量 t06、实验组虚拟变量 treat，以及两者的交互项；第（2）、（4）列则在此基础上加入了更多的控制变量，如劳均资本、劳均产出、总利润率、负债率、企业规模、行政垄断行业虚拟变量等。

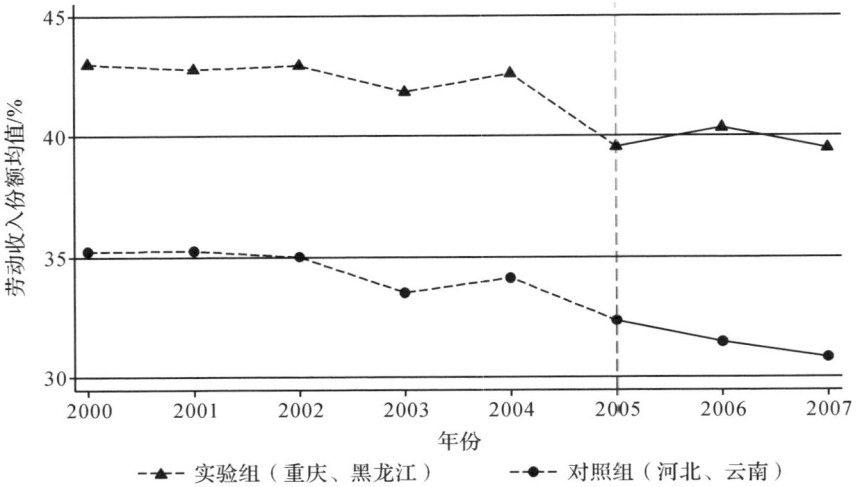

图 10.1　实验组和对照组的劳动收入份额变化趋势

数据来源：中国工业企业数据库。

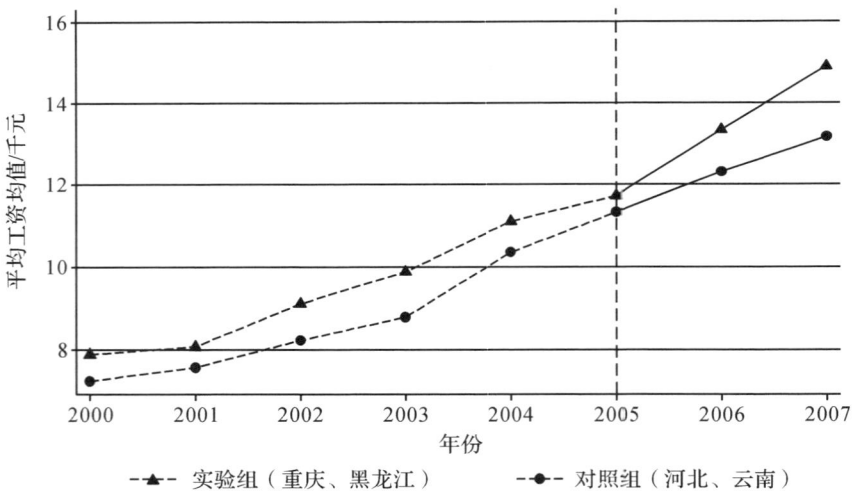

图 10.2　实验组和对照组的平均工资变化趋势

数据来源：中国工业企业数据库。

从交互项的系数值及其显著性可以看到,结果相当稳健,加入诸多控制变量后与之前相比,显著性不变,系数值的变化也不大。第(2)列中交互项的系数值为 0.0516,说明实验组相对于对照组最低工资的大幅调整使得劳动收

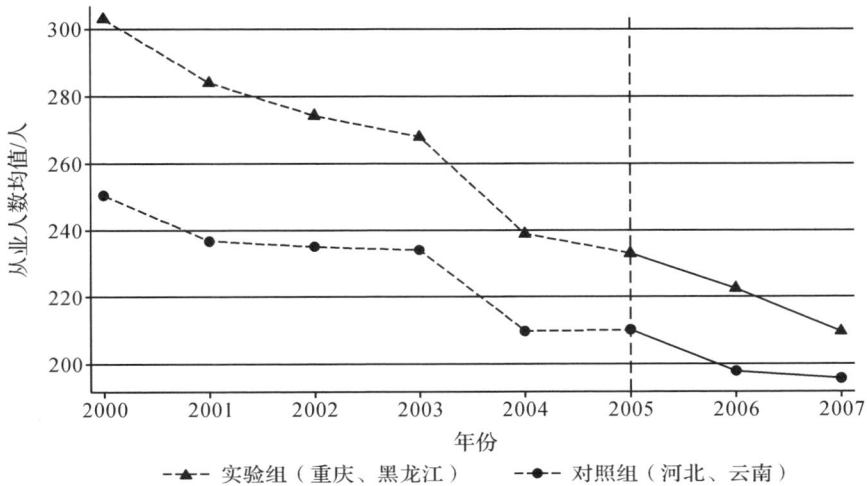

图 10.3　实验组和对照组的从业人数变化趋势

数据来源:中国工业企业数据库。

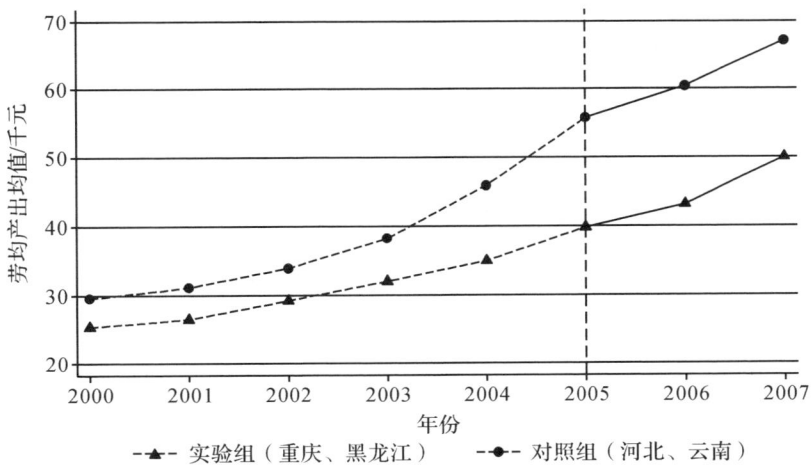

图 10.4　实验组和对照组的劳均产出变化趋势

数据来源:中国工业企业数据库。

入份额提高了大约 5.2%。第(4)列中的交互项系数为 0.0481,也就是说实验组相对于对照组最低工资的大幅调整对工资的正向效应是使得平均工资水平提高了 4.8%。

表 10.7　最低工资调整对劳动收入份额和工资的影响(2006 年为政策冲击时点)

变量	变量含义	被解释变量为劳动收入份额对数值		被解释变量为平均工资对数值	
		(1)	(2)	(3)	(4)
t06	2006 年为 1,2005 年为 0	−0.0231* (0.01330)	0.0495*** (0.00740)	0.0721*** (0.00890)	0.0501*** (0.00744)
treat	实验组为 1,对照组为 0	0.3860*** (0.01430)	0.0795*** (0.00878)	0.0475*** (0.01090)	0.1250*** (0.00884)
t06 × treat	交互项	0.0766*** (0.0194)	0.0516*** (0.0114)	0.0481*** (0.0148)	0.0481*** (0.0115)
lnkl	劳均资本(千元)		−0.0165*** (0.00334)		−0.0145*** (0.00336)
lnyl	劳均产出(千元)		−0.650*** (0.00583)		0.347*** (0.00585)
profitrate	总利润率(%)		−0.00206*** (0.000149)		−0.00207*** (0.000150)
debtrate	负债率(%)		0.00131*** (0.000121)		0.00138*** (0.000122)
size	企业规模		0.0642*** (0.00608)		0.0633*** (0.00612)
monopoly	行政垄断行业		0.358*** (0.122)		0.387*** (0.123)
Constant	常数项	3.061*** (0.00975)	5.274*** (0.09580)	2.279*** (0.00654)	0.747*** (0.09720)
Observations	观测数	28059	27733	28773	27733
R^2	拟合优度	0.054	0.700	0.009	0.372

注:企业所在行业虚拟变量以及企业所有制虚拟变量进入模型(2)和模型(4)。*** 表示 $p < 0.01$,** 表示 $p < 0.05$,* 表示 $p < 0.1$,括号中是稳健标准误。

确定了最低工资调整对于劳动收入份额和工资的正向影响之后,再来考察最低工资调整对于就业和生产效率的影响,用企业从业人数来表示就业,用劳均产出来度量生产效率。将被解释变量替换成从业人数对数值和劳均产出对数值,其他均不变,估计结果见表10.8。交互项均不显著且系数值的正负和大小在不加控制变量和加入控制变量之后变化较大,这个结果可以解读为实验组相对于控制组,最低工资的大幅调整对于就业和生产效率没有明显影响。

表 10.8 最低工资调整对就业和劳均产出的影响（2006 年为政策冲击时点）

变量名	变量含义	被解释变量为从业人数对数值		被解释变量为劳均产出对数值	
		（5）	（6）	（7）	（8）
t06	2006 年为 1,2005 年为 0	−0.05650***	−0.00917	0.09380***	0.04440***
		(0.0159)	(0.0091)	(0.01480)	(0.0111)
treat	实验组为 1,对照组为 0	0.1210***	0.0246**	−0.3750***	−0.1490***
		(0.0211)	(0.0123)	(0.0171)	(0.0146)
t06 × treat	交互项	0.01540	−0.00424	−0.02500	0.02050
		(0.0287)	(0.0161)	(0.0233)	(0.0180)
lnkl	劳均资本（千元）		−0.0676***		0.3600***
			(0.00342)		(0.00492)
profitrate	总利润率（%）		−0.00107***		0.00745***
			(8.97e−05)		(0.000442)
debtrate	负债率（%）		0.00149***		−0.00210***
			(0.000150)		(0.000213)
size	企业规模		1.6740***		−0.0322***
			(0.00759)		(0.00933)
monopoly	行政垄断行业		0.491***		0.837***
			(0.141)		(0.198)
Constant	常数项	4.908***	1.077***	3.747***	2.945***
		(0.0117)	(0.1220)	(0.0108)	(0.1370)
Observations	观测数	28773	28497	28004	27733
R^2	拟合优度	0.003	0.682	0.036	0.449

注:企业所在行业虚拟变量以及企业所有制虚拟变量进入模型（6）和模型（8）。*** 表示 $p < 0.01$,** 表示 $p < 0.05$,* 表示 $p < 0.1$,括号中是稳健标准误。

相关政策文本资料显示最低工资标准调整后新标准开始执行的时间并不是每年的 1 月 1 日。在本章所关注年份和四个省份中,2006 年的最低工资标准重庆是在 2006 年 9 月 1 日开始执行的,黑龙江在 2006 年 5 月 1 日开始执行,河北在 2006 年 10 月 1 日开始执行,云南在 2006 年 7 月 1 日开始执行。因此 2006 年末的数据包含了 2006 年前几个月最低工资没有调整时的数据和后几个月最低工资调整之后的数据,是两者的混合。四个省份开始执行新标准的具体时点不同,数据中包含的受政策影响的程度应该也不同。考虑到这一问题,本章将受政策冲击之后的年份由原来的 2006 年改为 2007 年,比较 2007 年与 2005 年的差异。设定新的政策冲击时点时间虚拟变量 t07:如果样本属于 2007 年,t07 = 1;如果样本属于 2005 年,则 t07 = 0。重复上面的步骤,再次对四个被解释变量进行回归。从某种角度可以将 2006 年与 2005 年的比较看作是最低工资的短期影响,而将 2007 年与 2005 年的比较看作是最低工资带来的较长期的影响。

被解释变量为劳动收入份额对数值和平均工资对数值的新的回归见表 10.9,估计结果显示交互项的显著性和系数值与之前政策冲击时间虚拟变量为 t06 时相差不大。交互项显著性仍然很高,稍有不同的是系数值比之前的更大。加入控制变量后的第(2)列交互性对劳动收入份额对数值的影响系数为 0.0687,表明实验组相对于控制组,最低工资的大幅调整使得劳动收入份额增加了约 6.87% ,较之前的 5.20% 更高,说明最低工资调整对劳动收入份额不仅仅在当年有影响,还有持续作用。同样地,第(4)列交互项对平均工资对数值的影响系数为 0.0754,表明最低工资的调整使得平均工资提高了 7.54% ,比之前的 4.80% 更高。

表 10.9　最低工资调整对劳动收入份额和工资的影响(2007 年为政策冲击时点)

变量	变量含义	被解释变量为劳动收入份额对数值		被解释变量为平均工资对数值	
		(1)	(2)	(3)	(4)
t07	2007 年为 1, 2005 年为 0	− 0.0813 *** (0.01380)	0.1030 *** (0.00758)	0.1620 *** (0.00908)	0.0943 *** (0.00762)

变量	变量含义	被解释变量为 劳动收入份额对数值		被解释变量为 平均工资对数值	
		（1）	（2）	（3）	（4）
treat	实验组为1，对照组为0	0.3860 *** （0.01430）	0.0774 *** （0.00883）	0.0475 *** （0.01090）	0.1220 *** （0.00889）
t07 × treat	交互项	0.0801 *** （0.0202）	0.0687 *** （0.0117）	0.0862 *** （0.0151）	0.0754 *** （0.0117）
控制变量		否	是	否	是
Observations	观测数	27030	26691	27730	26691
R^2	拟合优度	0.053	0.711	0.030	0.383

注：企业所在行业虚拟变量以及企业所有制虚拟变量进入模型（2）和模型（4）。***表示 $p < 0.01$，**表示 $p < 0.05$，*表示 $p < 0.1$，括号中是稳健标准误。

再来分析改变政策冲击时间虚拟变量之后最低工资调整对就业人数和劳均产出的影响（见表10.10）。交互项在不加入控制变量时对就业人数的负向影响不显著，加入控制变量后显著为负，数值为 － 0.04080，也就是说2006年实验组相对于控制组，最低工资的大幅调整会使得2007年就业人数下降约4.08%。前面以2006年为政策冲击时间虚拟变量时，交互项对就业影响不显著，而这里显著为负。可能的原因是就业在最低工资调整当年很难调整，由于签订劳动合同时的雇佣期限，以及企业生产过程的连续性等原因，企业从业人数的调整对最低工资变化的反应会较为缓慢，存在滞后效应。2006年当年的数据还没能体现出就业人数的明显下降，而2007年的数据就包含了就业人数对于最低工资调整的反应。所以，实证结果基本支持最低工资制度在提高平均工资的同时会带来就业人数的降低，该政策的福利效应是一部分劳动者会因工资提高而受益，另一部分劳动者可能会因失业反而福利受损。不过由于平均工资提高的幅度大于就业人数下降的幅度，这里存在着权衡取舍的关系，如何评价该政策取决于对平均工资水平和就业人数赋予的福利权重。交互项对劳均资本的系数为正，但仍然不显著，说明最低工资调整对生产效率可能有微小的提升作用，但不明显。

表 10.10　最低工资调整对就业和劳均产出的影响(2007 年为政策冲击时点)

变量	变量含义	被解释变量为 从业人数对数值		被解释变量为 劳均产出对数值	
		(5)	(6)	(7)	(8)
t07	2007 年为 1,2005 年为 0	− 0.00404 (0.01620)	− 0.03020 *** (0.00830)	0.25000 *** (0.01540)	0.10400 *** (0.00934)
treat	实验组为 1,对照组为 0	0.1210 *** (0.0211)	0.0877 *** (0.0110)	− 0.3750 *** (0.0171)	− 0.0764 *** (0.0121)
t07 × treat	交互项	− 0.00447 (0.0291)	− 0.04080 *** (0.0144)	0.000507 (0.0241)	0.01980 (0.0159)
控制变量		否	是	否	是
Observations	观测数	27730	27444	26974	26691
R^2	拟合优度	0.002	0.750	0.046	0.626

注:企业所在行业虚拟变量以及企业所有制虚拟变量进入模型(6)和模型(8)。*** 表示 $p < 0.01$,** 表示 $p < 0.05$,* 表示 $p < 0.1$,括号中是稳健标准误。

第十一章　劳动收入份额的一般均衡模型

本书前几章已经分别从技术进步偏向、产品市场势力、融资约束和劳资谈判能力角度讨论了中国劳动收入份额下降的原因。但是前几章是将每个因素分开来单独考察其对劳动收入份额的影响机制并进行实证检验，没有将它们综合起来在一个统一的框架中进行考虑。本章同时考虑这四个方面的因素，在前人研究（Dixit and Stiglitz，1977；Melitz，2003；Blanchard，2003）的基础上，构建一般均衡模型来考察技术偏向、价格加成、融资约束以及劳资谈判能力对劳动收入份额的影响。

本章构建的一般均衡模型的特征有：①技术进步偏向用产出弹性的变化来表示。②消费者效用函数采用 Dixit-Stiglitz 形式，产品间替代弹性 σ 同时也是企业面临的价格需求弹性，后者决定了价格加成的大小。③企业面临的贷款利率有所不同，在市场劳动成本和资金成本上再乘一个 θ 来表示融资约束。④工资由劳资谈判的纳什均衡解决定，劳动者和企业的谈判能力分别为 φ 和 $1-\varphi$。

第一节 模型环境设定

一、消费者

为了考察产品市场的价格加成和定价势力对劳动收入份额的影响，必须引入产品的需求方消费者的消费决策以刻画企业的定价能力。借鉴 Dixit and Stiglitz（1977）和 Blanchard（2003），将个人 j 的单期效用函数设定为如下 D-S 形式：

$$U_j = \left[m^{-1/\sigma} \sum_{i=1}^{m} c_{ij}^{(\sigma-1)/\sigma} \right]^{\sigma/(\sigma-1)} \tag{11-1}$$

其中，c_{ij} 为消费者 j 对第 i 种商品的消费数量，σ 为消费者对各类商品之间消费的需求替代弹性，它是反映消费者偏好的参数，在模型中也取决于市场环境，即市场中产品种类的多寡。它的具体经济含义可与生产函数中生产要素之间的替代弹性相类比,表示的是两种产品相对价格变化 1 个百分点所带来的两种产品相对消费数量变化。需求替代弹性大于 1 表示两种商品之间是相互替代的,小于 1 则是互补的,这里假设两种商品是同类但有微小差异的可替代产品,所以 $\sigma \geqslant 1$。需求替代弹性大,说明商品的需求对价格非常敏感,相对价格变动一点就会引起相对消费数量较大的变动;相反地,需求替代弹性小,说明商品需求对价格反应不灵敏,就算相对价格变化较大也不会引起相对消费数量太大的变动。所以消费者在各种商品之间的需求替代弹性决定了企业所面临的需求价格弹性。m 为市场中存在的产品种类数。需求替代弹性与产品种类数相关,产品种类越多,通常产品之间的差异越小,消费者可选择的余地越大,所以通常需求替代弹性就越大。它们之间的关系可以表示为 $\sigma = \bar{\sigma} g(m)$,$g'(\cdot) > 0$,$\bar{\sigma}$ 不变。在模型中,企业的定价势力就来源于消费者的需求替代弹性,当需求替代弹性趋于无穷大时,单个企业面临的需求曲线为一条水平线,企业完全没有定价能力,只是价格的接受者。更一般的情况是企业拥有一定的定价能力,正是由于产品对消费者来说具有某些其他产品不可替代的性质,企业才可以有定价的能力。消费者对商品的需求替代弹性进一步又取决于不变的外生偏好参数 $\bar{\sigma}$ 和产品种类 m。如果假设每家企业只生产 1 种产品,产品种类数就等同于企业数量。那么需求替代弹性就取决于 $\bar{\sigma}$ 和市场中存在的企业数量。假设企业数量 m 在短期内是既定的,而在长期中是可变的,潜在的竞争企业可以决定是否进入。所以企业的定价能力在短期内取决于 σ,而在长期中取决于 m。

效用函数即消费者的目标函数,消费者的约束条件是他在各种产品上的消费总额之和小于等于他的收入,所以消费者的单期最大化问题就是在收入约束条件下选择各种产品的消费量以最大化其效用:

$$\max_{c_{ij}} U_j = \left[m^{-1/\sigma} \sum_{i=1}^{m} c_{ij}^{(\sigma-1)/\sigma} \right]^{\sigma/(\sigma-1)},$$

$$\text{s.t.} \sum_{i=1}^{m} p_i c_{ij} \leqslant I_j \tag{11-2}$$

可以构造拉格朗日函数来求解上述最大化问题:

$$L = U_j^{(\sigma-1)/\sigma} - \lambda\Big(\sum_{i=1}^{m} p_i c_{ij} - I_j \Big) \tag{11-3}$$

从一阶条件可以得到消费者 j 对商品 i_2 的马歇尔需求函数,它除了与消费者的收入有关,还依赖于商品 i_2 的价格、其他所有产品的价格以及需求替代弹性:

$$c_{i,j} = \frac{I}{p_{i_2}^{\sigma} \sum_{i_1=1}^{m} p_{i_1}^{1-\sigma}} \tag{11-4}$$

将上述马歇尔需求代入原效用函数,可以得到用收入表示的间接效用函数:

$$V_j = I_j \Big(\frac{1}{m} \sum_{i=1}^{m} p_i^{1-\sigma} \Big)^{\frac{1}{\sigma-1}} \tag{11-5}$$

若令间接效用 $V = 1$,就可以得到价格指数或一般物价水平,它就是获得 1 单位效用所需要付出的收入

$$P = I_j \mid (V_j = 1) = \Big(\frac{1}{m} \sum_{i=1}^{m} p_i^{1-\sigma} \Big)^{\frac{1}{1-\sigma}} \tag{11-6}$$

式(11-6)变形后可以得到各商品价格 p_i 与一般物价水平之间的关系:

$$\sum_{i=1}^{m} p_i^{1-\sigma} = P^{1-\sigma} m \tag{11-7}$$

将式(11-7)代回到间接效用函数,用一般物价水平来代替各商品价格,可以得到间接效用就等于收入比上物价水平:

$$V_j = I_j \Big(\frac{1}{m} \sum_{i=1}^{m} p_i^{1-\sigma} \Big)^{\frac{1}{\sigma-1}} = \frac{I_j}{P} \tag{11-8}$$

将各商品价格与一般物价水平的关系代回到上面的马歇尔需求函数中,可以得到更加简洁的马歇尔需求函数:

$$c_{ij} = \frac{I_j}{p_i^{\sigma} P^{1-\sigma} m} = \frac{1}{m} \frac{I_j}{P} \Big(\frac{p_i}{P} \Big)^{-\sigma} \tag{11-9}$$

经过这样的变换后,消费者 j 对商品 i 的消费量从原来依赖于其他所有商品的价格变换为依赖于商品 i 相对于一般物价水平的价格,当然对商品 i 的消费量还与消费者的实际收入水平、需求替代弹性以及产品种类 m 有关。

如果消费者 j 在每种产品上的消费数量是均等的，即 $c_{ij} = \dfrac{c_j}{m}$（c_j 为消费者 j 的全部消费数量），就可以把效用函数中的连加号去掉，简化为下式，消费者 j 的效用就等于他在所有商品上的消费总量：

$$U_j = \left[m^{-1/\sigma} \sum_{i=1}^{m} \left(\frac{c_j}{m} \right)^{\frac{\sigma-1}{\sigma}} \right]^{\frac{\sigma}{\sigma-1}} = \left[m^{-\frac{1}{\sigma}} m \left(\frac{c_j}{m} \right)^{\frac{\sigma-1}{\sigma}} \right]^{\frac{\sigma}{\sigma-1}} = c_j \qquad (11\text{-}10)$$

此时，消费者 j 对商品 i 的马歇尔需求又可以表示为该消费者总消费和商品 i 相对价格的函数：

$$c_{ij} = \frac{1}{m} \frac{I_j}{P} \left(\frac{p_i}{P} \right)^{-\sigma} = \frac{V_j}{m} \left(\frac{p_i}{P} \right)^{-\sigma} = \frac{c_j}{m} \left(\frac{p_i}{P} \right)^{-\sigma} \qquad (11\text{-}11)$$

消费者 j 在商品 i 上的支出为：

$$I_{ij} = p_i c_{ij} = p_i \frac{c_j}{m} \left(\frac{p_i}{P} \right)^{-\sigma} = \frac{P c_j}{m} \left(\frac{p_i}{P} \right)^{1-\sigma} \qquad (11\text{-}12)$$

那么，全部消费者对商品 i 的总需求和总支出为

$$c_i = \frac{C}{m} \left(\frac{p_i}{P} \right)^{-\sigma} \text{ 和 } p_i c_i = \frac{PC}{m} \left(\frac{p_i}{P} \right)^{1-\sigma},$$

其中，$C = \displaystyle\sum_{j=1}^{N} c_j$，$N$ 为消费者数量。

二、企业

融资约束和技术偏向的引入关键在于对企业环境的设定。根据前面第九章的讨论，融资约束影响劳动收入份额的价格机制存在，并且营运资本部分来源于借贷资本，营运资本的资金成本也受到融资环境的影响。所以本章在劳动价格 w_i 和资本价格 r 之上再乘以一个表示融资环境的 θ_i。企业在融资环境上的异质性就体现在 θ_i 上：若企业面临融资约束，则 $\theta_i > 1$；若企业享受融资优惠，则 $\theta_i < 1$。正常资本回报率 r 对所有企业是相同的，而工资 w_i 在企业层面也允许存在异质性，由劳资谈判来决定异质性工资水平。技术偏向的具体发生机制需要设定生产函数形式，不过技术偏向的结果是要素产出弹性的变化。在这里先不设定具体的生产函数形式，而将技术偏向简

化为要素产出弹性。

企业的最大化问题可以表示为:

$$\max_{p_i, K_i} \pi_i = p_i(Y_i)Y_i - \theta_i(w_iL_i + rK_i),$$

$$\text{s. t. } Y_i = F(A_{Ki}, A_{Li}, K_i, L_i) \qquad (11\text{-}13)$$

企业在技术约束条件下,选择资本投入和产品定价来最大化其利润。需要注意的是,劳动投入并非由企业的最大化利润来决定,工资和就业均由劳资谈判决定。由资本 K_i 的一阶条件可得:

$$p_iF_{K_i} = \frac{\theta_i r}{1 + 1 \Big/ \left(\dfrac{p_i}{Y_i} \dfrac{\partial Y_i}{\partial p_i} \right)} \qquad (11\text{-}14)$$

其中,F_{K_i} 为资本的边际产出,$p_iF_{K_i}$ 就是边际产出价值,$\theta_i r$ 是将融资环境考虑在内的资本要素价格。若企业没有定价能力,即产品价格 p_i 对企业来说是外生给定的,则需求价格弹性 $-\dfrac{p_i}{Y_i} \dfrac{\partial Y_i}{\partial p_i}$ 为负无穷大,它的倒数 $-\dfrac{Y_i}{p_i} \dfrac{\partial p_i}{\partial Y_i}$ 就为 0,此时一阶条件的经济含义是,企业选择最优资本投入的规则是使得资本要素的边际产出价值等于资本的价格。现在假设企业有一定的定价能力,即 $\dfrac{p_i}{Y_i} \dfrac{\partial Y_i}{\partial p_i} < 0$。则 $1 + 1 \Big/ \left(\dfrac{p_i}{Y_i} \dfrac{\partial Y_i}{\partial p_i} \right) < 1$,$\dfrac{1}{1 + 1 \Big/ \left(\dfrac{p_i}{Y_i} \dfrac{\partial Y_i}{\partial p_i} \right)} > 1$,此时选择最优资本投入的规则变成了边际产出价值等于资本价格再乘上一个大于 1 的加成。因为资本边际产出是资本的递减函数,这也就意味着最优资本投入比原来更少了,在技术不变条件下产出和销售也比原来更少了。

由消费者的马歇尔需求函数可得到,需求价格弹性就等于产品间需求替代弹性:

$$c_i = \frac{I}{p_i^\sigma P^{1-\sigma}m} - \frac{\partial c_i}{\partial p_i} \frac{p_i}{c_i} = \frac{\sigma I}{p_i^{\sigma+1}P^{1-\sigma}m} \frac{p_i^{\sigma+1}P^{1-\sigma}m}{I} = \sigma \qquad (11\text{-}15)$$

把式(11-15)代入资本的一阶条件,简化为:

$$p_iF_{K_i}K_i^* = \frac{\theta_i r}{1 - 1/\sigma} = \mu\theta_i r \qquad (11\text{-}16)$$

其中，$\mu = \dfrac{\sigma}{\sigma - 1}$ 表示价格加成（$\mu \geq 1$），产品间需求替代弹性 σ 越大，价格加成 μ 就越小。K_i^* 为最优资本投入，可以表示成资本边际产出的反函数形式：

$$K_i^* = F_{K_i}^{-1}\left(\frac{\mu\theta_i r}{p_i}\right) \tag{11-17}$$

三、劳资谈判

假设经济体中有 N 个人，他们既是消费者，也是工人。每个人拥有 1 单位劳动禀赋，他有可能被雇佣，也有可能失业，失业时能得到一个保障收入 f。消费者/工人 j 的期望收入为：

$$E(I_j) = \gamma_j w_j + (1 - \gamma_j)Pf = \begin{cases} w_j, & \text{当 } \gamma_j = 1 \text{ 时} \\ Pf, & \text{当 } \gamma_j = 0 \text{ 时} \end{cases} \tag{11-18}$$

其中，γ_j 表示工人 j 是否被雇佣。由前面消费者问题的讨论可知，消费者的效用为支出除以物价水平，将工人 j 的期望收入代入可以得到工人 j 将劳动所得收入全部用于消费所能得到的期望效用：

$$E(V_j) = \frac{E(I_j)}{P} = \frac{\gamma_j w_j + (1 - \gamma_j)Pf}{P} = \gamma_j\left(\frac{w_j}{P} - f\right) + f \tag{11-19}$$

工人 j 参加工作的总剩余就等于他从劳动收入的消费中获得的效用减去他不工作所能获得的效用，用名义值来表示：

$$\begin{aligned} \text{Surplus}_{\text{worker }j} &= E(I_j) - Pf = \gamma_j(w_j - Pf) + Pf - Pf \\ &= \gamma_j(w_j - Pf) \end{aligned} \tag{11-20}$$

经济体中共有 m 家企业，假设企业同质，则与企业 i 相对应的工人数为 N/m。这些工人与企业 i 进行工资和就业的谈判，有部分工人没有被雇佣。企业 i 中所有工人的总剩余为：

$$\text{Surplus}_{\text{workers }i} = \frac{N}{m}\gamma_i(w_i - Pf) = \frac{N}{m}\gamma_i(w_i - Pf) \tag{11-21}$$

其中，$\dfrac{N}{m}\gamma_i$ 为与企业谈判的工人数 $\dfrac{N}{m}$ 乘以被雇佣的概率，就是企业 i 雇佣的人数，将它记为 $L_i = \dfrac{N}{m}\gamma_i$。企业 i 的工人总剩余为：

$$\text{Surplus}_{\text{workers } i} = (w_i - Pf)L_i \tag{11-22}$$

企业 i 的总剩余即为该企业的利润：

$$\text{Surplus}_{\text{firm } i} = \pi_i = p_i(Y_i)Y_i - \theta_i(w_iL_i + rK_i^*) \tag{11-23}$$

其中，最优资本由前面企业的最大化问题可得 $K_i^* = F_{K_i}^{-1}\dfrac{\mu\theta_i r}{p_i}$。

假设企业与工人之间同时就工资和就业进行谈判，采用有效谈判模型的纳什谈判解，也就是最大化加权总剩余，权重为相对的谈判能力：

$$\max_{w_i, L_i}\varphi\ln[(w_i - Pf)L_i] + (1 - \varphi)\ln[p_i(Y_i)Y_i - \theta_i(w_iL_i + rK_i^*)]$$

$$\tag{11-24}$$

其中，φ 为劳动者相对于企业的谈判能力。

第二节　模型求解和均衡

本节首先描述模型的短期均衡，然后说明长期均衡。短期和长期均衡的区别在于产品种类数或企业数 m 是否可变，在短期产品种类和企业数量既定，没有进入和退出，则产品间需求替代弹性以及企业面临的需求价格弹性不变，所以企业的市场势力保持不变。长期均衡允许企业进入和退出，长期均衡的条件是企业进入的收益等于进入成本。

一、劳动报酬和工资

从劳资谈判最大化总剩余的问题中计算工资 w_i 的一阶条件，可以得到总劳动报酬和工资的表达式：

$$w_iL_i = \varphi\left[\frac{p_i(Y_i)Y_i}{\theta_i} - rK_i^*\right] + (1 - \varphi)L_iPf \tag{11-25}$$

$$w_i = \varphi\left[\frac{p_i(Y_i)Y_i - \theta_irK_i^*}{\theta_iL_i}\right] + (1 - \varphi)Pf \tag{11-26}$$

由企业利润最大化问题可得 $p_iF_{K_i}(K_i^*) = \mu\theta_i r$，把 $r = \dfrac{p_iF_{K_i}K_i^*}{\mu\theta_i}$ 代入式（11-25）

和式（11-26），可得：

$$w_iL_i = \varphi\frac{\mu - \alpha_i}{\mu\theta_i}p_iY_i + (1 - \varphi)L_iPf \qquad (11\text{-}27)$$

$$w_i = \varphi\frac{\mu - \alpha_i}{\mu\theta_iL_i}p_iY_i + (1 - \varphi)Pf \qquad (11\text{-}28)$$

其中，$\alpha_i = \dfrac{F_{K_i}K_i^*}{Y_i}$ 为企业 i 的资本产出弹性。

从劳资谈判的最大化总剩余问题中计算就业 L_i 的一阶条件，可得：

$$w_iL_i = \varphi\frac{\mu - \alpha_i}{\mu\theta_i}p_iY_i + (1 - \varphi)\frac{\beta_i}{\mu\theta_i}p_iY_i \qquad (11\text{-}29)$$

其中，$\beta_i = \dfrac{F_LL_i}{Y_i}$ 为企业 i 的劳动产出弹性。由关于工资和就业的两个一阶条件均得出劳动报酬 w_iL_i 的表达式，它们应该是相等的。令两式相等可以得到产品 i 相对于一般物价水平的实际价格。

$$\varphi\frac{\mu - \alpha_i}{\mu\theta_i}p_iY_i + (1 - \varphi)L_iPf = \varphi\frac{\mu - \alpha_i}{\mu\theta_i}p_iY_i + (1 - \varphi)\frac{\beta_i}{\mu\theta_i}p_iY_i$$

$$\Rightarrow \frac{p_i}{P} = \mu\theta_if\frac{L_i}{Y_i\beta_i} = \frac{\mu\theta_if}{F_{L_i}} \qquad (11\text{-}30)$$

实际工资可化为：

$$\frac{w_i}{P} = \varphi\frac{\mu - \alpha_i}{\mu\theta_iL_i}\frac{p_i}{P}Y_i + (1 - \varphi)f = \left(\varphi\frac{\mu - \alpha_i - \beta_i}{\beta_i} + 1\right)f \qquad (11\text{-}31)$$

就业水平则由劳动的边际产出价值等于实际保留工资乘以价格加成和融资约束的影响来决定：

$$p_iF_{L_i}L_i^* = \mu\theta_iPf \qquad (11\text{-}32)$$

二、租金分配

首先计算出总剩余以及企业、劳动者各自得到的剩余，然后就能得到总剩余在企业和劳动者之间的分配比例。产品 i 的市场价格为 $p_i = \mu\theta_if\dfrac{L_i}{Y_i\beta_i}P$，

产出数量为 Y_i。劳动力市场的工资为 $w_i = \left(\varphi \dfrac{\mu - \beta_i - \alpha_i}{\beta_i} + 1 \right) Pf$,保留工资 Pf,雇佣人数在短期局部均衡中无法确定,记为 L_i。产品 i 的销售总收入为价格乘以数量:

$$R_i = p_i Y_i = \mu \theta_i f \frac{L_i}{Y_i \beta_i} P Y_i = \frac{\mu \theta_i f}{\beta_i} P L_i \tag{11-33}$$

由于 $p_i F_{K_i} = \mu \theta_i r \Rightarrow r = \dfrac{p_i F_{K_i}}{\mu \theta_i}$,正常资金成本可以表示为 $rK_i = \dfrac{p_i F_{K_i} K_i}{\mu \theta_i} =$

$p_i \dfrac{\alpha_i Y_i}{\mu \theta_i} = \mu \theta_i f \dfrac{L_i}{Y_i \beta_i} P \dfrac{\alpha_i Y_i}{\mu \theta_i} = \dfrac{f \alpha_i L_i}{\beta} P$。企业 i 的剩余等于它的利润,即总收入减去资金成本和劳动报酬总额:

$$\begin{aligned}
\mathrm{Surplus}_{\mathrm{firm}\, i} = \pi_i &= R_i - \theta_i (w_i L_i + r K_i^*) \\
&= \frac{\mu \theta_i f}{\beta_i} P L_i - \frac{f \alpha L_i}{\beta_i} \theta_i P - \left(\varphi \frac{\mu - \beta_i - \alpha_i}{\beta_i} + 1 \right) \theta_i P f L_i \\
&= (1 - \varphi) \frac{\mu - \beta_i - \alpha_i}{\beta_i} \theta_i P f L_i
\end{aligned} \tag{11-34}$$

企业 i 中全部工人所获得的剩余为:

$$\mathrm{Surplus}_{\mathrm{workers}\, i} = (w_i - Pf) L_i = \varphi \frac{\mu - \beta_i - \alpha_i}{\beta_i} P f L_i \tag{11-35}$$

总剩余为两者相加:

$$\begin{aligned}
\mathrm{Rent}_i &= \mathrm{Surplus}_{\mathrm{workers}\, i} + \mathrm{Surplus}_{\mathrm{firm}\, i} \\
&= (1 - \varphi) \frac{\mu - \beta_i - \alpha_i}{\beta_i} \theta_i P f L_i + \varphi \frac{\mu - \beta_i - \alpha_i}{\beta_i} P f L_i \\
&= (\theta_i - \varphi \theta_i + \varphi) \frac{\mu - \beta_i - \alpha_i}{\beta_i} P f L_i
\end{aligned} \tag{11-36}$$

总剩余中,工人剩余的所占的比例为:

$$\mathrm{ratio}_i = \frac{\varphi \dfrac{\mu - \beta_i - \alpha_i}{\beta_i} P f L_i}{(\theta_i - \varphi \theta_i + \varphi) \dfrac{\mu - \beta_i - \alpha_i}{\beta_i} P f L_i} = \frac{\varphi}{\theta_i - \varphi \theta_i + \varphi} \tag{11-37}$$

从式(11-37)可以看到,租金的分配不仅与谈判能力有关,而且与融资约束有关。由分配比例关于谈判能力和融资约束的一阶导数 $\dfrac{\partial \mathrm{ratio}_i}{\partial \varphi} =$

$\dfrac{\theta_i}{(\theta_i - \varphi\theta_i + \varphi)^2} > 0$ 和 $\dfrac{\partial \mathrm{ratio}_i}{\partial \theta_i} = -\dfrac{\varphi(1 - \varphi)}{(\theta_i - \varphi\theta_i + \varphi)^2} < 0$ 可知，劳动者谈判能力

越强，总剩余中劳动的分配比例越高。企业面临的融资约束越强大，总剩余中劳动的分配比例越低。如果不存在融资约束或融资优惠，即 $\theta_i = 1$，则有 $\mathrm{ratio} = \varphi$。也就是说没有融资约束时，总剩余的分配只取决于劳资谈判能力，总剩余中劳动所得占比就等于劳动者相对谈判能力 φ。

三、短期一般均衡

有了劳动报酬和总收入的表达式，就可以得到劳动收入份额：

$$\mathrm{ls}_i = \frac{w_i L_i}{p_i Y_i} = \frac{f\left(\varphi\dfrac{\mu - \beta_i - \alpha_i}{\beta_i} + 1\right)PL_i}{\dfrac{\mu\theta f}{\beta_i}PL_i} = \frac{1}{\theta_i}\left(\frac{\beta_i}{\mu} + \varphi\frac{\mu - \beta_i - \alpha_i}{\mu}\right)$$

$$(11\text{-}38)$$

式（11-38）就是企业 i 在短期一般均衡时的劳动收入份额的最终表达式。同样可以得到资本收入份额 cs_i 和利润份额 ps_i：

$$\mathrm{cs}_i = \frac{rK_i}{p_i Y_i} = \frac{\dfrac{f\alpha_i PL_i}{\beta_i}}{\dfrac{\mu\theta f}{\beta_i}PL_i} = \frac{\alpha_i}{\mu\theta_i} \qquad (11\text{-}39)$$

$$\mathrm{ps}_i = \frac{\pi_i}{p_i Y_i} = \frac{(1 - \varphi)\dfrac{\mu - \beta_i - \alpha_i}{\beta_i}\theta_i PfL_i}{\dfrac{\mu\theta f}{\beta_i}PL_i} = (1 - \varphi)\frac{\mu - \beta_i - \alpha_i}{\mu}$$

$$(11\text{-}40)$$

三者之间的关系为 $\theta_i \mathrm{ls}_i + \theta_i \mathrm{cs}_i + \mathrm{ps}_i = 1$，总收入分为劳动报酬、正常资本回报、利润，以及由融资约束的存在而产生的额外融资成本。这部分额外的融资成本占总收入的份额为 $(\theta_i - 1)\mathrm{ls}_i + (\theta_i - 1)\mathrm{cs}_i$。

然后来重点关注劳动收入份额表达式的具体含义，它与产出弹性、价格

加成、融资约束、谈判能力都相关。括号内第一项是受到价格加成调整后的劳动产出弹性,第二项是劳动的谈判能力乘以总剩余占企业总收入的份额,表示劳动者凭借其谈判能力在总剩余份额这块蛋糕中能分得的份额,这两项均受到融资约束的影响。当劳动者谈判能力为 0 时,劳动收入份额表达式简化为 $\mathrm{ls}_i | (\varphi = 0) = \dfrac{\beta_i}{\theta_i \mu}$。此时劳动者没有任何谈判能力,不能得到任何剩余。这时如果没有融资约束和价格加成,劳动收入份额就等于劳动产出弹性;如果存在融资约束或价格加成,则劳动收入份额小于劳动产出弹性。当劳动谈判能力为 1 时,劳动收入份额为 $\mathrm{ls}_i | (\varphi = 1) = \dfrac{1}{\theta_i} \left(\dfrac{\beta_i}{\mu} + \dfrac{\mu - \beta_i - \alpha_i}{\mu} \right) = \dfrac{1}{\theta_i} \left(1 - \dfrac{\alpha_i}{\mu} \right)$,此时企业产生的所有剩余都归于劳动。没有融资约束和价格加成的情况下,劳动收入份额为 $1 - \alpha_i$,如果生产技术规模报酬不变,$1 - \alpha_i$ 也就等于 β_i。所以在没有价格加成时,由于企业没有剩余,谈判能力的作用也就无从发挥,谈判能力为 0 或 1 时劳动收入份额相同。但是在价格加成存在的情况下,$1 - \dfrac{\alpha_i}{\mu} > 1 - \alpha_i$,即劳动收入份额大于劳动产出弹性。当劳动产出弹性与资本产出弹性之和为 1,即生产技术规模报酬不变时,劳动收入份额简化为 $\mathrm{ls}_i | (\alpha_i + \beta_i = 1) = \dfrac{\beta_i}{\theta_i \mu} + \varphi \dfrac{\mu - 1}{\theta_i \mu}$,从这里可以更清楚地看到劳动者谈判能力所分配的那部分剩余份额 $\dfrac{\mu - 1}{\theta_i \mu}$ 与价格加成和融资约束有关,所以在模型中企业剩余的来源就是价格加成和融资约束。

四、比较静态分析

在生产技术规模报酬不变的前提条件下来分析劳动收入份额对各变量的比较静态,将劳动收入份额的表达式依次对劳动产出弹性、价格加成、谈判能力、融资约束求一阶导数来谈判其影响方向和大小。

$$\frac{\partial \mathrm{ls}_i}{\partial \beta_i} = \frac{\partial \frac{1}{\theta_i} \left[\frac{\beta_i}{\mu} + \varphi \left(1 - \frac{1}{\mu} \right) \right]}{\partial \beta_i} = \frac{1}{\theta_i \mu} > 0 \text{ 且 } < 1 \qquad (11\text{-}41)$$

劳动产出弹性的增大会提高劳动收入份额，但是劳动产出弹性 1 个百分点的增大只能带来劳动收入份额小于 1 个百分点的提高。劳动收入份额提高的程度受到价格加成和融资约束的影响，价格加成和融资约束水平越高，劳动产出弹性对劳动收入份额的提升作用越弱。这是因为劳动产出弹性的增大并没有完全转化为劳动的回报，还有一部分转化为了企业留存的利润和由于融资约束的存在而高于正常值的资金成本。

命题 1：劳动产出弹性对劳动收入份额的影响为正，影响的程度与价格加成和融资约束有关。

$$\frac{\partial \mathrm{ls}_i}{\partial \mu} = \frac{\partial \frac{1}{\theta_i}\left[\frac{\beta_i}{\mu} + \varphi\left(1 - \frac{1}{\mu}\right)\right]}{\partial \mu} = -\frac{\beta_i - \varphi}{\theta_i \mu^2} \begin{cases} < 0, & \beta_i > \varphi \\ > 0, & \beta_i < \varphi \end{cases} \quad (11\text{-}42)$$

价格加成对劳动收入份额的影响方向不确定，取决于劳动产出弹性与劳动谈判能力的相对大小。当劳动的相对谈判能力小于劳动产出弹性时，提高价格加成会降低劳动收入份额。其中的经济学解释是价格加成产生的租金由于劳动谈判能力较弱而大部分归属于企业，劳动的租金分配比例小于劳动产出弹性，最终使得劳动收入份额下降。相反地，当劳动谈判能力大于劳动产出弹性时，提高价格加成就会提高劳动收入份额。

命题 2：价格加成对劳动收入份额的影响方向取决于劳动产出弹性和谈判能力的相对大小。

$$\frac{\partial \mathrm{ls}_i}{\partial \theta_i} = \frac{\partial \frac{1}{\theta_i}\left[\frac{\beta_i}{\mu} + \varphi\left(1 - \frac{1}{\mu}\right)\right]}{\partial \theta_i} = -\frac{1}{\theta_i^2}\left[\frac{\beta_i}{\mu} + \varphi\left(1 - \frac{1}{\mu}\right)\right] < 0 \quad (11\text{-}43)$$

命题 3：融资约束对劳动收入份额的影响为负。

$$\frac{\partial \mathrm{ls}_i}{\partial \varphi} = \frac{\partial \frac{1}{\theta_i}\left[\frac{\beta_i}{\mu} + \varphi\left(1 - \frac{1}{\mu}\right)\right]}{\partial \varphi} = \frac{1}{\theta_i}\left(1 - \frac{1}{\mu}\right) = \frac{\mu - 1}{\theta_i \mu} > 0 \text{ 且} < 1$$

$$(11\text{-}44)$$

劳动的谈判能力对劳动收入份额的影响为正，但劳动谈判能力 1 个百分点的增强只会带来小于 1 个百分点的劳动收入份额提高。劳动收入份额提高的程度取决于价格加成和融资约束。价格加成越大,则谈判能力对劳动收入份额的影响程度越大,这是因为可供谈判分配的那部分租金更多了。融资约束越强,谈判能力对劳动收入份额的影响越小。这是因为融资约束使得企业的资金成本提高,从而压缩了利润,可供谈判分配的蛋糕更小了。

命题4:劳动谈判能力对劳动收入份额的影响为正。

五、长期一般均衡

长期中允许企业的进入,因此企业数量和产品种类 m 是可变的。企业是否进入取决于进入成本。均衡条件是预期的进入后利润能恰好能抵消进入成本,由此可将依赖于企业数量的价格加成 μ 内生化。在一般均衡时,各种产品的价格相等,所以产品 i 的相对价格 P_i/P 为1。假设进入成本与产出成比例,每单位产出的实际进入成本为 c,则长期均衡条件为 $\pi_i = PcY_i$,展开为:

$$(1 - \varphi) \frac{\mu - \beta_i - \alpha_i}{\beta_i} \theta_i PfL_i = PcY_i = Pc \frac{\mu \theta_i}{\beta} fL \qquad (11\text{-}45)$$

其中,$Y_i = \dfrac{P}{P_i} \dfrac{\mu \theta_i}{\beta} fL = \dfrac{\mu \theta_i}{\beta} fL$,式(11-45)化简后可以得到用进入成本 c 和其他

变量来表示的价格加成 $\mu = \dfrac{(1 - \varphi)(\beta_i + \alpha_i)}{1 - \varphi - c}$,长期中价格加成与进入成本

有关,进入成本越高价格加成就越大。由于 $\mu = \dfrac{\sigma}{\sigma - 1}$,从价格加成的表达

式可以还原到消费者的产品间需求替代弹性。由于 σ 与企业数量或产品种类 m 是正相关的,确定了价格加成也就确定了需求替代弹性,同时确定了长期中的企业数量 m。

$$\sigma = \bar{\sigma} g(m) = \frac{(1 - \varphi)(\beta_i + \alpha_i)}{(1 - \varphi)(\beta_i + \alpha_i - 1) + c} \qquad (11\text{-}46)$$

当 $\alpha_i + \beta_i = 1$ 时,$\sigma = \bar{\sigma} g(m) = \dfrac{1 - \varphi}{c}$,则 $m = g^{-1}\left(\dfrac{1 - \varphi}{c\bar{\sigma}}\right)$。长期一般

均衡时,进入成本 c、劳动谈判能力 φ、$\bar{\sigma}$ 以及 $g^{-1}(\cdot)$ 决定了均衡的企业数量 m,也同时决定了价格加成。

进入成本 c 通过影响价格加成 μ 来影响劳动收入份额，本章把 μ 的表达式代入劳动收入份额来考察这种影响：

$$\mathrm{ls}_i = \frac{1}{\theta_i}\left(\frac{\beta_i}{\mu} + \varphi\frac{\mu - \beta_i - \alpha_i}{\mu}\right) = \frac{1}{\theta_i}\left[\frac{\beta_i}{\beta_i + \alpha_i} + \frac{c}{1 - \varphi}\left(\varphi - \frac{\beta_i}{\beta_i + \alpha_i}\right)\right]$$

(11-47)

生产技术规模报酬不变时，式（11-47）可简化为：

$$\mathrm{ls}_i = \frac{1}{\theta_i}\left[\beta_i + \frac{c(\varphi - \beta_i)}{1 - \varphi}\right] \tag{11-48}$$

对式（11-48）做进入成本变化的比较静态分析：

$$\frac{\partial \mathrm{ls}_i}{\partial c} = \frac{\partial \frac{1}{\theta_i}\left[\beta_i + \frac{c(\varphi - \beta_i)}{1 - \varphi}\right]}{\partial c} = \frac{1}{\theta_i}\frac{(\varphi - \beta_i)}{(1 - \varphi)}\begin{cases} > 0, \varphi > \beta_i \\ < 0, \varphi < \beta_i \end{cases} \tag{11-49}$$

当 $\varphi < \beta_i$ 时，$\frac{\partial \mathrm{ls}_i}{\partial c} < 0$，劳动谈判能力相对于劳动产出弹性较小时，进入成本的提高会导致劳动收入份额下降。这是由于进入成本提高导致价格加成增大从而租金增加，而租金的分配由劳资谈判能力决定，当劳动谈判能力较弱且对租金分配的比例小于劳动产出弹性时，劳动收入份额就会下降。

当 $\varphi > \beta_i$ 时，$\frac{\partial \mathrm{ls}_i}{\partial c} > 0$，劳动谈判能力相对于劳动产出弹性较大时，进入成本的提高会导致劳动收入份额上升。同样地，进入成本的提高使得价格加成增大从而产生更多的租金，而租金由于劳动谈判能力较强而更多地归于劳动，所以劳动收入份额上升。

在长期一般均衡中，要明确产出弹性、谈判能力、融资约束对劳动收入份额的影响是否与短期均衡中一样，只需用长期均衡时的劳动收入份额表达式再检验一次。

$$\frac{\partial \mathrm{ls}_i}{\partial \beta_i} = \frac{\partial \frac{1}{\theta_i}\left[\beta_i + \frac{c(\varphi - \beta_i)}{1 - \varphi}\right]}{\partial \beta_i} = \frac{1}{\theta_i}\left(1 - \frac{c}{1 - \varphi}\right) \tag{11-50}$$

注意到 $\sigma = \frac{1 - \varphi}{c}$，由于需要满足产品间需求替代弹性大于 1，所以 $1 - \varphi$

$> c$，由此可得劳动收入份额对产出弹性的一阶导数为正，劳动产出弹性的增大会导致劳动收入份额提高。短期均衡时 $\dfrac{\partial \mathrm{ls}_i}{\partial \beta_i} = \dfrac{1}{\theta_i \mu}$，现在长期一般均衡时的 $\dfrac{\partial \mathrm{ls}_i}{\partial \beta_i}$ 同样可以化为相同的形式：

$$\frac{1}{\theta_i}\left(1 - \frac{c}{1-\varphi}\right) = \frac{1}{\theta_i}\left(1 - \frac{1}{\sigma}\right) = \frac{1}{\theta_i}\frac{\sigma - 1}{\sigma} = \frac{1}{\theta_i \mu}。$$

所不同的只是这里将价格加成 μ 内生化了，用 c 和 φ 来表示：

$$\frac{\partial \mathrm{ls}_i}{\partial \varphi} = \frac{\partial \dfrac{1}{\theta_i}\Big[\beta_i + \dfrac{c(\varphi - \beta_i)}{1-\varphi}\Big]}{\partial \varphi} = \frac{c}{\theta_i}\frac{1-\beta_i}{(1-\varphi)^2} > 0 \qquad (11\text{-}51)$$

劳动收入份额对劳动谈判能力的一阶导数大于 0，故而劳动谈判能力的增强有助于劳动收入份额的提高。但正向影响的数值大小与短期均衡时相比有所不同，短期均衡时 $\dfrac{\partial \mathrm{ls}_i}{\partial \varphi} = \dfrac{\mu - 1}{\theta_i \mu}$，而现在长期一般均衡时为 $\dfrac{c}{\theta_i}$ $\dfrac{1-\beta_i}{(1-\varphi)^2} = \dfrac{1}{\theta_i}\dfrac{c}{1-\varphi}\dfrac{1-\beta_i}{1-\varphi} = \dfrac{1}{\theta_i \sigma}\dfrac{1-\beta_i}{1-\varphi} = \dfrac{\mu-1}{\theta_i \mu}\dfrac{1-\beta_i}{1-\varphi}$，比短期时多乘了一项 $\dfrac{1-\beta_i}{1-\varphi}$，说明在长期中谈判能力对劳动收入份额的影响程度除了价格加成和融资约束外，还取决于谈判能力与劳动产出弹性的相对大小。这是由于将价格加成内生化后，价格加成变成了进入成本 c 和 φ 的函数，φ 对劳动收入份额的影响多了一条途径，即通过影响价格加成来影响劳动收入份额。如果劳动者谈判能力比劳动产出弹性小，即 $\varphi < \beta_i$，则 $\dfrac{1-\beta_i}{1-\varphi} < 1$，劳动谈判能力对劳动收入份额的提升作用在长期中比短期更小；相反地，如果劳动者谈判能力比劳动产出弹性大，劳动谈判能力对劳动收入份额的提升作用在长期中比短期更大。

$$\frac{\partial \mathrm{ls}_i}{\partial \theta_i} = \frac{\partial \dfrac{1}{\theta_i}\Big[\beta_i + \dfrac{c(\varphi - \beta_i)}{1-\varphi}\Big]}{\partial \theta_i} = -\frac{1}{\theta_i^2}\Big[\beta_i + \frac{c(\varphi - \beta_i)}{1-\varphi}\Big] < 0 \quad (11\text{-}52)$$

长期中融资约束对劳动收入份额的影响为负。短期中影响程度为 $-\frac{1}{\theta_i^2}\left[\frac{\beta_i}{\mu}+\varphi\left(1-\frac{1}{\mu}\right)\right]$，经变换计算后长期和短期融资约束对劳动收入份额的影响程度相同。

本节从前一节设定的模型环境出发，求解短期一般均衡和长期一般均衡，得到均衡状态下的劳动报酬、工资、企业利润、租金分配比例和劳动收入份额。然后对短期和长期中的劳动收入份额进行比较静态分析。得到以下几个基本结论：①短期中由既定的需求替代弹性所决定的价格加成对劳动收入份额的影响取决于劳动谈判能力与劳动产出弹性的相对大小，谈判能力较强时，价格加成的增大会降低劳动收入份额，反之反是。②长期中价格加成内生于进入成本，进入成本越高则价格加成越大，进入成本对劳动收入份额的影响同样取决于谈判能力和产出弹性的相对大小，劳动谈判能力较弱时，进入成本的提高会降低劳动收入份额。③劳动产出弹性对劳动收入份额的一阶影响在短期和长期中均为 $\frac{1}{\theta_i\mu}$，影响程度大于 0 且小于 1，与融资约束和价格加成成反比。④融资约束对劳动收入份额的影响在短期和长期中均为负向，一阶影响程度为 $-\frac{1}{\theta_i^2}\left[\frac{\beta_i}{\mu}+\varphi\left(1-\frac{1}{\mu}\right)\right]$。⑤劳动谈判能力对劳动收入份额的影响在短期和长期中均为正，但影响程度有所不同。短期中影响程度为 $\frac{\mu-1}{\theta_i\mu}$，长期中为 $\frac{\mu-1}{\theta_i\mu}\frac{1-\beta_i}{1-\varphi}$。

第三节　动态模型

以上的模型构建和均衡分析均为静态，本节将其扩展到动态。

一、消费者

由前可知，在消费者 j 对每种商品等量消费的假设下，D-S 形式的单期效用函数就可以简化为如下形式：

$$U_j = \left[m^{-1/\sigma} \sum_{i=1}^{m} C_{ij}^{(\sigma-1)/\sigma} \right]^{\sigma/(\sigma-1)} = c_j \qquad (11\text{-}53)$$

如果采用对数形式来表示新的单期效用函数，无限期效用函数可以表示为：

$$U'_j = \sum_{t=0}^{\infty} \rho^t \ln U_{jt} = \sum_{t=0}^{\infty} \rho^t \ln c_{jt} \qquad (11\text{-}54)$$

其中，ρ 为主观贴现因子。这里对消费者的约束条件做一些扩展，消费者同时也是工人和企业所有者，消费者的收入来源不再只是劳动收入，还包括资本租金和企业利润。假设企业生产所用的资本均从消费者那里租用，支付租金。消费者收到正常资本回报率，而企业支付的租金率是在正常资金回报率上乘以一个代表融资环境的外生参数。消费者同时也收到企业的利润分红，简单假设为企业利润平均分配给每个消费者。消费者的支出不仅包含对商品的购买，还包括投资。将物价水平标准化为 1，即 $P=1$。消费者的约束条件可以表示为：

$$c_{jt} + i_{jt} \leq \gamma_{jt} w_{jt} + (1 - \gamma_{jt}) f_t + r_t K_{jt} + \pi_{jt} \qquad (11\text{-}55)$$

消费者的最大化问题是在每期的约束条件下选择每期消费和每期投资来最大化他的无限期效用，本章构造贝尔曼方程来求解消费者的最大化问题：

$$V_t(K_{jt}) = \max_{c_{jt}, i_{jt}} \{ U'_{jt} + \rho V_{t+1} K_{j,t+1} + \lambda_t [\gamma_{jt} w_{jt} + (1 - \gamma_{jt}) f_t +$$
$$r_t K_{jt} + \pi_{jt} - c_{jt} - i_{jt}] \} \qquad (11\text{-}56)$$

资本演化方程为 $K_{j,t+1} = (1-\delta) K_{jt} + i_{jt}$，将 $i_{jt} = K_{j,t+1} - (1-\delta) K_{jt}$ 代入式（11-56）得：

$$V_t(K_{jt}) = \max_{c_{jt}, K_{j,t+1}} \{ U'_{jt} + \rho V_{t+1} K_{j,t+1} + \lambda_t [\gamma_{jt} w_{jt} + (1 - \gamma_{jt}) f_t + r_t K_{jt} +$$
$$\pi_{jt} - c_{jt} - K_{j,t+1} + (1-\delta) K_{jt}] \} \qquad (11\text{-}57)$$

贝尔曼方程关于 c_{jt} 和 $K_{j,t+1}$ 的两个一阶条件为：

$$\begin{cases} \dfrac{\partial V_t K_{jt}}{\partial c_{jt}} = \dfrac{\partial U'_{jt}}{\partial c_{jt}} - \lambda_t = 0 \\[3mm] \dfrac{\partial V_t K_{jt}}{\partial K_{j,t+1}} = \rho \dfrac{\partial V_{t+1} K_{j,t+1}}{\partial K_{j,t+1}} - \lambda_t = 0 \end{cases} \qquad (11\text{-}58)$$

根据包络条件可以得到 $\dfrac{\partial V_t(K_{jt})}{\partial K_{jt}} = \lambda_t [r_t + (1-\delta)]$，时期往后推一期

可以得到 $\dfrac{\partial V_{t+1}(K_{j,t+1})}{\partial K_{j,t+1}} = \lambda_{t+1}[r_{t+1} + (1-\delta)]$，将它代入 $K_{j,t+1}$ 的一阶条件可

得 $\dfrac{\partial V_t(K_{jt})}{\partial K_{j,t+1}} = \rho\lambda_{t+1}(r_{t+1} + 1 - \delta) - \lambda_t = 0$。两个一阶条件化就可以简化为：

$$\begin{cases} c_{jt} = \dfrac{1}{\lambda_t} \\[3mm] \dfrac{\lambda_{t+1}}{\lambda_t} = \dfrac{1}{\rho(r_{t+1} + 1 - \delta)} \end{cases} \tag{11-59}$$

合并两个一阶条件就得到消费的欧拉方程：

$$\frac{c_{j,t+1}}{c_{jt}} = \frac{\lambda_t}{\lambda_{t+1}} = \rho(1 + r_{t+1} - \delta) \tag{11-60}$$

消费者据此做出最优消费和投资决策。

二、企业和劳资谈判

企业面临的最大化利润问题与静态时是一样的，在动态中企业要在每一期都做出最大化利润的生产和定价决策：

$$\max_{p_{it},K_{it}} \pi_{it} = p_{it}(Y_{it})Y_{it} - \theta_{it}(w_{it}L_{it} + r_t K_{it}),$$
$$\text{s. t. } Y_{it} = F(A_{Kit}, A_{Lit}, K_{it}, L_{it}) \tag{11-61}$$

企业的最优资本投入由条件 $p_{it}F_{K_{it}}K_{it}^* = \mu_t\theta_i r_t$ 来决定。每一期的工资和就业仍然由企业与工人之间进行谈判决定，目标为最大化加权总剩余，权重为相对的谈判能力，取纳什谈判解：

$$\max_{w_{it},L_{it}} \varphi\ln[(w_{it} - f)L_{it}] + (1-\varphi)\ln[p_{it}(Y_{it})Y_{it} - \theta_i(w_{it}L_{it} + r_t K_{it}^*)]$$
$$\tag{11-62}$$

其中，$L_{it} = \dfrac{N}{m}\gamma_{it}$，$K_{it}^* = F_{K_{it}}^{-1}\dfrac{\mu_t\theta_i r_t}{p_{it}}$。

三、均衡

动态一般均衡解是满足消费者和企业的最大化需求同时使得市场出清的

消费序列、投资序列、资本投入序列、劳动投入序列和要素价格序列。市场出清条件是:产品市场上所有企业提供的产出等于所有消费者的消费需求和投资需求,即 $Y = C + I$;资本市场上消费者的资本供给等于企业的资本需求,即资本的演化方程。当一般均衡稳定不变时就达到模型的稳态。由以下方程组可以得到模型的动态一般均衡解,同时也可以得到稳态时的劳动收入份额:

$$
\begin{cases}
\dfrac{c_{j,t+1}}{c_{jt}} = \rho(1 + r_{t+1} - \delta) & \text{消费欧拉方程} \\[2mm]
Y_{it} = F(A_{Kit}, A_{Lit}, K_{it}, L_{it}) & \text{生产技术} \\[2mm]
r_t = \dfrac{F_{K_{it}} K_{it}^*}{\mu \theta_i} & \text{企业最优资本决策} \\[2mm]
f = \dfrac{F_{L_i} L_i^*}{\mu \theta_i} & \text{保留工资的决定} \\[2mm]
w_i = \left(\varphi \dfrac{\mu - \alpha_i - \beta_i}{\beta_i} + 1 \right) f & \text{工资的谈判解} \\[2mm]
Y_t = C_t + I_t & \text{产品市场出清条件} \\[2mm]
K_{j,t+1} = (1 - \delta) K_{jt} + i_{jt} & \text{资本演化方程}
\end{cases}
\qquad (11\text{-}63)
$$

四、数值模拟

对于上述动态模型首先对其外生参数进行校准,然后模拟计算稳态均衡以及参数变化对稳态的影响,以此来观察劳动收入份额对于各影响因素变化的反应程度,还可以考察这些因素在影响劳动收入份额的同时所带来的福利效应。

需要校准的外生参数包括消费者的主观贴现因子 ρ、资本的折旧率 δ、价格加成 μ、融资约束 θ、谈判能力 φ 和生产技术方面的参数。根据既有文献,本章将主观贴现因子设定为 0.98,折旧率设定为 10%,在下面的数值模拟中令它们始终保持不变。然后将价格加成 μ、融资约束 θ 和谈判能力 φ 的数值作为可变动的外生参数,通过改变取值来观察均衡结果的变化以及动态影响。对生产技术方面的参数设定需要确定生产函数,本章采用 C-D 生产函数进行模拟。需要设定的技术参数为在 C-D 函数下的产出弹性 α、β，以及希克斯中性技术进步设为 1。

在 C-D 函数下设定资本和劳动产出弹性 α、β 均为 0.5，在劳资谈判能力分别为 0.3、0.5、0.7 三种情况下改变价格加成 μ 的取值来观察劳动收入份额、资本份额、利润份额以及其他宏观变量如产出、消费的变化。$\mu = 1.0$ 是不存在价格加成的情况，将它作为基准模型和初始值。然后改变 μ 的取值，每次提高 0.1，一直到 $\mu = 2.0$。在每种劳资谈判能力取值情况下均可得到一个稳态解，利用 Dynare 软件计算不同参数取值下的稳态解，劳动、资本、利润份额的稳态值列示在表 11.1 中。

表 11.1　价格加成 μ 不同取值下劳动、资本、利润份额的稳态值

μ	$\varphi = 0.5$			$\varphi = 0.3$			$\varphi = 0.7$		
	ls	cs	ps	ls	cs	ps	ls	cs	ps
1.0	50	50.00	0.00	50.00	50.00	0.00	50.00	50.00	0.00
1.1	50	45.45	4.55	48.18	45.45	6.36	51.82	45.45	2.73
1.2	50	41.67	8.33	46.67	41.67	11.67	53.33	41.67	5.00
1.3	50	38.46	11.54	45.38	38.46	16.15	54.62	38.46	6.92
1.4	50	35.71	14.29	44.29	35.71	20.00	55.71	35.71	8.57
1.5	50	33.33	16.67	43.33	33.33	23.33	56.67	33.33	10.00
1.6	50	31.25	18.75	42.50	31.25	26.25	57.50	31.25	11.25
1.7	50	29.41	20.59	41.76	29.41	28.82	58.24	29.41	12.35
1.8	50	27.78	22.22	41.11	27.78	31.11	58.89	27.78	13.33
1.9	50	26.32	23.68	40.53	26.32	33.16	59.47	26.32	14.21
2.0	50	25.00	25.00	40.00	25.00	35.00	60.00	25.00	15.00

图 11.1 至图 11.6 更清晰地绘制了收入份额的变化和其他宏观变量的变化。在 $\varphi = \beta = 0.5$ 情况下，价格加成取值的变化对劳动收入份额没有丝毫影响，它的变化带来的影响是资本份额下降和利润份额上升。工资下降的同时产出也下降，两者下降的幅度相同所以劳动收入份额不变。在 $\varphi = 0.3$，$\beta = 0.5$ 情况下，劳动收入份额从 50% 下降到 40%，资本份额下降，利润

份额上升,利润份额上升的幅度更大。在 $\varphi = 0.7$, $\beta = 0.5$ 情况下,劳动收入份额从 50% 上升到 60%,资本份额仍然下降而利润份额仍然上升,但利润份额上升的幅度较小。

在这三种劳动产出弹性取值相同,劳动谈判能力取值不同的情况中,价格加成对于产出、消费、投资、保留工资这些宏观变量的影响是相同的,它们的下降幅度在三种情况下没有差异。不同的仅是谈判工资,在第一种情况下其下降幅度与产出相同,在第二种情况下下降幅度比产出更大,而在第三种情况中下降幅度较小。

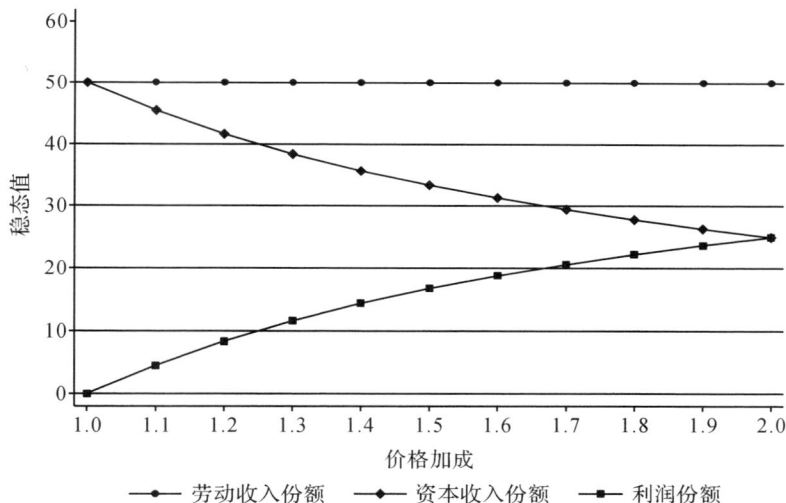

图 11.1 $\varphi = \beta = 0.5$ 时价格加成对收入份额稳态值的影响

从三种情况的比较可以看出,价格加成对劳动收入份额的影响取决于谈判能力与劳动产出弹性的相对大小。劳动谈判能力较弱时,价格加成的增大会导致劳动收入份额下降,而劳动谈判能力较强时,价格加成增大反而会使得劳动收入份额上升。这两种相反的情况对应到现实中就是生产效率较高的民营企业和具有行政垄断地位的国有企业。某些民营或外资企业由于技术水平高、产品差异度高、创新等原因而拥有一定的市场定价能力,能够取得更多的租金,而在内部收入分配时,由于劳动者谈判能力较弱,租金大部分归于资本,所以劳动收入份额低。具有垄断地位的国有企业依靠垄

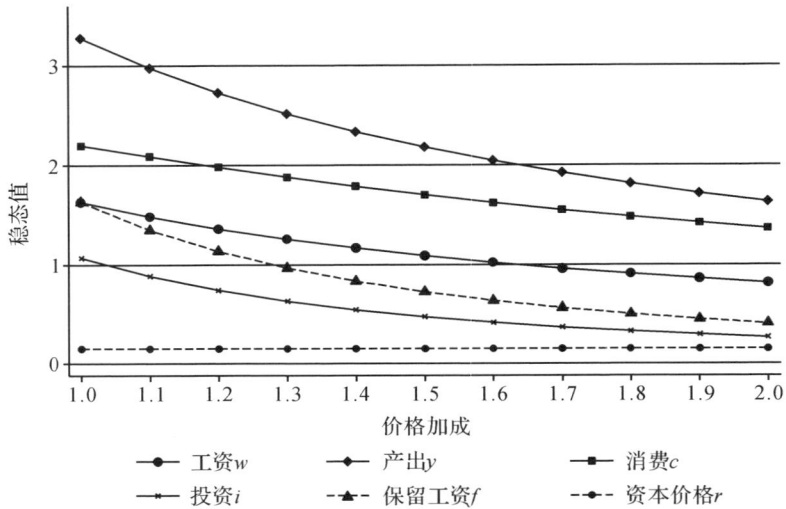

图 11.2　$\varphi = \beta = 0.5$ 时价格加成对其他变量稳态值的影响

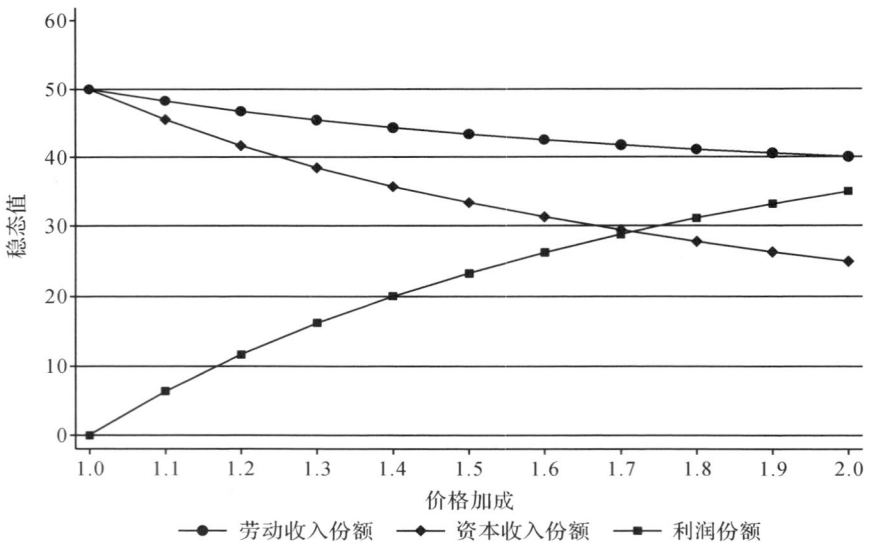

图 11.3　$\varphi = 0.3, \beta = 0.5$ 时价格加成对收入份额稳态值的影响

断资源也同样能够取得更多的租金,但租金的分配在国有企业内部更多地偏向于劳动,可以视为垄断国有企业的劳动谈判能力较强。另外,不管价格加成对于劳动收入份额是怎样的影响,它的福利效应始终是负向的。随着

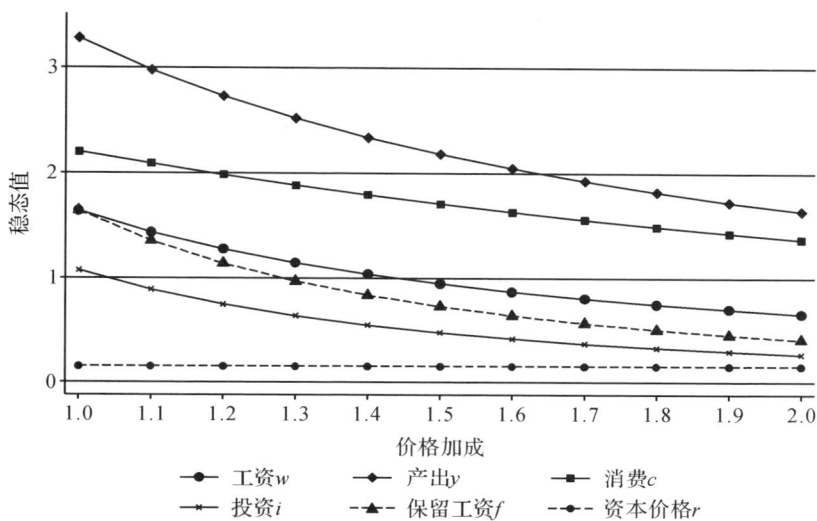

图11.4 $\varphi = 0.3$，$\beta = 0.5$ 时价格加成对其他变量稳态值的影响

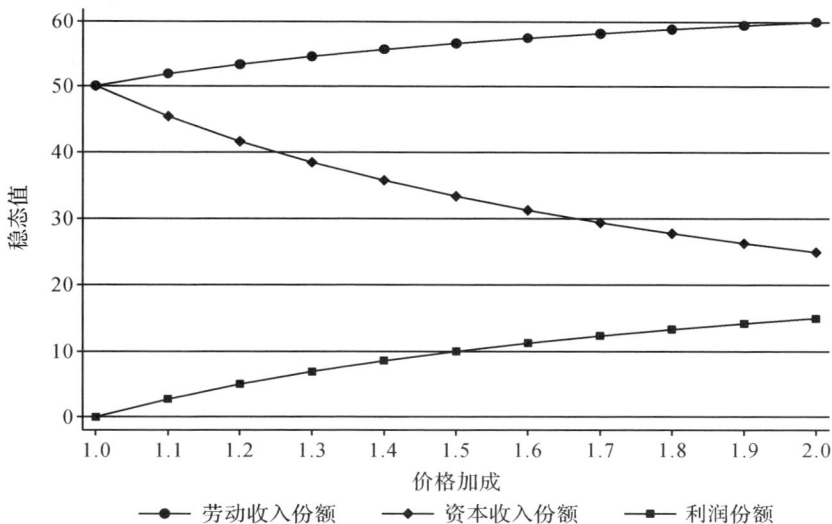

图11.5 $\varphi = 0.7$，$\beta = 0.5$ 时价格加成对收入份额稳态值的影响

价格加成的增大,产出和消费的稳态值随之下降。所以,即使价格加成增大使得劳动收入份额有所提高,也是以降低产出和消费为代价来实现的。

然后再来看融资约束对各变量稳态值的影响。设定 $\varphi = 0.4$，$\beta = 0.5$，$\mu = 1.2$,改变融资约束 θ 的取值,令它从 1.0 开始,每期增加 0.1,直到 $\theta =$

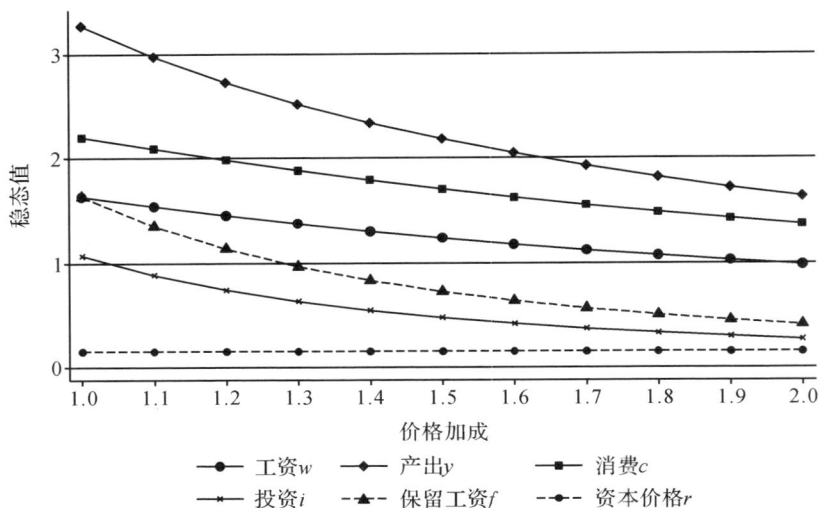

图 11.6 $\varphi = 0.7, \beta = 0.5$ 时价格加成对其他变量稳态值的影响

2.0。$\theta = 1.0$ 表示不存在融资约束。从图 11.7 可以看到,随着 θ 取值的增大,劳动收入份额和资本份额的稳态值均降低,利润份额不变,额外的资金成本占产出的份额提高。资本和劳动收入份额降低的部分就等于额外资金成本份额提高的部分。融资约束的福利影响显然也是负向的(见图 11.8),产出和消费的稳态值都随着 θ 的增大而减小,只有资本价格 r 保持不变。在 φ、β、μ 取其他不同数值时,以上结构基本相似,不再赘述。

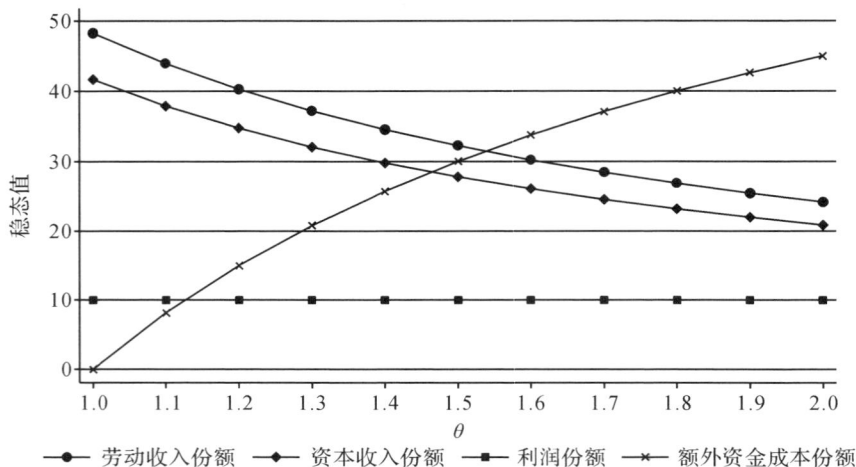

图 11.7 融资约束对收入份额稳态值的影响($\varphi = 0.4, \beta = 0.5, \mu = 1.2$)

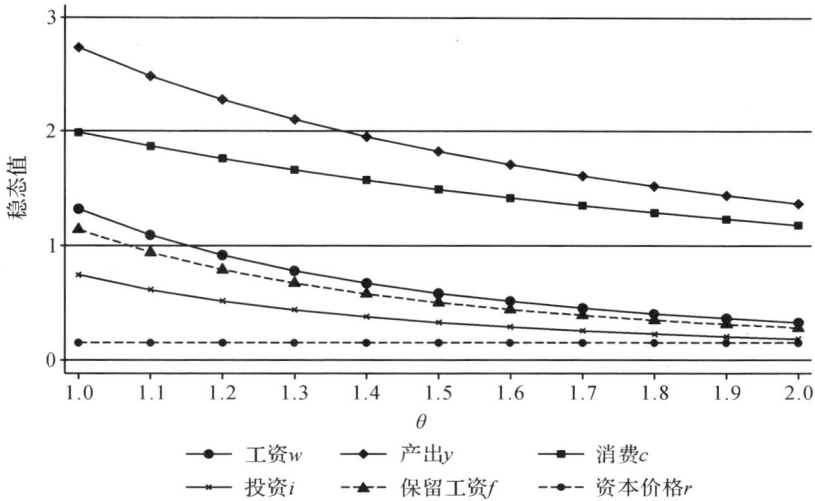

图 11.8 融资约束对其他变量稳态值的影响($\varphi = 0.4, \beta = 0.5, \mu = 1.2$)

最后来看劳动者谈判能力的不同取值给稳态值带来的影响。如图 11.9 所示,随着劳动者谈判能力取值的提高,劳动收入份额的稳态值变大,资本份额保持不变,利润份额下降,额外的资金成本份额有轻微上升。从图 11.10 中可以看到,谈判能力取值变化仅仅使得工资有所变化,对其他宏观变量不产生任何影响,所以劳资谈判能力的提高或降低不产生福利效应。

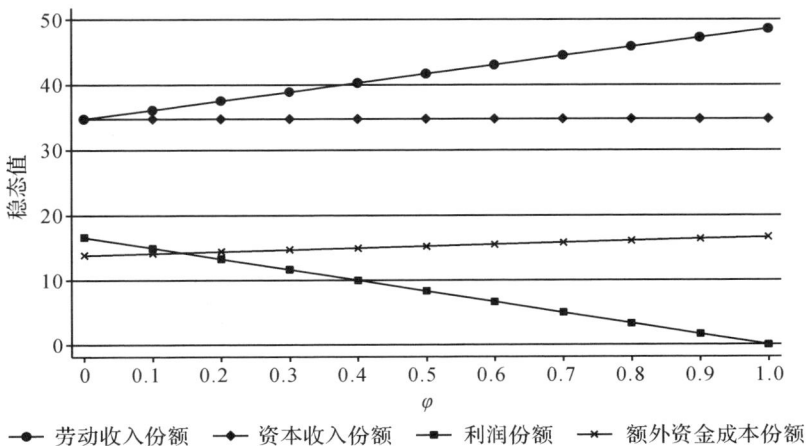

图 11.9 劳动者谈判能力对收入份额稳态值的影响($\beta = 0.5, \mu = 1.2, \theta = 1.2$)

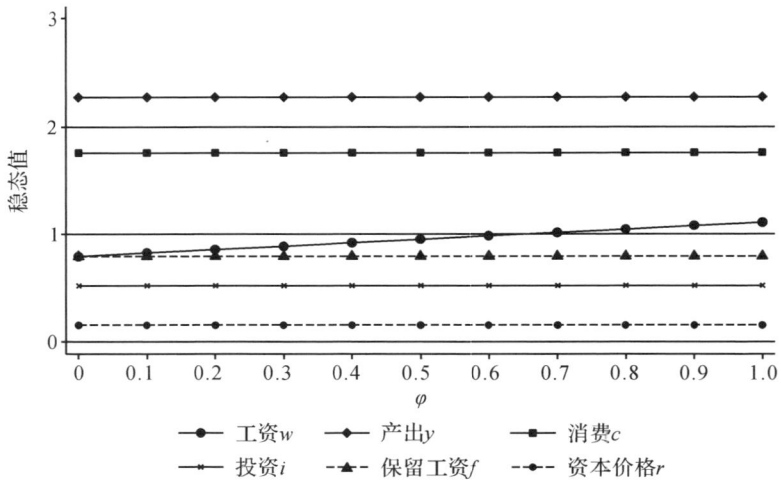

图 11. 10 劳动者谈判能力对其他变量稳态值的影响($\beta = 0.5$, $\mu = 1.2$, $\theta = 1.2$)

第十二章　结论和政策含义

第一节　主要结论

本书首先确认了中国劳动收入份额持续下降的基本事实并对劳动收入份额的各个组成部分进行分解,然后从市场力量和制度因素两个方面探究劳动收入份额下降的原因。本书将技术进步偏向作为影响劳动收入份额的市场因素,在此基础上考虑政策产生的产品市场势力、融资环境和劳资议价能力并将其作为影响劳动收入份额变动的制度因素。

本书主要内容围绕以下几方面内容或问题展开:①中国劳动收入份额的水平和变动的特征事实。②技术进步偏向是不是影响中国劳动收入份额变动的主要因素以及其影响机制如何? ③导致中国劳动收入份额水平偏低和下降的制度因素是什么? 其作用机制如何? 本书得到的基本结论有以下几点。

第一,劳动收入份额小于劳动产出弹性,并且两者差异呈扩大趋势。工资率小于劳动边际生产率。资本回报率大于资本边际生产率。这些说明中国劳动收入份额的下降既有市场方面的因素又有制度方面的因素。技术偏向所引起的劳动收入份额下降反映了技术范式的变迁和工业化转型的过程,是市场力量所起的作用而没有"不公平"的因素。产品市场垄断、融资约束和劳动谈判能力这些制度性因素所引起的劳动收入份额下降是使得劳动实际所得低于其边际生产率且存在"不公平"的因素。

第二,关于技术偏向与劳动收入份额的关系。理论分析表明,要素替代弹性和技术进步偏向影响生产要素(资本、技能劳动、非技能劳动)的需求,要素相对稀缺性(技能与非技能劳动供给之比、资本劳动比)影响要素的供给。生产要素的需求和供给互相作用得到均衡的工资率与资本回报率,结合要素数量得到劳动收入份额和工资不平等(技能溢价)。替代弹性、技术偏向、要素稀缺性的任何变化都会引起劳动收入份额和工资不平等的变化。实证表明中国20世纪90年代以来的技术进步偏向于资本,资本与劳动之间替代弹性小于1,技术进步对于劳动收入份额的影响为负。

第三,技能偏向型技术进步和劳动力技能结构对技能溢价的作用。理论分析表明,技能溢价反映了企业对技能劳动的需求与劳动力市场中技能劳动供给的匹配状况。当技术进步的速度和方向与劳动供给结构的变化相匹配时,技能溢价维持在正常范围内且较为平稳;当两者不匹配时,就会出现技能溢价的大幅波动。

第四,关于价格加成对劳动收入份额的影响。理论分析表明,行政垄断、进入壁垒或创新使得企业在产品市场上获得某种程度的定价能力,企业能够获得超额利润。价格加成对劳动收入份额的影响与超额利润的分配有关,如果这部分利润大部分归于资本,则价格加成增大会降低劳动收入份额,反之反是。实证分析发现垄断势力在总体上降低劳动收入份额,但对不同性质企业影响不同,国有企业垄断势力越大,劳动收入份额越高,外资和民营企业垄断势力越大,劳动收入份额越低,并且国有企业的超额利润在劳动收入和资本收入之间的分配比例明显较高。

第五,关于融资环境对劳动收入份额的影响。理论分析阐明了融资约束通过价格机制和数量机制来影响劳动收入份额。实证研究发现:一是有融资约束的企业超额利润较低,融资环境与超额利润份额相关;二是融资环境差异越大的地区和行业,超额利润占比越高,劳动收入份额越低;三是营运资本贷款比例较高的企业,融资约束对劳动收入份额的影响作用较大;四是融资约束企业的投资更多依赖于内源融资,内源融资比例高的企业劳动收入份额较低;五是融资约束对劳动收入份额的负向影响在劳动力技能水平高的企业更小。

第六,关于劳动力市场制度对劳动收入份额的影响。工会对劳动者工资确实有提升作用,并且其正向作用在低教育程度样本中更强,在国有企业中更强,在民营企业中较弱。工会对劳动收入份额也存在正向影响,工会对劳动收入份额的影响是通过提高超额利润中劳动者的谈判能力所实现的。最低工资制度对工资和劳动收入份额在短期、长期都具有显著的正向作用。

第七,从构建、求解和分析劳动收入份额的一般均衡模型可以得到:一是劳动产出弹性对劳动收入份额的影响为正,影响的程度与价格加成和融资约束有关。二是价格加成对劳动收入份额的影响方向取决于劳动产出弹性和谈判能力的相对大小。三是融资约束对劳动收入份额的影响为负。四是劳动谈判能力对劳动收入份额的影响为正。五是谈判能力大于劳动产出弹性时,价格加成对劳动收入份额的影响为正,但福利效应为负;融资约束降低劳动收入份额的同时降低福利;谈判能力的变化不会产生福利效应。

第二节 政策含义

本书的主要结论有着较强的政策含义。

第一,劳动收入份额的下降是一个客观现象,其中既有负面又有正面的效应,不能简单地认为劳动收入份额下降一定不好,应当看到这一现象背后深层的经济结构变迁。技术进步偏向导致的劳动收入份额下降反映的是经济结构和产业结构的转型升级,在完全竞争市场中这是正常的现象,不应该试图去改变或阻止它。但企业的技术偏向选择如果有扭曲,则需要适当矫正。企业技术偏向选择的扭曲可能就是因为政府的过度干预,技术的选择需要与本国资源、劳动力禀赋相匹配,这对于效率和公平都是有益的。提高劳动收入份额的措施应该更多地从制度性因素方面入手。

第二,技术进步偏向资本说明企业技术选择偏向于多用资本,这种与资源禀赋相悖的技术选择可能是政策性投资驱动型增长和资本市场扭曲共同带来的。增长的驱动力是什么关系到生产中各投入要素的相对贡献从而关系到分配。一方面,增长主要依靠投资,那么自然地对资本的需求量就会大,虽然资本存量增长得很快,但相对于巨大的需求而言仍然不足够;另一方面,资本市场存在的各种问题导致投资回报率居高不下,无法灵活调节资本的供需,所以资本相对于劳动在生产和赢利方面仍然有着更为重要的作用。劳动收入份额下降是经济结构不平衡的外在表现,反过来劳动收入份额的下降又会通过影响消费投资比例进一步加剧经济结构的不平衡。如果想要改变劳动收入份额的变化趋势,就需要改变经济增长的驱动力,从依靠机器转变为依靠劳动者的人力资本以及做对资本市场的价格。

第三,行政垄断行业中的国有企业通过限制其他企业的进入而获得市场定价能力,从而产生超额利润,国企超额利润的分配更偏向于劳动,由此国有企业的劳动收入份额较高。但这并不值得欢欣鼓舞,它是以整体福利的损失为代价的。有准入限制的行业中,企业数量和提供的产品种类都会小于最优值,这些行业中的非国有企业同样由于竞争度较低而能获得市场定价能力和超额利润,不过非国有企业的超额利润份额一般更偏向资本,所以劳动收入份额较低。相应的政策含义是:①改变行政垄断行业的排他性,允许私人资本进入;②降低行业进入成本,在行业准入标准实施中对所有企业一视同仁。

第四,融资约束对于劳动收入份额的负向作用实际上是由融资环境的差异造成的,企业之间在融资环境上存在不平等,有的企业享有融资优惠,有的企业却面临融资约束。面临融资约束的企业如果刚好能够生存,那么享有融资优惠的企业就会有超额的利润。另外,面临融资约束的企业会更有激励去压低劳动成本。所能导出的政策含义是:①国有银行贷款对不同性质的企业应尽量做到一视同仁,减少不公正的差异;②地方政府不该干涉银行的贷款决策;③鼓励和规范各种小额贷款与民间借贷。

第五,劳动收入份额小于劳动产出弹性并且工资小于劳动边际生产率这一结论最直接的含义就是劳动者的谈判能力太弱,在与企业进行工资协商时并没有根据自身所能为企业创造的价值来要求与之匹配的回报。这与劳动力是否过剩无关,在任何完全竞争的劳动力市场中,工资都会接近其边际生产率,如果劳动力供给太多,工资和边际生产率都会下降,但两者不会相互偏离。分散的劳动者相对于有组织的企业来说天然处于劣势,工会可以弥补这一劣势。在劳动力市场方面提高劳动收入份额的措施有:①提高地方政府对劳动保护的执行力度,允许和帮助工人组织工会,允许必要时罢工,提高劳动者的集体谈判能力;②允许和鼓励劳动力流动并为之提供良好的公共品服务,减少劳动力市场的摩擦;③提供基本的技能培训,劳动者有一技之长才能有谈判能力;④最低工资制度的实施需要谨慎评估工资与就业之间的正负福利效应。

第三节 不足之处

本书还存在诸多不足之处。

第一,市场因素和制度因素在现实中应当是相互嵌入、无法分割的。但是为了研究问题分而析之的需要和政策含义的针对性,本书不得已将其分开来考虑。代表市场因素的技术偏向严格意义上也不完全只是市场因素,也包含制度因素,如技术偏向的内生选择,那些导致了技术偏向性的因素必然涉及制度性的因素。

第二,本书在具体研究中将劳动收入份额是否等于劳动产出弹性以及工资是否等于劳动边际生产率作为公平的判断标准。这一判断标准是非常低的公平标准,即使达到了这个标准也很难说劳动所得是真正公平的。公平这一概念有较大的主观性,本书这一判断标准也是权衡之下不得已而为之。

第三,计量模型中的内生性问题没有得到很好的解决。尤其关于工会对工资、就业的影响的实证研究,可能存在比较严重的反向因果关系。

第四,为了模型构建和求解的可行,一般均衡模型中的保留工资 f 实际上就是竞争性劳动工资。这里暗含的假设是劳动者至少能得到竞争性的工资,然后在此基础上根据劳动谈判能力的强弱决定是否得到更多的剩余。但是实证表明劳动者的实际工资小于边际生产率,所以模型在这里与现实有一定程度的不符。

参考文献

［1］ ACEMOGLU D. Directed technical change［J］. Review of Economic Studies,2002a,69(4): 781-809.

［2］ ACEMOGLU D. Labor- and capital-augmenting technical change［J］. Journal of the European Economic Association,2003a,1(1):1-37.

［3］ ACEMOGLU D. Patterns of skill premia［J］. Review of Economic Studies, 2003b,70(2):199-230.

［4］ ACEMOGLU D. Technical change, inequality and the labor market［J］. Journal of Economic Literature,2002b,40(1):7-72.

［5］ ACEMOGLU D, SHIMER R. Wage and technology dispersion［J］. Review of Economic Studies,2000,67(4):585-607.

［6］ AGHION P. Schumpeterian growth theory and the dynamics of income inequality［J］. Econometrica,2002a,70(3): 855-882.

［7］ AGHION P, HOWITT P, VIOLANTE G L. General purpose technology and wage inequality［J］. Journal of Economic Growth,2002b,7(4): 315-345.

［8］ ALLEN R C. Engels' pause: Technical change, capital accumulation, and inequality in the british industrial revolution［J］. Explorations in Economic History,2009,46(4): 418-435.

［9］ ANTRAS P. Is the U. S. aggregate production function Cobb-Douglas? New estimates of the elasticity of substitution ［J］. Contributions in Macroeconomics,2004,4(1): 1-34.

［10］ ARPAIA A, PEREZ E, PICHELMANN K. Understanding labour income share dynamics in Europe［J］. MPRA Paper,2009,No. 15649.

［11］ ARROW K J. The economic implications of learning by doing［J］. Review of Economic Studies,1962,29(3): 155-173.

[12] ATKINSON A B. Factor shares：The principal problem of political economy? ［J］. Oxford Review of Economic Policy,2009,25（1）：3-16.

[13] AUTOR D, DORN D, KATZ L F, PATTERSON C, VAN REENEN J. Concentrating on the fall of the labor share［J］. American Economic Review：Papers & Proceedings,2017,107（5）：180-85.

[14] AUTOR D, DORN D, KATZ L F, PATTERSON C, VAN REENEN J. The fall of the labor share and the rise of superstar firms［J］. Quarterly Journal of Economics,2020,135（2）：645-709.

[15] BARKAI S. Declining labor and capital shares［J］. Journal of Finance, 2020,75（5）：2421-2463.

[16] BAYOUMI T, TONG H, WEI S J. The chinese corporate savings puzzle：A firm-level cross-country perspective［M］. Capitalizing China. University of Chicago Press,2012：283-308.

[17] BECK J W. An interindustry analysis of labor's share［J］. Industrial and Labor Relations Review,1958,11（2）：231-246.

[18] BECKER G S, MURPHY K M, WERNING I. The equilibrium distribution of income and the market for status［J］. Journal of Political Economy,2005,113（2）：282-310.

[19] BENTAL B, DEMOUGIN D. Declining labor shares and bargaining power：An institutional explanation［J］. Journal of Macroeconomics,2010, 32（1）：443-456.

[20] BENTOLILA S, SAINT-PAUL G. Explaining movements in the labor share ［J］. Contributions to Macroeconomics,2003,3（1）：1-33.

[21] BERTOLA G. Factor shares and savings in endogenous growth ［J］. American Economic Review,1993,83（5）：1184-1198.

[22] BERTOLA G. Factor shares in OLG models of growth［J］. European Economic Review,1996,40（8）：1541-1560.

[23] BLANCHARD O J, GIAVAZZI F. Macroeconomic effects of regulation and

deregulation in goods and labor markets [J]. Quarterly Journal of Economics,2003,118(3): 879-907.

[24] BLANCHARD O J, PHELPS E S. The medium run[J]. Brookings Papers on Economic Activity,1997,28(2):89-158.

[25] BRANDT L, VAN BIESEBROECK J, ZHANG Y. Creative accounting or creative destruction? Firm-level productivity growth in Chinese manufacturing [J]. Journal of Development Economics, 2012, 97 (2): 339-351.

[26] BRONFENBRENNER M. A note on relative shares and the elasticity of substitution[J]. Journal of Political Economy,1960,68(3):284-287.

[27] BUCH C M, MONTI P, TOUBAL F. Trade's impact on the labor share: Evidence from German and Italian regions [R]. IAW Working Papers, 2008,No. 46.

[28] CARD D, DINARDO J E. Skill-biased technological change and rising wage inequality: Some problems and puzzles [J]. Journal of Labor Economics,2002,20(4): 733-783.

[29] CARD D, KRUEGER A B. Minimum wages and employment: A case study of the fast-food industry in New Jersey and Pennsylvania [J]. American Economic Review,1994,84(4): 772-93.

[30] CASELLI F, FEYRER J. The marginal product of capital[J]. Quarterly Journal of Economics,2007,122(2):535-568.

[31] CHIRINKO R S. σ: The long and short of it [J]. Journal of Macroeconomics,2008,30(2):671-686.

[32] DAVID P A, VAN DE KLUNDERT T. Biased efficiency growth and capital-labor substitution in the US, 1899-1960[J]. American Economic Review,1965,55(3):357-394.

[33] DE LOECKER J, WARZYNSKI F. Markups and firm-level export status [J]. American Economic Review,2012,102(6):2437-71.

[34] DIXIT A K, STIGLITZ J E. Monopolistic competition and optimum product diversity[J]. American Economic Review,1977,67(3):297-308.

[35] ELSBY M W L, HOBIJN B, AHIN A. The decline of the US labor share [J]. Brookings Papers on Economic Activity,2013,Fall:1-63.

[36] FERGUSON C E. Neoclassical theory of technical progress and relative factor shares[J]. Southern Economic Journal,1968,34(4):490-504.

[37] GALOR O, MOAV O. Ability-biased technological transition, wage inequality, and economic growth[J]. Quarterly Journal of Economics, 2000,115(2):469-497.

[38] GIOVANNONI O G. What do we know about the labor share and the profit share? Part Ⅰ: Theories[R]. Levy Economics Institute at Bard College Working Paper,2014,No. 803.

[39] GOLLIN D. Getting income shares right[J]. Journal of Political Economy, 2002,110(2):458-474.

[40] GREENWOOD J, HERCOWITZ Z, KRUSELL P. Long-run implications of investment-specific technological change [J]. American Economic Review,1997,87(3):342-362.

[41] GRILICHES Z. Capital-skill complementarity[J]. Review of Economics and Statistics,1969,51(4):465-468.

[42] GROWIEC J, MCADAM P, MUCK J. Endogenous labor share cycles: Theory and evidence[J]. Journal of Economic Dynamics and Control, 2018,87(1):74-93.

[43] HARRISON A E. Has globalization eroded labor's share? Some cross-country evidence[R]. MPRA Working Paper,2005,No. 39649.

[44] HARSANYI J C. Can the maximin principle serve as a basis for morality? A critique of John Rawls's theory[J]. American Political Science Review, 1975,69(2):594-606.

[45] HAU H, HUANG Y, WANG G. Firm response to competitive shocks:

Evidence from China's minimum wage policy[J]. Review of Economic Studies,2020,87(6):2639-2671.

[46] HICKS J R. The theory of wages[M]. London：Macmillan Press,1932.

[47] HORNSTEIN A, KRUSELL P, VIOLANTE G L. The effects of technical change on labor market inequalities[M]//Handbook of Economic Growth. San Diego：Elsevier,2005:1275-1370.

[48] HSIEH C T, KLENOW P J. Misallocation and manufacturing TFP in China and India[J]. Quarterly Journal of Economics,2009,124(4):1403-1448.

[49] HSIEH C T, KLENOW P J. Relative prices and relative prosperity[J]. American Economic Review,2007,97(3):562-585.

[50] JONES C I, ROMER P M. The new Kaldor facts：Ideas, institutions, population, and human capital [J]. American Economic Journal：Macroeconomics,2010,2(1):224-45.

[51] JOVANOVIC B, ROUSSEAU P L. General purpose technologies[M]//Handbook of Economic Growth. Elsevier,2005:1181-1224.

[52] KALDOR N. Capital accumulation and economic growth[C]//The Theory of Capital. London：Palgrave Macmillan,1961:177-222.

[53] KALECKI M. The determinants of distribution of the national income[J]. Econometrica：Journal of the Econometric Society,1938：97-112.

[54] KANBUR R. Income distribution and development [J]. Handbook of Income Distribution,2000,1:791-841.

[55] KARABARBOUNIS L, NEIMAN B. The global decline of the labor share [J]. Quarterly Journal of Economics,2014,129(1):61-103.

[56] KEYNES J M. Relative movements of real wages and output [J]. Economic Journal,1939,49(193):34-51.

[57] KLUMP R, MCADAM P, WILLMAN A. Factor substitution and factor-augmenting technical progress in the United States：A normalized supply-

side system approach[J]. Review of Economics and Statistics,2007,89(1):183-192.

[58] KLUMP R, MCADAM P, WILLMAN A. Unwrapping some euro area growth puzzles: Factor substitution, productivity and unemployment[J]. Journal of Macroeconomics,2008,30(2):645-666.

[59] KMENTA J. On estimation of the CES production function [J]. International Economic Review,1967,8(2):180-189.

[60] KOH D, SANTAEULALIA-LLOPIS R, ZHENG Y. Labor share decline and intellectual property products capital[J]. Econometrica,2020,88(6):2609-2628.

[61] KONOW J. Fair shares: Accountability and cognitive dissonance in allocation decisions [J]. American Economic Review, 2000, 90 (4):1072-1091.

[62] KRAVIS I B. Relative income shares in fact and theory[J]. American Economic Review,1959,49(5):917-949.

[63] KRISTAL T. Good times, bad times: Postwar labor's share of national income in capitalist democracies[J]. American Sociological Review,2010,75(5):729-763.

[64] KRUEGER A B. Measuring labor's share [J]. American Economic Review,1999,89(2):45-51.

[65] KRUSELL P, OHANIAN L E, RIOS-RULL J V, VIOLANTE G L. Capital-skill complementarity and inequality: A macroeconomic analysis [J]. Econometrica,2000,68(5):1029-1053.

[66] KUZNETS S. Economic growth and income inequality [J]. American Economic Review,1955,45(1):1-28.

[67] LAWLESS M, WHELAN K T. Understanding the dynamics of labor shares and inflation[J]. Journal of Macroeconomics,2011,33(2):121-136.

[68] LAWRENCE R Z. Recent declines in labor's share in US income: A

preliminary neoclassical account [J]. National Bureau of Economic Research,2015,No. w21296.

[69] LEON-LEDESMA M A, MCADAM P, WILLMAN A. Identifying the elasticity of substitution with biased technical change [J]. American Economic Review,2010,100(4):1330-57.

[70] LEWIS W A. Economic development with unlimited supplies of labour [J]. Manchester School,1954,22(2):139-191.

[71] LIU L. Skill premium and wage differences: The case of China[C]//2009 Second International Symposium on Knowledge Acquisition and Modeling. IEEE,2009,2:115-118.

[72] MELITZ M J. The impact of trade on intra-industry reallocations and aggregate industry productivity[J]. Econometrica,2003,71(6):1695-1725.

[73] MORONEY J R, ALLEN B T. Monopoly power and the relative share of labor[J]. Industrial and Labor Relations Review,1969,22(2):167-178.

[74] OBERFIELD E, RAVAL D. Micro data and macro technology [J]. Econometrica,2021,89(2):703-732.

[75] OHLIN B. Interregional and International Trade [M]. Cambridge: Harvard University Press,1935.

[76] PIKETTY T. Capital in the Twenty-first Century [M]. Cambridge: Harvard University Press,2014.

[77] RAFFALOVICH L E, LEICHT K T, WALLACE M. Macroeconomic structure and labor's share of income: United States, 1950-1980 [J]. American Sociological Review,1992,57(2):243-258.

[78] ROBINSON S. A note on the U hypothesis relating income inequality and economic development[J]. American Economic Review, 1976, 66 (3): 437-440.

[79] RODRIGUEZ F, JAYADEV A. The declining labor share of income[J]. Journal of Globalization and Development,2013,3(2):1-18.

[80] ROGNLIE M. Deciphering the fall and rise in the net capital share: Accumulation or scarcity? [J]. Brookings Papers on Economic Activity, 2015, Spring: 1-69.

[81] SATO R. The estimation of biased technical progress and the production function[J]. International Economic Review, 1970, 11(2): 179-208.

[82] SATO R, MORITA T. Quantity or quality: The impact of labour saving innovation on US and Japanese growth rates, 1960-2004[J]. Japanese Economic Review, 2009, 60(4): 407-434.

[83] SCHNEIDER D. Bargaining, openness, and the labor share[R]. SFB Working Papers, 2011, No. 649.

[84] SCHULTZ T W. Investment in human capital[J]. American Economic Review, 1961, 51(1): 1-17.

[85] SIEGENTHALER M, STUCKI T. Dividing the pie: The determinants of labor's share of income on the firm level[R]. KOF Working Papers, 2014, No. 352.

[86] SMITH M, YAGAN D, ZIDAR O, ZWICK E. Capitalists in the 21st century[J]. Quarterly Journal of Economics, 2019, 134(4): 1675-1745.

[87] SOLOW R M. A skeptical note on the constancy of relative shares[J]. American Economic Review, 1958, 48(4): 618-631.

[88] VALENTINYI A, HERRENDORF B. Measuring factor income shares at the sectoral level[J]. Review of Economic Dynamics, 2008, 11(4): 820-835.

[89] YAO Y, ZHONG N. Unions and workers' welfare in Chinese firms[J]. Journal of Labor Economics, 2013, 31(3): 633-667.

[90] YOUNG A T, LAWSON R A. Capitalism and labor shares: A cross-country panel study[J]. European Journal of Political Economy, 2014, 33(1): 20-36.

[91] YOUNG A T, ZULETA H. Do unions increase labor shares? Evidence

from US industry-level data[J]. Eastern Economic Journal,2018,44(4):558-575.

[92] ZULETA H. Factor saving innovations and factor income shares[J]. Review of Economic Dynamics,2008,11(4):836-851.

[93] 阿吉翁,霍伊特.内生增长理论[M].陶然,汪柏林,倪彬华,译,北京:北京大学出版社,2004:123-124.

[94] 阿特金森,布吉尼翁.收入分配经济学手册.第1卷[M].蔡继明,等,译.北京:经济科学出版社,2009:32-33.

[95] 奥肯.平等与效率:重大的抉择[M].陈涛,译.北京:中国社会科学出版社,2013:12.

[96] 奥林.地区间贸易和国际贸易[M].王继祖,等,译.北京:首都经济贸易大学出版社,2001:56-57.

[97] 白重恩,钱颖一,谢长泰.中国的资本回报率[J].比较,2007,28(1):1-22.

[98] 白重恩,钱震杰.国民收入的要素分配:统计数据背后的故事[J].经济研究,2009,44(3):15.

[99] 白重恩,钱震杰.劳动收入份额决定因素:来自中国省际面板数据的证据[J].世界经济,2010,33(12):3-27.

[100] 白重恩,钱震杰,武康平.中国工业部门要素分配份额决定因素研究[J].经济研究,2008,43(8):16-28.

[101] 陈昌兵.可变折旧率估计及资本存量测算[J].2014,49(12):72-85.

[102] 陈登科,陈诗一.资本劳动相对价格、替代弹性与劳动收入份额[J].世界经济,2018,41(12):73-97.

[103] 陈晓玲,连玉君.资本—劳动替代弹性与地区经济增长——德拉格兰德维尔假说的检验[J].经济学季刊,2012,12(1):93-118.

[104] 陈宇峰,贵斌威,陈启清.技术偏向与中国劳动收入份额的再考察[J].经济研究,2013,48(6):113-126.

[105] 戴天仕,徐现祥.中国的技术进步方向[J].世界经济,2010,33(11):

54-70.

[106] 丁守海.最低工资管制的就业效应分析——兼论《劳动合同法》的交互影响[J].中国社会科学,2010,181(1):85-102.

[107] 董直庆,王芳玲,高庆昆.技能溢价源于技术进步偏向性吗[J].统计研究,2013,30(6):37-44.

[108] 董直庆,王林辉.劳动力市场需求分化和技能溢价源于技术进步吗[J].经济学家,2011,152(8):75-82.

[109] 方军雄.劳动收入比重真的一致下降吗——来自中国上市公司的发现[J].管理世界,2011,214(7):31-41,188.

[110] 弗莱施哈克尔.分配正义简史[M].吴万伟,译.南京:译林出版社,2010:46.

[111] 龚刚,杨光.从功能性收入看中国收入分配的不平等[J].中国社会科学,2010a,182(2):54-68.

[112] 龚刚,杨光.论工资性收入占国民收入比例的演变[J].管理世界,2010b,200(5):45-55.

[113] 龚六堂,谢丹阳.我国省份之间的要素流动和边际生产率的差异分析[J].经济研究,2004,39(1):45-53.

[114] 哈罗德.动态经济学[M].黄范章,译.北京:商务印书馆,1981.

[115] 黄先海,徐圣.中国劳动收入比重下降成因分析——基于劳动节约型技术进步的视角[J].经济研究,2009,44(7):34-44.

[116] 姜磊,陈坚,郭玉清.二元经济转型与劳动收入份额:理论与实证分析[J].经济社会体制比较,2014,174(4):46-58.

[117] 姜磊,郭玉清.中国的劳动收入份额为什么趋于下降?——基于二元经济模型的观察与解释[J].经济社会体制比较,2012,159(1):211-217.

[118] 蒋自强,等.经济思想通史[M].杭州:浙江大学出版社,2003:312-313.

[119] 金戈.中国基础设施资本存量估算[J].经济研究,2012,47(4):4-14.

[120] 李宾.我国资本存量估算的比较分析[J].数量经济技术经济研究，2011,28(12):21-36.

[121] 李稻葵,何梦杰,刘霖林.我国现阶段初次分配中劳动收入下降分析[J].经济理论与经济管理,2010,230(2):13-19.

[122] 李稻葵,刘霖林,王红领.GDP中劳动份额演变的U型规律[J].经济研究,2009,44(1):70-82.

[123] 李坤望,冯冰.对外贸易与劳动收入占比:基于省际工业面板数据的研究[J].国际贸易问题,2012,349(1):26-37.

[124] 陆菁,刘毅群.要素替代弹性、资本扩张与中国工业行业要素报酬份额变动[J].世界经济,2016,39(3):118-143.

[125] 陆铭,陈钊,万广华.因患寡,而患不均——中国的收入差距、投资、教育和增长的相互影响[J].经济研究,2005,140(12):4-14.

[126] 罗长远.比较优势、要素流动性与劳动收入占比:对工业部门的一个数值模拟[J].世界经济文汇,2011,204(5):15.

[127] 罗长远,陈琳.融资约束会导致劳动收入份额下降吗？——基于世界银行提供的中国企业数据的实证研究[J].金融研究,2012,381(3):14.

[128] 罗长远,张军.经济发展中的劳动收入占比:基于中国产业数据的实证研究[J].中国社会科学,2009a,178(4):65-80.

[129] 罗长远,张军.劳动收入占比下降的经济学解释——基于中国省级面板数据的分析[J].管理世界,2009b,188(5):25-35.

[130] 罗楚亮.经济增长、收入差距与农村贫困[J].经济研究,2012,47(2):15-27.

[131] 罗尔斯.正义论[M].何怀宏,何包钢,廖申白,译.北京:中国社会科学出版社,2001:162-165.

[132] 吕冰洋,郭庆旺.中国要素收入分配的测算[J].经济研究,2012,47(10):14.

[133] 马双,张劼,朱喜.最低工资对中国就业和工资水平的影响[J].经济

研究,2012,47(5):132-146.

[134] 诺齐克.无政府、国家与乌托邦[M].何怀宏,译.北京:中国社会科学
出版社,1991:256-258.

[135] 潘士远.最优专利制度、技术进步方向与工资不平等[J].经济研究,
2008,43(1):127-136.

[136] 祁毓,李祥云.财政分权、劳动保护与劳动收入占比[J].南方经济,
2011,266(11):42-53.

[137] 琼斯.现代经济增长理论导引[M].郭家麟,等,译.北京:商务印书
馆,1999:193.

[138] 森.论经济不平等/不平等之再考察[M].王利文,于占杰,译.北京:
社会科学文献出版社,2006:21.

[139] 单豪杰.中国资本存量K的再估算:1952—2006年[J].数量经济技术
经济研究,2008,25(10):17-31.

[140] 邵敏,刘重力.出口贸易、技术进步的偏向性与我国工资不平等[J].
经济评论,2010,164(4):73-81.

[141] 宋冬林,王林辉,董直庆.技能偏向型技术进步存在吗?——来自中
国的经验证据[J].经济研究,2010,45(5):68-81.

[142] 唐东波.全球化与劳动收入占比:基于劳资议价能力的分析[J].管理
世界,2011,215(8):23-33.

[143] 汪伟,郭新强,艾春荣,融资约束、劳动收入份额下降与中国低消费
[J].经济研究,2013,48(11):100-113.

[144] 王林辉,董直庆.资本体现式技术进步、技术合意结构和我国生产率
增长来源[J].数量经济技术经济研究,2012,29(5):3-18.

[145] 王永进,盛丹.要素积累、偏向型技术进步与劳动收入占比[J].世界
经济文汇,2010,197(4):33-50.

[146] 魏下海,董志强,黄玖立.工会是否改善劳动收入份额?——理论分
析与来自中国民营企业的经验证据[J].经济研究,2013b,48(8):
16-28.

［147］ 魏下海,董志强,刘愿.政治关系、制度环境与劳动收入份额——基于全国民营企业调查数据的实证研究［J］.管理世界,2013a,236（5）:35-46.

［148］ 魏下海,董志强,赵秋运.人口年龄结构变化与劳动收入份额:理论与经验研究［J］.南开经济研究,2012,164（2）:100-119.

［149］ 翁杰.中国农村劳动力转移与劳动收入份额变动研究［J］.中国人口科学,2011,147（6）:14-26.

［150］ 伍山林.劳动收入份额决定机制:一个微观模型［J］.经济研究,2011,46（9）:55-68

［151］ 熊彼特.经济发展理论［M］.邹建平,译.北京:中国画报出版社,2012:19-21.

［152］ 徐现祥,周吉梅,舒元.中国省区三次产业资本存量估计［J］.统计研究,2007,187（5）:6-13.

［153］ 姚先国,焦晓钰,张海峰,乐君杰.工资集体协商制度的工资效应与员工异质性——对杭州市企业调查数据的分析［J］.中国人口科学,2013,155（2）:49-59.

［154］ 姚洋,钟宁桦.工会是否提高了工人的福利?——来自12个城市的证据［J］.世界经济文汇,2008,186（5）:5-29.

［155］ 詹宇波,张军."退出"还是"声张"?——中国制造业企业中的工人工资决定［J］.管理世界,2015,258（3）:6-21.

［156］ 张军,吴桂英,张吉鹏.中国省际物质资本存量估算:1952—2000［J］.经济研究,2004,39（10）:35-44.

［157］ 张莉,李捷瑜,徐现祥.国际贸易、偏向型技术进步与要素收入分配［J］.经济学（季刊）,2012,11（2）:409-428.

［158］ 赵秋运,张建武.中国劳动收入份额的变化趋势及其驱动机制新解——基于国际贸易和最低工资的视角［J］.金融研究,2013,402（12）:13.

［159］ 中国经济增长与宏观稳定课题组.资本化扩张与赶超型经济的技术

进步[J].经济研究,2010,45(5):4-20.

[160] 周明海,肖文,姚先国.企业异质性、所有制结构与劳动收入份额[J].管理世界,2010a,267(10):24-33.

[161] 周明海,肖文,姚先国.中国经济非均衡增长和国民收入分配失衡[J].中国工业经济,2010b,205(6):35-45.

[162] 邹薇,刘勇.技能劳动、经济转型与收入不平等的动态研究[J].世界经济,2010,33(6):81-97.